SÃO PAULO NAS ALTURAS

# SÃO PAULO NAS ALTURAS

—

A revolução modernista da arquitetura
e do mercado imobiliário nos anos 1950 e 1960

## RAUL JUSTE LORES

COMPANHIA DAS LETRAS

Copyright © 2024 by Raul Juste Lores

*Grafia atualizada segundo o Acordo Ortográfico da Língua Portuguesa de 1990, que entrou em vigor no Brasil em 2009.*

*Capa, sobrecapa, caderno de imagens, encarte e projeto gráfico*
Violaine Cadinot

*Mapas e ilustrações*
Danilo Zamboni

*Preparação*
Marina Munhoz

*Índice remissivo*
Luciano Marchiori

*Revisão*
Jane Pessoa
Clara Diament

Dados Internacionais de Catalogação na Publicação (CIP)
(Câmara Brasileira do Livro, SP, Brasil)

Lores, Raul Juste
    São Paulo nas alturas : A revolução modernista da arquitetura e do mercado imobiliário nos anos 1950 e 1960 / Raul Juste Lores. — 1ª ed. — São Paulo : Companhia das Letras, 2024.

    Bibliografia.
    ISBN 978-85-359-3498-4

    1. Arquitetura – São Paulo (SP) – História 2. Mercado imobiliário – São Paulo (SP) – História 3. São Paulo (SP) – Urbanismo – História. I. Título.

23-179111                             CDD-711.40981611

Índice para catálogo sistemático:
1. São Paulo : Cidade : Modernização : Arquitetura urbana : História   711.40981611

Cibele Maria Dias – Bibliotecária – CRB-8/9427

Todos os direitos desta edição reservados à
EDITORA SCHWARCZ S.A.
Rua Bandeira Paulista, 702, cj. 32
04532-002 — São Paulo — SP
Telefone: (11) 3707-3500
www.companhiadasletras.com.br
www.blogdacompanhia.com.br
facebook.com/companhiadasletras
instagram.com/companhiadasletras
twitter.com/cialetras

# SUMÁRIO

Apresentação — 9
Introdução — Quando São Paulo era moderna — 13

## Parte I
## O CAPITAL SEGUE A FORMA — 33

1. A modernidade vende — 34
2. Bauhaus nas quitinetes — 61
3. Inovação imobiliária — 84
4. A democratização da Paulista — 110
5. Talento importado — 130
6. As galerias pedem passagem — 160
7. Hollywood para a classe média — 178

## Parte II
## A FORMA SEGUE AS FINANÇAS — 199

8. Os reis dos condomínios saem de cena — 200
9. O fim do milagre arquitetônico — 213
10. Mercado e arquitetura se divorciam — 232
11. Quando São Paulo degringolou — 258
12. Em busca do prestígio perdido — 284

Agradecimentos — 311
Notas — 314
Referências bibliográficas — 322
Créditos das imagens — 327
Índice remissivo — 328
Sobre o autor — 351

*A natureza é tão desconfortável. A grama é dura e incômoda e cheia de medonhos insetos. Se a natureza fosse confortável, a humanidade nunca teria inventado a arquitetura.*

OSCAR WILDE, "A DECADÊNCIA DA MENTIRA"

*O grande público jamais aceita o que é novo com facilidade. Entre nós a aceitação da arquitetura moderna já é bem grande. Evidentemente nunca se chegará a uma aceitação absoluta e total, o que não é possível, nem talvez desejável, já que quando uma forma de arte ficou completamente aceita é, geralmente, porque se tornou escolástica e [porque] já chegou a hora de procurar outra coisa.*

RINO LEVI

# Apresentação

É necessária uma estante parruda em uma boa livraria carioca para acomodar todos os livros sobre o Rio de Janeiro editados nas últimas décadas. Mas as obras sobre São Paulo mal conseguem ocupar uma única prateleira.

A metrópole acanhada, que evita o espelho, pouco se conhece. E ninguém valoriza o que ignora. Ao contrário do que os americanos aprendem já no jardim de infância com o *"show and tell"*, São Paulo ainda carece de *storytelling*.

A primeira edição deste livro, em 2017, foi uma surpresa para o mercado editorial. Muitas livrarias não sabiam onde encaixá-lo. Não é exatamente um volume sobre arquitetura, então eu lutava para que não ficasse desterrado nas seções de arte e em *coffee tables*. É um livro de história paulistana? Provavelmente, mas esse setor inexiste nas casas do ramo em plena Pauliceia.

O jornalismo brasileiro, que não tem a menor intimidade com o tema, tampouco via a obra como a grande reportagem que é. Nossa mídia oscila entre o desprezo a prédios em geral — com uma nostalgia de cidade pequena — e achar que qualquer construção é "de luxo" (depende do talento dos relações-públicas envolvidos). Por mais de 25 anos, tentei cavar uma cobertura adulta para cidades e urbanismo. A mesma que é dedicada a economia, política ou assuntos internacionais. Não só jornalistas, mas até empresários do setor imobiliário citam Jane Jacobs pela manhã, enquanto à tarde estudam e projetam apenas condomínios fechados. Ambientalistas quase exclusivamente falam de florestas, mas não de rios urbanos, emissão de $CO_2$ pela debilidade do transporte público, coleta de lixo ou espraiamento. Nossos desenvolvimentistas ainda apostam na indústria automobilística e no asfalto. E o movimento NIMBY (do inglês Not in My Backyard, "não no meu quintal") não recebe as críticas que merece, disfarçado de preservacionista ou ambientalista por conveniência.

No entanto, foi entre arquitetos e faculdades de arquitetura que *São Paulo nas alturas* acabou provocando debates incomuns. O arquiteto-empreendedor é invisível na maioria dos currículos, todos focados em arquitetos de grandes obras públicas. E a própria arquitetura tem sido substituída em salas de aula e bienais mundo afora por sociologia e antropologia amadoras, discursos fáceis para problemas complexos, ou militância político-partidária. Este livro e este autor acreditam de forma entusiasta no poder do projeto arquitetônico para mudar a nossa vida. No paisagismo, no urbanismo, no design e na importância da beleza e da funcionalidade para a vida coletiva.

Décadas de estudo sobre a vida na cidade culminaram nesta obra. Das primeiras reportagens sobre São Paulo na *Vejinha*, que escrevi ainda em 1997, às entrevistas que fiz com Cesar Pelli, Emilio Ambasz, Susana Torre, Rodolfo Machado, Jorge Silvetti, Diana Agrest e Mario Gandelsonas, quando fui correspondente em Buenos Aires. Tive a sorte de testemunhar in loco as revoluções urbanas lideradas pelos prefeitos Antanas Mockus e Enrique Peñalosa entre 1995 e 2003 em Bogotá. Fiz reportagens da falência de Detroit ao milagre econômico do High Line. Das transformações de bairros e rios em Seul a grandes empreendimentos em Tóquio.

Contudo, foram meus anos na China, como correspondente da *Folha* em Pequim, que plantaram caraminholas na minha cabeça. Um país continental como o Brasil, com enorme crença no futuro, um gigantesco êxodo rural para as metrópoles e a arquitetura mais vanguardista possível como cartão de visitas. Seriam Pequim, Xangai, Guangzhou e Chengdu versões maiores e muito mais ricas no século XXI do que São Paulo tentou ser décadas antes?

O Copan, o Conjunto Nacional e o edifício Itália seriam relíquias desse momento em que São Paulo foi uma Xangai do Ocidente, nos anos 1950? Artacho Jurado seria a versão brasileira das dezenas de incorporadores nascidos na pobreza e que fazem os arranha-céus de Chongqing e Shenzhen? Mal falo da China neste livro, mas me deitei nesse divã a fim de analisar o que significa a arquitetura para um país que quer afirmar sua identidade e reforçar sua conexão com o mundo.

O sucesso de *São Paulo nas alturas* permitiu pivotar a minha carreira. Com os recursos minguantes da mídia nacional para enviar correspondentes ao exterior, passei a focar olhos e coração na minha aldeia. Criei, em 2021, um canal no YouTube que leva o mesmo nome deste livro. Em vez de arqueologia afetiva, falo em meus vídeos sobre a São Paulo de hoje, sobre exemplos de outras cidades e sobre tantas oportunidades desperdiçadas. Luto para que conheçamos e admiremos mais esta metrópole. O livro não foi o começo nem será o fim da minha jornada paulistana. Ao terminar esta leitura, espero que outros capítulos surjam na cabeça dos leitores, convocados a perambular mais pelas cidades e observá-las a pé.

São Paulo, outubro de 2023

# Introdução

## Quando São Paulo era moderna

*Na década dos 50, alguns imaginavam até que estaríamos assistindo ao nascimento de uma nova civilização nos trópicos, que combinava a incorporação das conquistas materiais do capitalismo com a persistência dos traços de caráter que nos singularizavam como povo: a cordialidade, a criatividade, a tolerância.*[1]

JOÃO MANUEL CARDOSO DE MELLO E FERNANDO A. NOVAIS*

*A história da arquitetura moderna no Brasil é a história de um punhado de jovens e de um conjunto de obras realizado com uma rapidez inacreditável.*[2]

HENRIQUE MINDLIN**

O Corcovado e o Pão de Açúcar de Barcelona saíram da imaginação de Antoni Gaudí. As montanhas da capital catalã não têm como competir com a Basílica da Sagrada Família ou com o parque Güell. Apesar de ter realizado apenas sete grandes obras na cidade, o arquiteto catalão, com seu art nouveau delirante, domina o cenário, tal qual os morros emolduram o Rio.

Rasgando outros céus, o Empire State Building, o Chrysler Building e o Rockefeller Center formam o Himalaia art déco de Manhattan.

---

\* Economista e historiador, respectivamente; ambos professores aposentados da Universidade Estadual de Campinas (Unicamp).

\*\* Arquiteto brasileiro, trabalhou nos Estados Unidos e lançou o primeiro grande livro dedicado exclusivamente ao modernismo nacional no exterior.

Nova-iorquinos e turistas fantasiam escalar um Everest feito pela mão do homem. Tanto Nova York como Barcelona não puderam contar com a monumentalidade dos palácios das capitais nacionais. Sem reis, ditadores ou políticos megalomaníacos, ambas as cidades recorreram às prósperas burguesias para erguer seus marcos. Se a ecologia é o estudo da casa (*oîkos*, em grego), das relações entre os seres vivos e seu habitat, a arquitetura constitui a cronologia de afirmação do caráter dessas cidades.

Muitas cidades com a juventude de São Paulo podem não se distinguir em suas silhuetas genéricas — especialmente se o seu crescimento tiver sido viral, esparramado, como o paulistano no século XX. Mas a Pauliceia tem um conjunto arquitetônico que expressa o ápice da ousadia e da crença em si mesma. Sem os mecenas excêntricos de Nova York e Barcelona, alguns dos melhores traços esculpidos sobre São Paulo surgiram graças ao mercado imobiliário. E foram financiados, a prestações, pela classe média.

Copan. Conjunto Nacional. Galeria do Rock. Galeria Metrópole. CBI-Esplanada. Itália. Bretagne. Paquita. Três Marias. Jardim Ana Rosa. Esses são alguns dos melhores prédios já erguidos em São Paulo. Se é fato que a arquitetura possui temperamento, esses edifícios são altivos e generosos. Foram todos projetados ou inaugurados entre 1950 e 1960 — em pouco mais de uma década, São Paulo viveu um verdadeiro milagre arquitetônico. Em um raríssimo alinhamento de astros, os arquitetos desenhavam os prédios com que sonhavam, que agradavam a seus clientes/patrões e que coincidiam com aquilo que o público desejava comprar. A escola moderna vendia, e os três grupos ficavam radiantes com o resultado.

Nessa aliança inédita — e raramente repetida —, as mais eruditas pranchetas do país trabalharam para os mais audaciosos empreendedores imobiliários. Empreendimentos privados buscando o lucro melhoraram a paisagem para qualquer cidadão, e não só para os seus ocupantes. O poder público, que tantas vezes vetou a inovação, permitiu a construção desses ícones e até tentou se equiparar ao padrão privado — pouco depois de projetar edifícios residenciais e comerciais no centro, Oscar Niemeyer foi convidado a desenhar o Ibirapuera. Como era a São Paulo que abraçou essa vanguarda e investiu nela?

"O Museu de Arte de S. Paulo convida-o para assistir à primeira apresentação da moda brasileira realizada nos ateliês e nas escolas do museu [...] por um grupo de artistas, industriais, artesãos brasileiros, na certeza que o nosso país, assim como projetou internacionalmente a sua arquitetura, poderá também trabalhar pela criação da moda brasileira." Pietro Maria Bardi, diretor do Masp, já vislumbrava a possibilidade de industrialização da economia criativa, muito antes ainda de ela ganhar essa designação, e projetava sua importância para o país, que só teria a crescer caso a cultura brasileira fosse adotada como um valor positivo de criação. "Assim como Niemeyer e Lúcio Costa na arquitetura, os estilistas brasileiros deviam desenvolver linguagens nitidamente nacionais",[3] dizia o editorial da revista *Habitat*, comandada por ele e pela esposa, a arquiteta Lina Bo Bardi.

Para o evento de moda, realizado em 6 de novembro de 1952, Lina criou joias com pedras nativas, o paisagista Roberto Burle Marx e o artista plástico Carybé desenharam estampas de vestidos, e os alunos e professores da escola de design do museu cuidaram da organização do desfile na antiga sede da instituição, no centro da cidade. Os vestidos tinham nomes como "cachoeira", "jangada" e "mãe de santo". Quem estava na passarela mundial, porém, não era a moda, mas a arquitetura brasileira, como entrega o convite.

Antes mesmo da Bossa Nova e de Pelé, era a arquitetura que promovia o *made in Brazil* mundo afora. Tanto "Chega de saudade", o big bang da canção moderna no país, como o primeiro título da seleção brasileira em uma Copa do Mundo só aconteceriam em 1958. Porém, desde o início dos anos 1940, a ousadia das pranchetas nacionais fazia sucesso no exterior.

Como parte da ofensiva propagandística dos Estados Unidos para conquistar aliados na vizinhança e evitar a expansão nazifascista nas Américas, o Museu de Arte Moderna de Nova York (MoMA) organizou, em 1943, uma grande retrospectiva sobre a arquitetura brasileira, intitulada Brazil Builds [O Brasil constrói]. O presidente da instituição, Nelson A. Rockefeller, era também o coordenador de assuntos interamericanos do presidente Franklin D. Roosevelt, responsável pela "política da boa vizinhança" com a América Latina. Rockefeller se tor-

*A modelo Glória traja vestido "balaio" junto à obra de Modigliani: desfile organizado por Lina Bo Bardi marcou a moda brasileira no Masp.*

naria fã da arquitetura brasileira — décadas depois, como governador do estado de Nova York, encomendaria um novo centro administrativo para a capital, Albany, inspirado em Brasília.

A exposição do MoMA, o museu de arte moderna mais influente do mundo, seguiu depois para Boston, San Francisco, Toronto, Cidade do México e Londres, promovendo nomes como Niemeyer, Lúcio Costa, Rino Levi, Affonso Reidy, Gregori Warchavchik e os irmãos Marcelo, Milton e Maurício Roberto.

Apesar de a mostra cobrir quase três séculos de construção no Brasil, de 1652 a 1942, foi o período moderno que surpreendeu os estrangeiros. Afinal, em plena Segunda Guerra, estava fora de cogitação para os países ricos pensar em ousadias estéticas em escala mais ampla. Nos muitos anos da Grande Depressão americana e durante as duas guerras mundiais na Europa, não foram feitas encomendas de peso aos adeptos da modernidade arquitetônica preconizada pela escola de design alemã Bauhaus ou pelo arquiteto franco-suíço Le Corbusier (pseudônimo de Charles-Edouard Jeanneret-Gris). Mesmo os figurões da Bauhaus que migraram para os Estados Unidos, como o alemão Ludwig Mies van der Rohe e o húngaro Marcel Breuer, só começaram a construir grandes obras no país adotivo a partir dos anos 1950.

Muito antes disso, entre 1937 e 1944, fora erguido no Rio de Janeiro, com patrocínio da ditadura de Getúlio Vargas, o primeiro arranha-céu do mundo em conformidade com o ideário corbusiano: o prédio do Ministério da Educação e Saúde — hoje Palácio Capanema. A construção conta com planta e fachadas livres, nas quais as paredes, por não terem função estrutural, podem ser derrubadas sem prejuízo. A sustentação é feita por vigas e pilotis, e o conjunto destes últimos eleva o edifício do chão, deixando o térreo livre para a circulação. Há ainda terraço-jardim e janelas em fita, criando uma linha contínua na fachada. O paisagismo de Burle Marx e os azulejos de Candido Portinari consagram a união das artes.

O próprio Le Corbusier, que trabalhou como consultor a convite do governo Vargas, desenhou o projeto inicial, mas o prédio foi desenvolvido por uma equipe que reunia Lúcio Costa e o jovem Niemeyer. No complexo da Pampulha, realizado em Belo Horizonte entre 1940 e

1943, Niemeyer acrescentaria curvas, ginga e leveza àquela arquitetura que preconizava que "a forma deveria seguir a função" — frase do arquiteto americano Louis Sullivan, pioneiro dos arranha-céus. A máxima acabaria adotada pela Bauhaus, que defendia o fim de ornamentos desnecessários.

A mostra Brazil Builds seria exposta também em várias cidades brasileiras, e os feitos dos arquitetos do país logo receberiam o reconhecimento doméstico, depois da chancela americana. O catálogo se tornaria um item disputado por colecionadores. "Já escutei muito brasileiro não apenas assombrado, mas até mesmo muito estomagado diante desse livro que prova possuirmos uma arquitetura moderna tão boa como os mais avançados países do mundo", escreveu Mário de Andrade. "Este é um dos gestos de humanidade mais fecundos que os Estados Unidos já praticaram em relação a nós, brasileiros. Porque ele virá, já veio, regenerar a nossa confiança em nós e diminuir o desastroso complexo de inferioridade de mestiços, que nos prejudica tanto."[4]

Nos anos seguintes à exposição do MoMA, as revistas *The Architectural Review*, britânica, e *L'Architecture d'aujourd'hui* [A arquitetura de hoje], francesa, fariam edições especiais dedicadas à criação brasileira. E Niemeyer ganharia mais projeção mundial ao ser convidado a participar da equipe de criação da sede da recém-fundada Organização das Nações Unidas (ONU), em Nova York, em terreno doado pela família Rockefeller.

A equipe de onze arquitetos de diferentes países, que trabalharia em regime colaborativo, foi montada pelo americano Wallace K. Harrison, consultor da família Rockefeller. Fiel à diplomacia ecumênica em voga, o projeto da ONU não teve aspecto de concurso: os selecionados deveriam desenhar e decidir conjuntamente sobre o melhor. Depois de apresentados cinquenta projetos, vários deles individuais, outros feitos em equipe, Harrison pediu que Niemeyer, que até então não tinha se pronunciado, mostrasse sua proposta. Foi aprovada por unanimidade. Mas o antigo herói do brasileiro, Le Corbusier, o mais influente (e mandão) da turma, não ficou muito satisfeito, insistindo em ter ideias suas no projeto vencedor. Conciliador, Niemeyer o convidou para trabalhar a seu lado.

Por que a arquitetura moderna encantava tanto o mundo? Ela representava a promessa de uma reconstrução benigna, logo após os horrores da Primeira Guerra Mundial, que em quatro anos de conflito, de 1914 a 1918, deixara 10 milhões de mortos, 20 milhões de feridos, 10 milhões de refugiados, 3 milhões de viúvas e 6 milhões de órfãos. Com a destruição das então favelizadas urbes europeias, os planejadores urbanos de Roma a Varsóvia resolveram usar os avanços tecnológicos para produzir habitação em grande escala. A arquitetura seria veículo, ao mesmo tempo, de justiça social, solução ambiental e crescimento econômico.

Era esse um dos sonhos urdidos na Bauhaus, escola de design que funcionou em Dessau, na Alemanha, de 1919 até 1933, ano da ascensão de Hitler, quando a instituição foi fechada. Para os mestres da Bauhaus, a linha de montagem recém-criada por Henry Ford para a indústria automobilística poderia ser replicada na produção em massa de casas, cozinhas, carros e quarteirões inteiros. Ao mesmo tempo, a Revolução Bolchevique na Rússia fascinava os intelectuais com sua promessa de igualdade. Uma sociedade mais justa e pacífica resultaria do casamento — improvável — da Revolução Soviética com o fordismo norte-americano.

Em 1923, Le Corbusier publicou *Por uma arquitetura*, em que propunha construções funcionais, sem ornamentação, e um urbanismo que privilegiasse o carro como instrumento democrático de mobilidade, em contraponto às carruagens do passado então recente, que transportavam poucas pessoas. Na imaginação de Le Corbusier, estavam condenados a desaparecer as ruas estreitas e escuras, os edifícios ornamentados e os cortiços, que dariam lugar a prédios altos de linhas retas, cercados de parques, ligados por viadutos e vias expressas, e cujos apartamentos teriam ventilação e insolação apropriadas.

Da década de 1920 à de 1950, Le Corbusier peregrinou pelo mundo atrás de mecenas para suas ideias, demonstrando elasticidade ideológica. Em 1928, venceu um concurso para construir edifícios públicos em Moscou e chegou a apresentar ao governo de Ióssif Stálin um projeto para o Palácio dos Sovietes. Em 1929, veio ao Brasil, onde conheceu Lúcio Costa e seu aluno Niemeyer, causando enorme impacto intelectual nos dois. Em 1936, propôs a Benito Mussolini o redesenho da capital da Etiópia, Adis Abeba, apenas três meses depois da ocupação do país africano pelas forças da Itália fascista. Entre 1940 e 1941, durante a ocupação nazista da França, passou dezoito meses em Vichy, tentando convencer o governo colaboracionista do marechal Philippe Pétain a bancar seus projetos.

No Brasil, arquitetos modernos circularam pelos corredores do Estado Novo de Vargas em busca da chance de forjar uma linguagem nacional e moderna. Valiam-se até de alguns "jeitinhos" político-arquitetônicos. O concurso para a sede do Ministério da Educação e Saúde, por exemplo, foi vencido por um projeto convencional, mas em seguida anulado. Com isso, o ministro da Educação, Gustavo Capanema, e seu chefe de gabinete, o poeta Carlos Drummond de Andrade, permitiram a Lúcio Costa montar um time novo e contratar Le Corbusier como consultor (Capanema já tinha convidado antes Marcello Piacentini, o arquiteto favorito do fascismo italiano, para apresentar um projeto para a Cidade Universitária do Rio de Janeiro). A geração de projetistas que

*Casa modernista projetada por Luciano Korngold em 1934 em Varsóvia.*

sonhou em mudar o mundo entregava-se a um desinibido pragmatismo quando negociava suas utopias.

Se no Rio de Janeiro a arquitetura moderna foi fermentada com dinheiro do governo, em São Paulo ela demorou a encontrar um mecenas de peso. E, no entanto, a capital paulista tinha sido pioneira no modernismo arquitetônico, na então desabitada Vila Mariana. Ali, em 1927, o arquiteto russo de origem judaica Gregori Warchavchik, formado na Itália, construiu a primeira casa modernista do país, para servir de teto a ele e à esposa, Mina Klabin. O ousado projeto do jovem e rico casal esbarrou na prefeitura, que teimava em não dar o habite-se para aquela construção sem adornos ou telhado tradicionais. Warchavchik, que já havia publicado um manifesto em defesa da nova ordem arquitetônica, malandramente disse aos burocratas que a casa era daquele jeito porque o dinheiro para a construção tinha acabado.

*Casa da rua Santa Cruz, projeto de Gregori Warchavchik de 1927 que marca o modernismo arquitetônico no país.*

Mais tarde, Warchavchik organizou um showroom das criações dos modernistas em uma nova casa racionalista projetada por ele no Pacaembu. Por um mês, a partir de 26 de março de 1930, ela ficou diariamente aberta em exposição com trabalhos de artistas como Lasar Segall, cunhado do arquiteto, e Tarsila do Amaral. Atraiu 20 mil visitantes. Na descrição de Mário de Andrade, a casa "berrava diante de bangalôs, chacrinhas neocoloniais, pudins, marmeladas e xaropes que andam por aí".[5] "Berrava", para Mário, tinha conotação positiva.

Seis meses depois das filas na casa do Pacaembu, Getúlio Vargas desterraria do poder nacional a República do café com leite ao fragi-

*Casa da rua Bahia, de 1930, também projetada por Warchavchik.*

lizar São Paulo, que já sofrera com a queda da exportação do "ouro verde" durante a Depressão iniciada em 1929. Vargas acabaria patrocinando o modernismo no Rio de Janeiro — sem convidar São Paulo para a festa.

Durante os quinze anos do primeiro governo Vargas (1930-45), a Pauliceia se deleitava com edifícios antiquados, neoclássicos ou art déco. Um exemplo é a sede das Indústrias Reunidas Fábricas Matarazzo, inaugurada em 1939, no viaduto do Chá (e, desde 2004, sede da prefeitura de São Paulo). O desenho, de autoria do escritório Ramos de Azevedo, havia contado com a colaboração do italiano Marcello Piacentini — responsável por várias obras encomendadas por Mussolini —, que conhecera os Matarazzo em uma viagem ao Brasil patrocinada por Vargas. Por ter estampado na fachada o estilo neoclássico adotado pelo fascismo, foi alvo da crítica zombeteira de Mário de Andrade, que chamou a construção de "tumor fascista, berro e paúra". O poeta reconheceria, porém, o impacto causado pelo revestimento em mármore travertino: "Que pedra sublime, cruz-credo. Dá vontade de comer!".[6]

Foi só dez anos depois da casa de Warchavchik que São Paulo ganhou seu primeiro edifício moderno, o Esther, também privado, com onze andares, situado na praça da República. Construído pela Usina de Açúcar Esther, foi inaugurado em 1938, seis anos antes do Ministério da Educação no Rio de Janeiro, que, plasticamente mais exuberante e com chancela oficial, acabou ofuscando aos olhos da história o antecessor menor.

O Esther foi projetado como um prédio multifuncional. No térreo, havia lojas. Os escritórios da empresa ocupavam três pisos. Nos andares restantes, apartamentos para locação: do quarto ao décimo andar, plantas de tamanhos variados; nos dois últimos andares, unidades dúplex, além de um terraço-jardim na cobertura. Os vencedores do concurso privado convocado pelo usineiro Paulo Nogueira foram os arquitetos Álvaro Vital Brazil, filho do médico Vital Brazil Mineiro da Campanha, fundador do Instituto Butantan, e Adhemar Marinho, ambos paulistas de 26 anos que tinham estudado no Rio.

A fachada do edifício, tomada por janelas em toda a sua extensão, é livre de adornos e emoldurada em vidrolite preto, e as escadas laterais são cobertas por volumes envidraçados salientes que revelam o que acontece no interior do prédio. Rino Levi morou e manteve seu

*Esquina das avenidas Ipiranga e São Luís, com vista para o edifício Esther (à dir.) e o edifício São Thomaz (à esq.).*

escritório ali por um tempo; no nono andar, onde viveu por vários anos, o pintor Emiliano Di Cavalcanti fazia festas e saraus. Em meados da década de 1940, o subsolo se tornou um point agitado: abrigou a primeira sede paulistana do Instituto dos Arquitetos do Brasil (IAB), o Clube dos Artistas e Amigos da Arte (conhecido como Clubinho), fundado pelo multiartista Flávio de Carvalho e presidido por Tarsila do Amaral, e a boate Oásis, frequentada por atores e empresários como Francisco de Assis Chateaubriand. O congraçamento lúdico-alcoólico das vanguardas culturais conferiu prestígio às linhas retas bauhausianas do prédio.

Na segunda metade dos anos 1940, os cursos de arquitetura ganharam independência dos de engenharia — no Mackenzie, em 1947; na Universidade de São Paulo (USP), em 1948. Os recém-formados circulavam com desenvoltura pela elite, à qual eles em geral pertenciam. Em 1952, quando o país tinha 54 milhões de habitantes, apenas 10 684 brasileiros se formaram em algum curso superior. Com o canudo de arquiteto havia poucos, que eram muito bem conectados.

A verticalização das construções chegou tarde ao Brasil. Em 1920, havia apenas 34 prédios com mais de cinco andares no país. Todos eles caberiam em um único quarteirão de Nova York, que em 1916 já contava com mil edifícios de onze a vinte andares. Só em 1926 o Brasil começou a fabricar cimento, e levaria ainda duas décadas para produzir aço e elevadores.

Foi a crise provocada pelo crash da Bolsa de Nova York em 1929 que acabou gerando uma duradoura mudança na paisagem urbana de São Paulo. Com a desvalorização do preço do café, várias fortunas paulistas se desfizeram de seus palacetes em Higienópolis. Para monetizarem seus terrenos, construíram no lugar dos casarões os chamados "prédios de rendas", com apartamentos para alugar, e migraram para novos loteamentos de alto padrão, onde o metro quadrado era mais barato, como o Jardim América e o Jardim Europa. Mas o negócio dos edifícios de rendas foi turbulento. Fosse pela inadimplência dos inquilinos, fosse pela vontade de reajustar o valor dos aluguéis no Brasil pré-correção monetária, processos de despejo congestionavam os tribunais.

Getúlio Vargas tentou resolver o problema, assinando em 1942 a Lei do Inquilinato, que congelava o valor dos aluguéis por dois anos e dificultava bastante os despejos, mesmo de inadimplentes. Construir para alugar se tornou, então, mau negócio. Para conseguirem liquidez, os proprietários passaram a construir para vender. Do lado dos inquilinos, contudo, a oferta de unidades para locação encolheu, e quem não

*O edifício Mina Klabin, de 1939, localizado na alameda Barão de Limeira, é o primeiro prédio de Gregori Warchavchik.*

tinha economias suficientes para comprar um apartamento na região central da cidade foi levado a adquirir um lote barato nas periferias para construir com as próprias mãos.

A precariedade do transporte público coletivo e o alto preço de um automóvel naqueles tempos indicavam que os melhores terrenos eram aqueles que estavam perto de escolas, bancos e lojas, ou seja, no centro da cidade — o primeiro cenário para a verticalização para a venda. Depois, em poucos anos, o processo se repetiria por onde passava o bonde.

Os quarteirões ao redor da rua Barão de Itapetininga, na região da praça da República, já tinham sido laboratório de uma das primeiras experiências de adensamento de São Paulo. Desde 1921, apenas construções com quatro andares ou mais eram autorizadas ali pela prefeitura. Em 1929, a altura mínima passou para seis andares nas ruas mais estreitas. Buscava-se, com isso, adensar a área mais bem abastecida de serviços da cidade. Avenidas e ruas foram alargadas, e a prefeitura passou a permitir construções mais imponentes. Na avenida Ipiranga, um decreto-lei de 1940 estipulou uma altura mínima de treze andares para os novos prédios. Uma pequena Manhattan nascia, repleta de construções com apartamentos, escritórios, repartições públicas, cinemas, cafés e livrarias, todas elas cada vez mais altas, muitas imitando os traços das congêneres nova-iorquinas.

Na cidade concentrada, o costume da época era andar a pé. "Masp, MAM, Teatro e Biblioteca Municipais, o Instituto dos Arquitetos, o Bar do Museu, o Clube dos Artistas, as melhores livrarias, o Mappin, a primeira Cinemateca, tudo ficava em um raio de dez quarteirões, entre os anos 1940 e 1950. A cidade era densa, e as pessoas caminhavam muito. Era como estar em Milão", compara o engenheiro ítalo-brasileiro Mario Franco, que fez o cálculo de mais de 2 mil construções e trabalhou com quase todos os grandes arquitetos brasileiros. "As parcerias surgiam de forma espontânea, porque os próprios arquitetos e incorporadores esbarravam uns nos outros nas calçadas do centro de São Paulo", conta.[7]

Para os cerca de 150 arquitetos legalmente registrados e nascidos no Brasil atuantes na cidade no início da década de 1950, havia um número similar de arquitetos e engenheiros europeus recém-

-chegados que, pela demora em obter o registro profissional, criavam suas próprias construtoras, contratando profissionais locais para assinar as obras. Os imigrantes, que representavam 13% da população da cidade (em 2021 eram menos de 3%), passaram a exercer forte impacto nas atividades econômicas e no aperfeiçoamento da mão de obra, além de tornarem a cidade mais cosmopolita.

Até o início dos anos 1950, apenas 36% da população brasileira — cerca de 18 milhões de pessoas — vivia em cidades, e a taxa de fertilidade era de seis filhos por mulher. Ao longo da década, o contingente urbano quase dobrou, chegando a 32 milhões de pessoas em 1960. As cidades brasileiras ganharam 14 milhões de novos moradores apenas nos anos 1950. O produto interno bruto (PIB) do país tinha na época um crescimento próximo do da China dos anos 2010: acima de 7% ao ano, em média. Assim como no país asiático, a troca que milhões de pessoas fizeram da vida de subsistência no campo por outra, nos centros urbanos, como empregados dos serviços ou da indústria, impulsionou toda a economia. Além disso, o preço do café, então o maior produto de exportação brasileiro, atingiu em 1952 um valor quatro vezes maior que em 1945. Em parte por seu alinhamento com os países que ganharam a Segunda Guerra, o Brasil recebeu investimentos e se tornou parceiro comercial preferencial de europeus e americanos.*

O Rio de Janeiro era a maior cidade do país no começo da década de 1950, com 2377 451 habitantes, quase 200 mil a mais que a segunda maior, São Paulo. Essa diferença não demoraria a ser superada. A taxa de alfabetização da capital paulista representava enorme vantagem em relação às demais cidades: 70% da sua população sabia ler e escrever em 1950, vinte pontos percentuais acima da média nacional. Para qual-

---

\* O preço da tonelada de café em grãos pulou de 5012 cruzeiros em 1945 para 20 240 cruzeiros em 1952. As exportações brasileiras para os Estados Unidos, totalizando 13,4 bilhões de cruzeiros, eram maiores que a soma das exportações para toda a Europa e o restante da América do Sul (10,7 bilhões de cruzeiros). Serviço Nacional de Recenseamento, *Anuário Estatístico do Brasil*. Rio de Janeiro: IBGE, 1953, pp. 269 e 272.

quer empresa que planejasse uma filial brasileira, esse não era um dado secundário. Nos dez anos seguintes, São Paulo teve o seu maior crescimento populacional, passando de 2,2 milhões de habitantes em 1950 para 3,8 milhões em 1960, um aumento de mais de 5% ao ano (a título de comparação, o crescimento na década de 2000 foi de apenas 0,8%). Em 1954, quando completou quatrocentos anos, São Paulo ganhou de presente de aniversário o posto de cidade mais populosa do país.

A euforia do crescimento se traduzia na velocidade das empreitadas. A própria criação do Masp não levou mais que onze meses, desde o primeiro encontro de Assis Chateaubriand com o marchand italiano Pietro Maria Bardi, no Rio de Janeiro, até a inauguração da primeira sede do museu, em 2 de outubro de 1947, em um andar inteiro do prédio do conglomerado de mídia de Chatô, na rua Sete de Abril. O Ibirapuera, concebido para as comemorações do quarto centenário da fundação de São Paulo, em 1954, levou menos de dois anos para sair do papel.

Para levar adiante o projeto do Central Park paulistano, organizou-se uma comissão de notáveis, comandada por Francisco "Ciccilo" Matarazzo Sobrinho, industrial que dispunha não só de muitos recursos como de abundante entusiasmo: àquela altura, já havia criado a Bienal de São Paulo, o Museu de Arte Moderna (MAM), o Teatro Brasileiro de Comédia (TBC) e a Companhia Cinematográfica Vera Cruz.

Em novembro de 1953, num Ibirapuera semipronto, foi aberta a segunda Bienal do Museu de Arte Moderna de São Paulo, com *Guernica* e outros cinquenta quadros de Pablo Picasso, além de obras de Marcel Duchamp, Paul Klee, Constantin Brancusi, Edvard Munch, Rufino Tamayo, Piet Mondrian e Georges Braque. Havia também uma sala dedicada aos principais trabalhos de Walter Gropius, um dos fundadores da Bauhaus, que compareceu ao evento. O parque só seria inaugurado em sua totalidade em agosto de 1954. O Ibirapuera representou a consagração da arquitetura moderna (e de Niemeyer) na Pauliceia, em uma obra pública supervisionada por empresários.

São Paulo teve nove prefeitos entre 1950 e 1960, mas o poder público, pelo menos, não atrapalhou. Mesmo com instabilidade na prefeitura, leis que eram alteradas quase a cada estação e incorporadores que sempre queriam apertar mais metros quadrados, a nova indústria imobiliária vertical para as massas surpreendia. "O apetite pelo mercado não dispensava o zelo com as formas, os materiais e os programas contemporâneos", diz a professora de arquitetura Regina Meyer, autora de uma tese pioneira sobre a urbanização de São Paulo dos anos 1950.[8]

O grande capital e a arquitetura de qualidade não eram como água e óleo, incapazes de se misturar, na década de 1950. Alguns dos principais anunciantes da *Habitat*, revista do casal Bardi, eram promotores imobiliários. A própria Casa de Vidro, primeira grande obra de Lina Bo Bardi no Brasil, serviu de chamariz para o loteamento Jardins do Morumby, lançado por Octávio Frias de Oliveira. Ele chefiava a carteira predial do Banco Nacional Imobiliário (BNI) e já havia contratado Niemeyer e Abelardo Riedy de Souza para fazer vários prédios, como o Copan. Com um anúncio de várias páginas na revista, os Bardi endossaram o loteamento no Morumbi.[9]

Em um de seus números, a *Habitat* dedicou oito páginas aos lançamentos do incorporador João Artacho Jurado, sem revelar, com alguma malícia, se se tratava ou não de um informe publicitário. Nas notas da seção "Crônicas", escritas por Lina e Pietro sem assinatura (ou sob o pseudônimo quatrocentão "Alencastro"), a Construtora Monções, de Artacho Jurado, foi elogiada por patrocinar uma coluna diária sobre arquitetura no *Diário de S. Paulo*, do crítico Geraldo Ferraz, que também escrevia na *Habitat*. A *Folha da Manhã*, em seu caderno de economia e finanças, tinha uma seção de "Engenharia e arquitetura", que outorgava um prêmio chamado "Edifício da semana", onde neoclássicos ou ecléticos não tinham vez.

"Arquitetura moderna exige o melhor encanamento", dizia um anúncio de ligas de cobre Yorkshire publicado em 1953 na *Acrópole*, revista criada em 1938 no escritório do arquiteto Eduardo Kneese de Mello. Os próprios prédios recém-inaugurados serviam de propaganda para esquadrias, pastilhas de vidro, tacos e toda a indústria do revestimento. A TV Tupi também iniciaria, em 1952, programas sobre história da arte e da arquitetura com o *Clube dos Artistas*, mas o número de televisores na cidade de São Paulo não chegava a 11 mil. Em 1960, a novata TV Excelsior teria uma atração chamada *Arquitetos na TV*.

A exaltação do novo era acompanhada pelo "ciclo de combate às velharias", como se expressara no passado Oswald de Andrade ao visitar uma das casas de Warchavchik.[10] Essa trincheira foi ocupada depois por Lina e Pietro Bardi na *Habitat*. Em diversas notas, eles atacam a construção da catedral da Sé, inaugurada ainda sem as torres em 1954: "Todas as pessoas passam com curiosidade e bastante alarme. Não tendo ainda nascido, [o templo] já é bastante velho. Velho e confuso de meter medo. Assim, a gente passa, olha e se torna melancólica".[11] Havia uma disputa entre futuro e passado, ousadia e acomodação, mas um dos lados abria distância no placar. Nos anos 1950, em propulsão de foguete, São Paulo queria ser moderna.

Neste livro, vamos investigar as diversas razões para a aparição dessa apoteose arquitetônica protagonizada por um punhado de jovens — e também o que interrompeu essa produção, desafinando tudo em volta. Se as cidades são livros que se leem ao percorrê-las, alguns dos mais importantes capítulos de São Paulo estão empoeirados, esquecidos em uma estante. Temos muito a aprender se voltarmos a folhear as páginas antigas e a circular os olhos por elas.

## Parte I

# O CAPITAL SEGUE A FORMA

## 1. A modernidade vende

*Tudo que Oscar Niemeyer faz vende como pãozinho quente. A assinatura do Niemeyer valia muito. Uma obra do Portinari ou do Di Cavalcanti também ajudava a vender. [...] Comprávamos o terreno, fazíamos o projeto, depois o orçamento da construção e vendíamos assegurando o valor fixo em parcelas. Quando o apartamento estava pronto, já estava quitado. A condição sine qua non era vender tudo para poder começar. O segredo do sucesso estava na escolha do terreno e no rigor com que se trabalhava.*[1]

OCTÁVIO FRIAS DE OLIVEIRA

Com 8,2 metros de altura, os três pilares em forma de "V" na entrada do edifício-galeria Califórnia, na rua Barão de Itapetininga, impressionavam os transeuntes. Além de servirem de sustentação ao prédio, eles devassavam o térreo de um sinuoso corredor, imponente e arejado, com trinta lojas. O contraste com os vizinhos mais baixos, de térreos fechados e muros repousados no chão, fazia o Califórnia parecer uma nave exótica na apinhada rua do centro de São Paulo que exibia as vitrines mais chiques da cidade.

A fachada desse edifício comercial também destoava do que havia em seus arredores: em vez dos adornos afrancesados dos antiquados vizinhos, o Califórnia tinha de ponta a ponta quebra-sóis de concreto horizontais repletos de furos, que ao mesmo tempo protegiam contra o sol e deixavam entrar nas salas fachos controlados de luz. Nem todo mundo gostava da modernidade de concreto, mas, naquela época novidadeira, era programa obrigatório conferir as primeiras curvas de Oscar Niemeyer na Pauliceia. O passado estava definitivamente fora de moda.

A galeria no térreo foi aberta em novembro de 1953, quando os escritórios do edifício ainda passavam pelos últimos retoques. A cidade tinha pressa, e o Califórnia logo se tornou um ímã a atrair os modernos. Duas das primeiras galerias de arte da capital se instalaram ali, a Martin Jules e a Sete de Abril. A Livraria Triângulo abrigava concor-

*O edifício-galeria Califórnia foi o primeiro de Niemeyer a ficar pronto na capital; em 1953, a modernidade da galeria causou estranheza aos habitués da Barão de Itapetininga.*

ridos lançamentos, como o da revista mensal de cinema e teatro *Sequência*, editada pelo futuro diretor Luiz Sérgio Person. No 12º andar, havia aulas de design e de moda no Instituto Paulista de Desenho Industrial, criado pelo MAM e pelo IAB. Eventos culturais de todo tipo espalhavam-se pelos corredores do Califórnia, desde a Feira de Arte do Clube dos Artistas e Amigos da Arte à exposição de fotos e pôsteres de cinema do estúdio hollywoodiano Metro-Goldwyn-Mayer. Para decorar a lateral direita do saguão, na rampa de acesso ao subsolo, onde funcionava o cinema, foi instalado um raro mural abstrato de Candido Portinari, com 250 metros quadrados de pastilhas.

A galeria do prédio, protegida do sol e da chuva, também servia de refúgio e passagem entre calçadas, sempre lotadas, de dia e de noite. O sambista Adoniran Barbosa, filho de imigrantes italianos, vestido de maneira impecável, com chapéu e gravata-borboleta, era habitué da barbearia localizada no térreo. Não só artistas, mas também políti-

*O projeto do edifício Califórnia contemplava galerias no térreo, um cinema no subsolo e uma torre de escritórios. Para o saguão, foi encomendado um painel a Candido Portinari, que fez um mural abstrato com pastilhas vidrotil.*

cos influentes frequentavam o Califórnia, especialmente após a abertura do estúdio Magisom, do radialista Gilberto Martins, onde eram gravados alguns dos mais populares jingles do rádio. Foi no Magisom que João Gilberto cantou para um comercial de trinta segundos do sabonete Lux, e Jânio Quadros conferiu a gravação do famoso jingle de sua campanha presidencial, em 1960: "Varre, varre, varre, varre, varre, varre, vassourinha/ Varre, varre a bandalheira/ Que o povo já está cansado/ De sofrer dessa maneira".

Com entrada por duas ruas, Barão de Itapetininga e Dom José de Barros, o prédio tem formato de "L" e treze andares, abrigando 198 salas comerciais. Em cada andar, havia dezesseis salas, sendo quatro delas com vista para a Barão, duas para a Dom José e dez para o interior da quadra — o terreno se alarga no vértice do "L". Para combater a monotonia de quem teria como panorama apenas o vão do prédio nos fundos, Niemeyer fez a gentileza de criar um jardim suspenso em um pátio interno, decorado com um mural de seu principal assistente na cidade, o arquiteto e artista plástico Carlos Alberto Cerqueira Lemos.

"Era o prédio mais moderno da rua mais chique de São Paulo. Você encontrava gente famosa tomando cafezinho, pois poucos andavam de carro. Mais ou menos como ainda acontece em Nova York", recorda o publicitário Roberto Duailibi, que começou a trabalhar no edifício recém-inaugurado como redator da agência Companhia de Incremento de Negócios (CIN). Ele estudava publicidade a uma quadra dali, no Instituto de Arte Contemporânea (IAC), a escola de economia criativa dentro do Masp, "com cadeiras de jacarandá e couro desenhadas pela Lina Bo Bardi". Como a portaria do Califórnia ficava aberta 24 horas por dia, alguns escritórios eram usados como garçonnières à noite pelos jovens redatores, em uma época pré-motéis. Havia ainda universitários que plantavam maconha ali e a fumavam tranquilamente encostados nas janelas.[2]

O entorno do Califórnia, porém, era mais careta. Logo em frente, o edifício da Paz, onde ficava a Confeitaria Vienense, tinha apenas quatro andares, em estilo neoclássico, com capitéis. Aos quarenta anos de existência, já era uma relíquia na cidade que mudava de feição a cada década. Em uma ponta da rua, ficavam o eclético Theatro Municipal e o art déco Mappin; na outra ponta, na praça da República, várias construções neoclássicas, como o Colégio Caetano de Campos, o edifício São Luiz e as torres São Thomaz, Santa Virgilia e Santa Rita, todos de visual passadista. Quando o prédio de Niemeyer começou a ser erguido, havia um único grande edifício moderno em todo o centro de São Paulo, o Esther, a meia quadra dali, e outro, o CBI-Esplanada, no Anhangabaú, ainda em construção. Nenhum dos dois, entretanto, oferecia a longa passarela pública do Califórnia.

Aquela Pauliceia com ambições nova-iorquinas tinha festejado havia pouco, em 1947, a inauguração da nova sede do Banco do Estado de São Paulo, o Banespa, uma torre inspirada no Empire State. O banco — aberto em 1909 com capitais franceses para crédito agrícola e estatizado pelo governador Altino Arantes em 1919 — apostou em uma construção de impacto: com 35 andares, foi o prédio mais alto de São Paulo por quase dezoito anos. Mas seu estilo art déco já estava ultrapassado quando o prédio foi entregue, depois de oito anos de obras (o Empire State original, de 1931, levou apenas um ano para ser construído).

No início de 1951, quando começaram as vendas das unidades do Califórnia, Niemeyer foi transformado em garoto-propaganda nos anúncios classificados. O arquiteto já era incensado em publicações internacionais em razão de um conjunto de trabalhos muito bem-sucedidos: em 1936, o vanguardista edifício do Ministério da Educação e Saúde, no Rio de Janeiro, coprojetado por ele quando tinha apenas 29 anos; entre 1940 e 1942, o projeto para o bairro modernista da Pampulha, em Belo Horizonte, para o prefeito designado por Getúlio Vargas, Juscelino Kubitschek; e, em 1947, a criação colaborativa da sede da ONU, cuja inauguração aconteceria em 1952, consagrando-o mundialmente. Naquele momento, seu nome começava a circular fora dos ambientes arquitetônicos e a se tornar uma marca. Cinco anos depois, seria escolhido pelo futuro presidente Kubitschek para criar os edifícios de Brasília.

O início do longo relacionamento do carioca Niemeyer com São Paulo começou, porém, bem longe do centro da Pauliceia: na via Dutra, primeira estrada asfaltada a ligar a capital paulista e o Rio de Janeiro.

A rodovia ainda estava em construção quando o banqueiro Orozimbo Octávio Roxo Loureiro, do Banco Nacional Imobiliário (BNI), decidiu transformar sua fazenda na região de Guaratinguetá em um loteamento que abrigaria um elegante ponto de parada.

A sede da fazenda, que seria transformada em um clube, ficava, porém, um pouco escondida para quem passava pela estrada. Como destacá-la na paisagem? Um engenheiro amigo de Roxo Loureiro teve a ideia: "Por que você não convida o Oscar Niemeyer para fazer um posto de gasolina na entrada do loteamento?". Roxo Loureiro acatou a ideia e convidou o arquiteto para trabalhar no empreendimento, que se chamaria Clube dos 500 — desde os anos 1920 existia o Clube dos 200, o pit stop da elite durante a viagem entre Rio e São Paulo, que levava doze horas. Com trajeto mais curto, o banqueiro não queria ficar atrás no número de potenciais associados.

Niemeyer já havia desenhado em 1947, durante o governo de Eurico Gaspar Dutra (1946-51), vários prédios para o Instituto Tecnológico da Aeronáutica (ITA), em São José dos Campos. Às margens da Dutra em obras, no limite entre São Paulo e Guarulhos, projetou também sua primeira fábrica, para os biscoitos Duchen. Em 1950, viriam os chamarizes para Roxo Loureiro: vinte apartamentos em um prédio de fachada inclinada, um posto de gasolina com curiosos pilares no formato da letra "K" — que ganharam destaque em uma edição especial sobre arquitetura brasileira da revista francesa *L'Architecture d'aujourd'hui*, em 1952 —,[3] um anexo para escritórios e sanitários, com abóbadas e arcos, além de um bar-restaurante decorado com um painel de seu amigo Emiliano Di Cavalcanti, tudo circundado por jardins desenhados por Roberto Burle Marx.[4] Outro arquiteto carioca, Abelardo de Souza, encarregou-se do loteamento. Para todos os envolvidos, a parceria na Dutra renderia muito trabalho no futuro.*

Poucos meses depois de impressionar os novos clientes com o desenho de seu incrementado posto de gasolina — que até hoje chama

---

\* A fábrica da Duchen foi demolida em 1990 pelos novos donos do terreno; o conjunto do Clube dos 500 ainda funciona como hotel, abrigando o único posto de combustível projetado por Niemeyer.

a atenção de quem passa pelo local —, Niemeyer foi convidado pelo principal sócio de Roxo Loureiro no BNI, Octávio Frias de Oliveira, para desenhar o Califórnia. No final de 1950, ano em que o Brasil sediou a Copa do Mundo de Futebol, o projeto foi desenvolvido por Niemeyer no Rio de Janeiro. Era a primeira de uma série de construções que assinaria na capital paulista.

Foi de olho no mercado de imóveis para venda que surgiu o BNI, aberto no auspicioso 7 de maio de 1945 — um dia antes da rendição das tropas nazistas. O ditador Getúlio Vargas tinha decretado a Lei do Inquilinato em 1942, congelando o valor dos aluguéis por dois anos e dificultando as ações de despejo (o proprietário teria de provar que

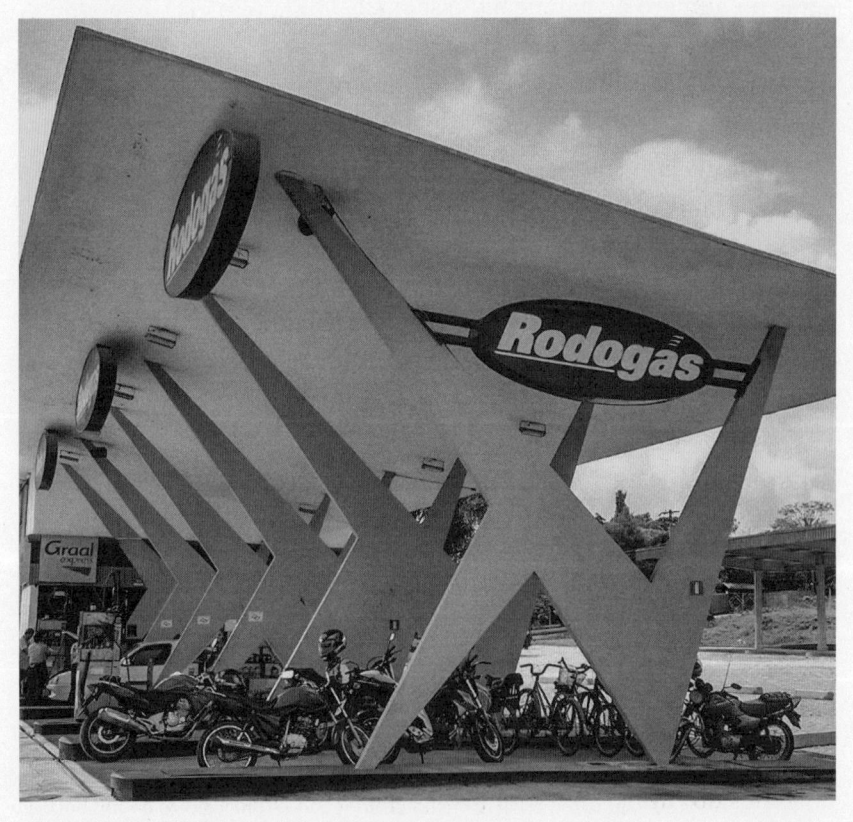

*Posto de gasolina do Clube dos 500, projetado por Niemeyer em 1950.*

precisava morar no imóvel para tentar reavê-lo). A medida, que prometia defender os inquilinos, teve efeito oposto: ao reduzir o retorno financeiro e aumentar os riscos de quem disponibilizava imóveis para alugar, a produção de unidades para renda acabou secando, e o preço dos aluguéis subiu. Como em outros congelamentos, o produto congelado desapareceu das "prateleiras".

Construir apartamentos para vender se tornou um negócio mais atraente do que construir para alugar, ainda que não fosse para o bolso de qualquer cliente. A classe média, com sua demanda reprimida por moradia, se interessou por esses novos imóveis. No início, o BNI apenas investia em compra e venda, oferecia hipotecas e financiava empreendimentos para terceiros. As empresas dos primeiros incorporadores cresceram tijolo por tijolo, antes mesmo que construíssem qualquer edifício no centro de São Paulo, criando inicialmente loteamentos em subúrbios, depois sobrados, vilas e pequenos edifícios — os produtos para os "sem-aluguel" que dominaram a nascente indústria imobiliária durante quase toda a década de 1940, atravancada por limitações tecnológicas e pela falta de financiamento e de confiança.

O BNI deu a largada em seus planos imobiliários a partir de 1945 ao lançar um loteamento com 1350 unidades no bairro Engenheiro Goulart, outro com sete casas na Vila Mariana e um terceiro com duzentos lotes e sobrados na Vila Anhanguera, além de financiar alguns edifícios de outras construtoras na região central. Foi um negócio financiado pelo Banco Hipotecário Lar Brasileiro, do Rio de Janeiro, que abriu os olhos dos sócios do BNI para um tipo de moradia de venda instantânea: o primeiro grande edifício de quitinetes de São Paulo, o Mara, cuja construção começara em 1943, na rua Brigadeiro Tobias, no centro da cidade, com projeto de Eduardo Kneese de Mello, o primeiro presidente da seção paulista do IAB.

O Lar Brasileiro, que em São Paulo tinha se especializado em sobrados e vilas de casas, entregou o prédio pronto, com doze andares e 224 apartamentos, para ser comercializado por um time de corretores próprios do BNI, treinados por Frias, o diretor da carteira predial. As unidades do "único condomínio com serviços de grande hotel", como anunciado nos jornais, tiveram venda-relâmpago.

A rapidez com que os apartamentos foram vendidos impressionou Frias, que imediatamente compreendeu o sucesso do tripé arquitetura moderna, unidades compactas e financiamento camarada. Meses depois da venda das quitinetes do Mara, o BNI criou seu braço incorporador, a CNI (Companhia Nacional de Investimentos, depois Companhia Nacional de Indústria e Construção), e começou a lançar seus próprios edifícios. Nos quatro anos seguintes, o banco-incorporador lançaria 2915 apartamentos, 270 salas de escritórios, 231 lojas, três cinemas e um teatro. Ninguém superaria essa marca em toda a década de 1950. Durante muito tempo, Roxo Loureiro e Frias seriam chamados em São Paulo de "reis dos condomínios". Conhecer a estratégia de ambos ajuda a entender os primeiros passos em grande escala do mercado imobiliário paulistano.

O BNI pretendeu inovar tanto no setor bancário como no imobiliário. Antes de começar a construir por conta própria, já tinha estabelecido um pioneiro setor de mercado de capitais e investimentos, realizando, em 1947, um dos primeiros grandes lançamentos de ações no Brasil, para a Refinaria e Exploração de Petróleo União, em Capuava, na cidade de Santo André, região metropolitana de São Paulo. Na época, a legislação permitia a concessão para o refino de petróleo a grupos nacionais privados, e o banco conseguiu amealhar 12 mil acionistas (o majoritário era o banqueiro Walther Moreira Salles, futuro criador do Unibanco).[5] Inaugurada em 1954, a União seria a primeira refinaria do estado (vinte anos depois, acabaria incorporada à Petrobras).

No setor imobiliário, a maior inovação do BNI foi o chamado "sistema a preço de custo" para construir grandes prédios.* Sem dispor de capital inicial, o banco identificava e reservava um terreno, prometendo comprá-lo em até um ano, quando encomendaria um projeto a um arquiteto e faria a venda das unidades ainda na planta — no caso

---

\* A ideia nascera em Santos, da mente de um engenheiro formado no Mackenzie, Cypriano Marques Filho. Frias comprou o projeto e o patenteou. Diversas construtoras adotariam o mesmo esquema, mudando apenas o nome.

do banco, a seus próprios clientes-poupadores. Depois do pagamento de uma entrada e de uma anuidade, as mensalidades dos compradores eram calculadas pelo rateio dos gastos com a construção. O lucro vinha de uma "taxa de administração", equivalente a 15% do valor do empreendimento.

Embora contratasse construtoras para executar as obras, Frias decidiu comprar os materiais para poder controlar os custos. A inflação começava a crescer e, com ela, a inadimplência de alguns condôminos.[6] Para o setor de compras, "precisava de um cara honesto, que não roubasse",[7] nas suas palavras. Contratou, então, Carlos Caldeira Filho, que se converteria em seu sócio em outras empreitadas (com ele, compraria em 1962 a *Folha de S.Paulo*). O BNI logo lançaria mão de nomes que estavam em alta na arquitetura e na engenharia, como Miguel Juliano e Roberto Zuccolo.

Vender rapidamente todas as unidades era condição obrigatória para que o banco-incorporador começasse as obras. Para tanto, era fundamental convencer o poupador-cliente da confiabilidade do investimento — afinal, a compra era feita anos antes de o produto ficar pronto. Já naquela época a desconfiança era superlativa: será que, de fato, entregariam o prometido? Era a primeira vez que se vendia apartamento na planta no Brasil.

Se as inovações modernistas começavam a chegar à arquitetura, transformando o florescente mercado imobiliário, o sistema bancário brasileiro, por sua vez, ainda estava preso ao passado. Os bancos dispunham de uma única agência matriz no centro, que se dedicava mais a fazendeiros e industriais do que à nova classe média. Cadernetas de poupança se popularizariam apenas vinte anos depois, nos anos 1970. Ainda não haviam sido criados o Banco Central nem a correção monetária, e o investimento em ações era uma alternativa para pouquíssimas pessoas.

Assim como os arquitetos olhavam para os arranha-céus americanos e se encantavam com as vanguardas de Frank Lloyd Wright, Mies van der Rohe e Richard Neutra, Roxo Loureiro e Frias buscaram inspiração nas novidades do sistema financeiro dos Estados Unidos. Eles copiaram as campanhas de educação financeira criadas pelo banqueiro ítalo-americano Amadeo Giannini, fundador do Bank of America e o maior responsável pela popularização dos bancos de varejo no país. Desde o início do século XX, Giannini distribuía aos clientes cofrinhos de plástico em formato de porco para que as crianças aprendessem a poupar.

O BNI substituiu o porquinho por um canguru e, para incentivar a meninada a fazer sua primeira poupança, criou o Clube do Canguru-Mirim em maio de 1950, no aniversário de cinco anos do banco. Para promover a iniciativa, recorreu à agência de publicidade Arco-Artusi, encarregada de fazer os jingles para as rádios — foi a primeira vez no Brasil que um banco contratou os serviços de publicitários. O BNI também foi pioneiro na difusão de agências pela cidade: chegou a abrir mais de quarenta delas, "de bairro", do Jabaquara, na região sul da capital, a Santana, na região norte.

A ousadia e as inovações tanto no setor imobiliário como no bancário saíam, nos anos 1940, da cabeça de jovens "disruptivos", um pouco como ocorre, no século XXI, com os empreendedores que se arriscam a criar startups de tecnologia. Os aplicativos de então eram edifícios com formatos que poderiam convencer ou não, com financiamento incerto e usos e formas ainda não previstos nos códigos de obras. Os dois maiores acionistas do BNI, Frias e Roxo Loureiro, tinham ambos 32 anos de idade quando fundaram o banco, em maio de 1945 (embora já discutissem sua criação desde 1943). E havia mais coisas em comum entre eles do que ter Octávio no nome.

Bisnetos de barões — Roxo Loureiro, do barão de Vargem Alegre, cafeicultor;[8] Frias, do barão de Itambi, que comercializava café[9] —, ambos estudaram em colégios católicos de elite em São Paulo (Roxo no São Bento; Frias no São Luís). Nenhum dos dois, porém, desfrutou por muito tempo da fortuna dos antepassados.

Nascido em 1912, Frias, o oitavo de nove irmãos, perdeu a mãe aos oito anos. Pouco depois, seu pai, o juiz licenciado Luiz Torres de Oliveira, que trabalhava nas indústrias do tio de sua esposa, Jorge Street, ficou desempregado. O carioca Street era uma referência no mundo empresarial paulistano. Dono da Companhia Nacional de Tecidos de Juta, ele criou a primeira grande vila operária da cidade, com creche e atendimento médico para seus funcionários, a Vila Maria Zélia. Defensor dos direitos trabalhistas, Street sofreu vários reveses nos negócios, e foi em uma dessas crises que o pai de Frias perdeu o emprego. Como não gostava muito da carreira jurídica, Torres de Oliveira tentou a sorte em uma fazenda que tinha comprado em Itupeva, entre Campinas e Itu, onde plantava algodão, mas não foi bem-sucedido e voltou à magistratura, atuando como juiz em comarcas no interior do estado de São Paulo.

Em razão das dificuldades financeiras do pai, Frias abandonou os estudos aos catorze anos e tornou-se office boy. Nunca fez faculdade. Conseguiu trabalho na Companhia de Gás, da qual era diretor um tio que se mudara para São Paulo, Félix Frias — um dos fundadores do Fluminense Football Clube. Como tinha talento para as contas, ali ganhou agilidade nos cálculos ao lidar com uma calculadora mecânica, então um instrumento raro e de complicada manipulação. O domínio do apetrecho o levou à Secretaria da Fazenda de São Paulo. Muitos cálculos depois, chegou à contabilidade do Departamento Estadual do Serviço Público. Passou catorze anos atuando no funcionalismo.

Para aumentar seus rendimentos, Frias vendia rádios — a engenhoca mais cobiçada à época — depois do expediente, de porta em porta. Aprendeu inglês e começou a ler manuais de vendas americanos. A atividade como vendedor ensinaria muito ao futuro banqueiro responsável pela carteira predial do BNI. "Deixei o serviço público para fundar esse banco, para desespero do meu pai e do meu irmão, que acharam uma loucura", contou Frias.[10]

Roxo Loureiro teve uma vida mais abastada, mas com certos tropeços. Nasceu em Jaú, em 1913, onde o pai era advogado, nas comarcas de Sertãozinho e Ribeirão Preto, e a mãe, que tinha estudado na Suíça e falava alemão e francês, criou uma das primeiras escolas de idiomas do país, a Berlitz. O jovem estudou medicina no Rio, por pressão da mãe, mas não terminou o curso. Por inspiração materna e com a ajuda da namorada americana, uma bailarina de Boston que passava uma temporada na antiga capital federal, aproveitou a temporada carioca para estudar inglês seis horas por dia.

Depois de abandonar o curso de medicina, os pais cortaram-lhe a mesada, e Roxo Loureiro precisou trabalhar como vendedor de anúncios em uma rádio de Niterói. A crise do café dos anos 1930 empobreceu a família materna, de cafeicultores. Com a morte do pai, Roxo Loureiro, já casado e com dois filhos pequenos, decidiu ficar perto da mãe e voltar a São Paulo, onde tentou novas carreiras. Depois de curta temporada vendendo café solúvel, virou corretor, administrando os imóveis do pai de um ex-colega do Colégio São Bento. Em 1940, foi um dos fundadores do Pregão Imobiliário de São Paulo, a primeira "bolsa" do setor no país. Em 1943, quis criar um banco hipotecário, inspirado pelo carioca Banco Lar Hipotecário Brasileiro. Levou dois anos para pôr o projeto em pé.

Roxo Loureiro soube de Frias por amigos em comum e o chamou como sócio. Mudanças no governo estadual e uma redução no salário convenceram Frias de que era hora de arriscar. Só faltava um detalhe para os jovens empreendedores: como amealhar capital para abrir o banco.

Os dois recorreram a várias fortunas de São Paulo, até mesmo de seus ex-colegas de escola. Também bateram à porta de banqueiros, propondo-lhes testar o mercado com um banco imobiliário. Conseguiram 225 sócios, entre eles dez presidentes de bancos, como João Moreira Salles, do Banco Moreira Salles, Numa de Oliveira, do Banco do Comércio e Indústria de São Paulo, e Joaquim Bento Alves de Lima, do Banco Paulista do Comércio.

"Quem entrou com dinheiro foram os acionistas que arrumamos. Quando você conseguia um amigo, um conhecido, você tinha direito a 10% desse montante", contou Frias, que, com 10% das ações, tornou-se o segundo maior acionista do BNI, depois de Roxo Loureiro, que tinha menos de 15% das ações no início das operações. Como Roxo Loureiro, Frias também devorava livros americanos de autoajuda empresarial. Até chegou a traduzir um para o português para distribuir internamente aos seus times de corretores: *How I Raised Myself from Failure to Success in Selling* [Como eu me reergui do fracasso para o sucesso nas vendas], de Frank Bettger.[11]

Ao decidir partir para a incorporação e lançar seus próprios prédios, os dois novatos já demonstravam entender a importância das marcas. Para sedimentar a confiança dos compradores, dos investidores e do poder público, convidaram o ex-prefeito de São Paulo e engenheiro Francisco Prestes Maia, de 53 anos, para presidir o braço imobiliário, a CNI. Professor da Escola Politécnica da USP entre 1924 e 1937, Prestes Maia havia sido o prefeito com o mandato mais longo da história paulistana até então: comandara a cidade por sete anos e seis meses, entre 1938 e 1945, período do Estado Novo. Tinha fama de honesto e empreendedor.[12]

O nome de Prestes Maia abria muitas portas ao BNI, não só junto à alta sociedade paulistana mais conservadora, que o admirava, mas também em meio à intelectualidade, graças aos contatos de sua esposa, a atriz e soprano portuguesa Maria de Lourdes Cabral Prestes Maia. Professora de dicção de vários atores, como Sérgio Cardoso e Paulo Autran, ela preferia ser chamada de "primeira-operária" da cidade em vez de primeira-dama.[13] Conhecida como "Maria Portuguesa", era amiga do líder comunista Luís Carlos Prestes, diretora da Federação das Mulheres do Brasil e encantava artistas e boêmios. Assim, o ex-prefeito que sabia frequentar mundos ideológicos tão diversos recebeu carta branca dos banqueiros para os projetos com o BNI. Leva sua assinatura um dos primeiros grandes complexos do banco, o conjunto Coliseu-Capitólio-Palatino (1951), de 22 andares, no largo do Arouche — o resultado comprova que Prestes Maia tinha mais talento como engenheiro do que como arquiteto.

Nos primeiros dois anos de atividades, entre 1949 e 1950, a CNI lançou quatro edifícios residenciais. Dois deles, funcionais e discretos, foram projetados por engenheiros, sem nenhuma ambição estética: o Tebas, na esquina da rua dos Andradas com a rua Aurora, e o Notre Dame, na rua Bento Freitas. Em seguida, veio o empreendimento mais luxuoso do banco, o Versalhes, em estilo neoclássico, na esquina da avenida Higienópolis com a rua Itacolomi. Depois de homenagear as coroas do Egito e da França, a CNI lançou o conjunto Paris-Roma-Rio, de doze andares, na rua Paim, pioneiro da verticalização nas imediações da avenida Nove de Julho. Com três blocos e nome mais turístico que imperial, foi projetado por um estudante da primeira turma de arquitetura do Mackenzie, Carlos Lemos, então com 25 anos. O jovem se tornaria protagonista no crescimento da CNI.

Ainda criança, em Sorocaba, Lemos tinha conhecido o pai de Frias, o juiz Torres de Oliveira, que morara durante oito anos em uma casa geminada ao sobrado onde o menino vivia. A proximidade das duas famílias fez com que, em São Paulo, Lemos e Frias travassem amizade. Quando estava no terceiro ano da faculdade de arquitetura, Lemos foi convidado por Frias, recém-casado, para reformar e decorar o apartamento que havia acabado de comprar no aristocrático edifício São Luiz, na esquina da praça da República com a avenida Ipiranga — o banco já dava bons lucros para o empreendedor. O resultado da reforma e da decoração deve ter agradado. Dois anos depois, convidou Lemos a desenhar o Paris-Roma-Rio. No espaço antes reservado para os jardins do condomínio, surgiu o Teatro Maria Della Costa, também projetado por ele. "O cavalo passou arriado, eu só montei", diverte-se Lemos ao lembrar da própria precocidade.[14] Ainda sem registro profissional, as obras foram assinadas por um primo engenheiro.

Lemos acabaria se tornando o chefe do escritório-satélite de Niemeyer em São Paulo, aberto por pressão de Frias, impaciente com os atrasos do arquiteto carioca, que evitava ir a São Paulo por receio tanto de voar de avião como de viajar pela via Dutra, então com uma única pista de mão dupla. Frias, então, arranjou para ele um escritório na rua 24 de Maio, a uma quadra do Califórnia e no mesmo andar do ateliê do pintor Di Cavalcanti. Todos colegas, amigos e vizinhos.

Depois do Califórnia, Niemeyer projetaria com a equipe paulistana do BNI a primeira torre moderna de quitinetes de São Paulo, o edifício Montreal, com 22 andares (quase o dobro do pioneiro Mara). Entre 1951 e 1952, ele desenharia o Eiffel, seu primeiro prédio de apartamentos para a alta renda; o Triângulo, seu primeiro empreendimento corporativo, só de escritórios; e o Copan, até hoje seu maior e mais alto edifício no Brasil, com 115 metros, quinze a mais que as torres do Congresso Nacional, em Brasília, e que o Conjunto JK, em Belo Horizonte.

Instalado num pequeno terreno triangular, o Eiffel, de 23 andares, é uma proeza de Niemeyer, que dispôs todos os apartamentos virados para a frente, com vista sem barreiras para a praça da República. Foi

*O edifício Eiffel, de 1952, foi o último residencial projetado por Oscar Niemeyer. Possui 54 unidades de 115 a 240 metros quadrados com janelões de vidro do chão ao teto e cobogós redondinhos, para filtrar os fortes raios solares.*

implementada ali uma inovação que resultou em bem-estar acústico para seus moradores: nos 54 apartamentos dúplex, tríplex e quadrúplex, o arquiteto inverteu a tradição de dispor os dormitórios no andar superior, sujeitos assim ao barulho da sala dos vizinhos de cima.

*O Eiffel oferece confortos térmico e acústico: todas as unidades têm vista para a praça e, nos dúplex, quartos embaixo das salas.*

Colocou-os no andar inferior de cada unidade, sob a própria área social, assim só as salas, onde supostamente ninguém dorme, estão logo abaixo do dormitório alheio.

O conforto também inclui pé-direito de 3,15 metros e paredes de trinta centímetros de espessura. Como era comum nos lançamentos do BNI, há lojas no térreo, 26 delas em uma galeria, além de um restaurante com terraço-jardim no primeiro andar (local ocupado pelo Clube de Xadrez de São Paulo à época da inauguração, mas que deixou de ser área comum há décadas).

No Triângulo, edifício de escritórios com dezoito andares em um minúsculo terreno entre as ruas Direita, José Bonifácio e Quintino Bocaiuva, Niemeyer ergueu uma estrutura cilíndrica onde todos os escritórios têm vista para o centro velho de São Paulo (os mais altos alcançam a catedral da Sé). A fim de liberar mais espaço no térreo para as valorizadas áreas comerciais, o hall de entrada foi posicionado no subsolo, o que dificulta a acessibilidade para cadeirantes. Como toda experimentação está sujeita a riscos, os quebra-sóis metálicos — no lugar dos mais tradicionais, de concreto — que protegiam a fachada envidraçada se tornaram um pesadelo acústico para quem trabalhava ali. Quando chovia, os pingos d'água, ao golpearem o metal azulado, mais pareciam tiros de metralhadoras. Um ano depois da inauguração, os quebra-sóis foram arrancados. Sem a proteção contra o sol, a fachada do prédio logo seria congestionada por cortinas e aparelhos de ar condicionado, sina de diversas construções que nasceram antes do advento dos sistemas centrais.

A "niemeyermania" em São Paulo atingiu seu ápice entre a inauguração do Califórnia, no final de novembro de 1953, e 25 de janeiro de 1954, a data oficial do quarto centenário da fundação de São Paulo, quando o Montreal foi entregue. Nesses dois meses, ainda houve tempo para a inauguração dos primeiros pavilhões do Ibirapuera desenhados pelo arquiteto — um deles, o Palácio das Indústrias (hoje Pavilhão da Bienal), abrigou em 1953 a segunda Bienal de São Paulo, que exibiu o mural *Guernica*, de Pablo Picasso.

*Torre de escritórios em terreno exíguo no centro velho de São Paulo, o Triângulo perdeu quebra-sóis metálicos, sensíveis às chuvas, pouco após a inauguração.*

Como o prestígio de Niemeyer crescia em meio ao empresariado paulistano, não faltaram convites para que ele brincasse com o concreto por aqui. Entre 1952 e 1955, desenhou também o antigo Hospital da Gastroclínica (atual Complexo Hospitalar Edmundo Vasconcelos), o edifício Seguradoras, na avenida São João, a sede da multinacional sueca de telefonia Ericsson em São José dos Campos e até mesmo o primeiro restaurante drive-in do estado, o Bon Voyage, na altura do atual quilômetro 12 da rodovia Raposo Tavares, no bairro Rolinópolis, com uma marquise de 420 metros quadrados de concreto armado (no local funciona, hoje, uma escola particular, cujos muros bastante altos impedem que se veja a construção em sua totalidade). Lemos palpita que um dos colaboradores de Niemeyer, Gauss Estelita, que "desenhava igualzinho" a ele, teria sido incumbido à época de fazer algumas das obras menores do mestre. Só após o sucesso com a iniciativa privada chegariam os convites para grandes obras públicas paulistanas, muitos anos depois de suas obras para governos no Rio e em Belo Horizonte.

Tanto sucesso e uma fome nada dissimulada de São Paulo por novas e maiores curvas de Niemeyer — que alguns anúncios do BNI descreviam como "arquiteto patrício" — aqueceriam o clima de rivalidade entre arquitetos paulistas e cariocas. As disputas se manifestaram sobretudo em dois projetos: o parque Ibirapuera e o Paço Municipal. E, em ambas as pelejas, Niemeyer saiu ganhando.

O projeto de criação de um grande parque paulistano foi oficialmente formulado em 1926. A área escolhida, vizinha à Vila Mariana, na zona sul da cidade, era então um grande lamaçal. Para drená-lo, o funcionário público Manuel "Manequinho" Lopes começou a plantar, ainda em 1927, eucaliptos australianos — o primeiro viveiro do que seria o parque anos depois batizado com o nome do botânico autodidata. Mas obras viárias, de viadutos a túneis, já recebiam mais atenção e verbas, e o parque hibernou na gaveta de sucessivos prefeitos. Na vizinhança, apenas se arrastava a construção do prédio art déco da instituição encarregada de combater as pragas nos cafezais paulistas, o Instituto Biológico, iniciada em 1928 (mas só concluída em 1945).

Vários outros destinos foram pensados para o matagal candidato a parque, como instalar ali um aeroporto, o Jockey Club ou a Cidade Universitária. Até que, em maio de 1951, a Câmara Municipal aprovou a criação da Comissão dos Festejos Comemorativos do IV Centenário da Fundação da Cidade de São Paulo, que seria celebrado em 1954. Em

*Rampas sinuosas do Pavilhão Bienal, aberto quatro anos antes do Guggenheim de Nova York.*

setembro, o industrial Ciccillo Matarazzo, que presidia a comissão, propôs ao arquiteto Rino Levi, então presidente da seção paulista do IAB, que fizesse um projeto para o parque e para os pavilhões que abrigariam uma feira industrial internacional, além da já citada segunda Bienal do Museu de Arte Moderna.

Arquiteto consagrado na cidade, Levi, então com 49 anos, tinha projetado a sede do Teatro Cultura Artística, o prédio da antiga Faculdade de Filosofia, Ciências e Letras Sedes Sapientiae — que, incorporado mais tarde à Pontifícia Universidade Católica (PUC-SP), abriga hoje o Centro de Ciências Matemáticas, Físicas e Tecnológicas da mesma instituição — e alguns cinemas, como o Art Palácio, o Ipiranga e o Piratininga (todos fechados há décadas), além de várias obras residenciais nos anos 1930 e 1940.

Para o Ibirapuera, Levi juntou um time dos sonhos da arquitetura paulista, a fim de convencer empresários e políticos da importância de um projeto bem-feito: Oswaldo Bratke, Eduardo Kneese de Mello e Ícaro de Castro Mello, entre outros nomes conceituados. Como dirigente do IAB, Levi tinha acabado de criar uma tabela de honorários para padronizar os valores cobrados pelos projetos arquitetônicos e também valorizar a profissão de arquiteto, recém-criada no Brasil. Foi de acordo com essa nova política que Levi entregou à comissão do IV Centenário os orçamentos em separado, um para cada prédio e arquiteto. Somados os orçamentos, o projeto custaria 1,5 milhão de cruzeiros (cerca de 1,8 milhão de reais em valores de 2023).

Ciccillo achou muito caro e pediu que fosse entregue um orçamento único, para reduzir o preço. Levi, porém, não acatou o pedido. O impasse não foi resolvido, e em janeiro de 1952 o industrial decidiu fazer o convite a Niemeyer. O projeto do arquiteto carioca foi confirmado (o valor não consta dos documentos nos arquivos da prefeitura de São Paulo). Sinal de que até a comissão conhecia as sensibilidades da categoria, o anúncio sobre o parque dizia que o projeto era de "renomados profissionais patrícios".

Em razão da contenda, o paisagista Burle Marx, amigo e parceiro de Levi em muitas obras, negou-se a fazer o paisagismo do novo parque, como era o sonho de Ciccillo — foi o engenheiro-agrônomo e paisagista Otávio Augusto Teixeira Mendes quem se encarregou do trabalho. Para a sua equipe, Niemeyer contrataria Kneese, que fizera parte do grupo de Levi, além do paulista Zenon Lotufo e do carioca Hélio Uchôa. Os arquitetos Carlos Lemos e Gauss Estelita atuaram como colaboradores. "Rino perdeu a oportunidade da vida dele", sentencia Lemos. "A partir daquele momento houve a aceitação definitiva da arquitetura moderna no país. As pessoas se referiam a ela como 'estilo Bienal.'" Aqueles andares e rampas sinuosos foram inaugurados entre dezembro de 1953 (data da segunda Bienal) e agosto de 1954 (data da exposição industrial), quase seis anos antes da abertura das rampas da rotunda espiral do Museu Guggenheim de Nova York, com o qual tem certo parentesco. A Bienal também inaugurou, em novembro de 1953, a primeira escada rolante privada da cidade, acessível apenas durante eventos. O primeiro lance de escada rolante pública de São Paulo começaria a funcionar apenas em 1955, na galeria Prestes Maia. Ambas passaram a atrair pequenas multidões, que faziam fila para subir e descer.

Antes mesmo da inauguração, o prédio de Niemeyer sofria ataques da crítica local. Um editorial da revista *Habitat*, de Lina Bo Bardi, chamou o futuro prédio da Bienal de "floresta de colunas", defendendo que "a técnica de exposições" pedia "espaços sem embaraços e suportes excessivos". O texto decretava ainda que a mostra sofreria a "humilhação" de estar abrigada em um recinto "provinciano e ignorante". Sem esconder suas intenções, Lina escreveu que teria oferecido "um projeto ideal e gratuito" para a instalação da mostra.[15]

A inauguração do Ibirapuera enfrentaria outros percalços além da competição dos arquitetos. Nem as obras nem todos os eucaliptos conseguiram deixar o parque menos alagadiço: o caminhão que trazia *Guernica* atolou, causando pânico às vésperas da inauguração. A lama já era tradição nos grandes eventos de arte na cidade — a primeira Bienal fora feita "em uma barraca, na barranca da avenida Paulista, e como havia chovido, tínhamos lama nos pés, dado que a demolição do velho Trianon deixou nua a terra", escreveu o crítico Geraldo Ferraz.[16] Nesse espaço da primeira Bienal, começaria a ser construída, dez anos mais tarde, a nova sede do Masp, projetada por Lina Bo Bardi.

Um embate anterior entre os paulistas e o carioca se dera no agitado ano de 1952. Em fevereiro, foi lançado um concurso para a escolha do projeto da nova sede da prefeitura de São Paulo, a ser erguida em um grande terreno na rua Maria Paula (onde hoje funciona a Câmara

*O conjunto que hoje comporta o Museu de Arte Contemporânea da Universidade de São Paulo foi projetado por Oscar Niemeyer, em 1952, no ensejo das comemorações do IV Centenário de São Paulo, que promovia uma grande exposição agroindustrial.*

Municipal). Houve 23 inscritos, mas só onze trabalhos foram apresentados — dizia-se que o prazo de noventa dias não teria sido suficiente. O júri, porém, não gostou de nenhuma das propostas, e não ocorreu premiação. Por esse motivo, em outubro, o então prefeito Armando de Arruda Pereira criou uma "comissão orientadora" para o novo Paço Municipal e chamou Niemeyer para chefiá-la. O carioca, que já cuidava da obra do Ibirapuera, acabou se encarregando do projeto definitivo.

A decisão causou escândalo. Em sua coluna "Arquitetura e urbanismo", do *Diário de S. Paulo*, Ferraz disse que Niemeyer havia procurado o prefeito para levar a encomenda no tapetão. Classificou o ocorrido como dupla "falta de ética", pela anulação de um concurso "em que Niemeyer não se inscrevera, como era sempre seu feitio", e porque este tinha oferecido "gratuitamente" um projeto,[17] o que, "como profissional", não deveria ter feito. Ferraz também escrevia na revista *Habitat* e formava, com sua esposa, a escritora Patrícia Galvão, a Pagu, um dos casais mais celebrados da intelectualidade paulistana. As críticas causaram mal-estar na prefeitura e entre os arquitetos.

No ano seguinte, o novo prefeito, Jânio Quadros, engavetou o projeto do Paço Municipal, que jamais foi construído. A rixa entre arquitetos paulistas e cariocas duraria décadas, disfarçada de diferenças estéticas. Ferraz conta em suas memórias que, em 1961, em Brasília, Niemeyer teria tentado agredi-lo com um soco, em resposta às críticas que fizera — naquele ano, ambos foram empossados no Conselho Nacional de Cultura por indicação de Jânio, então presidente.[18] O crítico também descreveu em seu livro a tentativa de Niemeyer de agredir Rino Levi no Rio, depois de o paulistano ter criticado a originalidade do carioca em um evento em Caracas. Já Niemeyer nunca se pronunciou sobre essas altercações.

Essas não foram as únicas reações à niemeyermania. Em 1953, quando foi aberta a segunda Bienal, um dos convidados mais ilustres, o arquiteto e artista suíço Max Bill, formado pela Bauhaus, atacou duramente o edifício-galeria Califórnia, aonde o levaram para uma visita. À revista *Manchete*, Bill disse que a construção era "o fim da arquitetura moderna, um desperdício antissocial, sem responsabilidade".[19] Menosprezou também os painéis do Ministério da Educação no Rio e o mural do Califórnia, todos de Portinari. "Sou contra a pintura mural na arquitetura moderna. O mural só teve razão de ser numa época em que poucos sabiam ler. [...] Sua função primordial de educar perdeu o sentido. [...] O inútil é sempre antiarquitetural", sentenciou, sem se dar conta de que no Brasil do início dos anos 1950 mais de 50% da população era analfabeta.

A reação da pátria das pranchetas foi dura. Na mesma revista *Manchete*, o arquiteto Lúcio Costa atacou o suíço e defendeu Niemeyer, dizendo estar claro que "não descendemos de relojoeiros, mas de fabricantes de igrejas barrocas".[20] Em São Paulo, seu colega Eduardo Corona escreveu: "Vejam só a audácia do suíço que, depois de quinze dias de coquetéis no Rio, vem aqui nos lançar à cara a verdade sobre a arquitetura brasileira".[21] Antes, Max Bill havia criticado os edifícios do Parque Guinle, na zona sul do Rio, concebidos por Lúcio Costa, dizendo serem eles para moradores "de alto poder aquisitivo, sem finalidade social".

A polêmica do Califórnia se espalhou e, um ano depois, suscitou uma espécie de julgamento da arquitetura brasileira feita por profissionais de prestígio de vários países na centenária revista britânica *The Architectural Review*. Nas páginas da publicação, o arquiteto Walter Gropius, fundador da Bauhaus, opinou que "os prédios de Niemeyer são sempre interessantes, cheios de frescor e ousados na sua concepção, mas ele parece dar pouca atenção aos detalhes, o que acaba comprometendo a qualidade dos edifícios".[22]

Os modernistas, fossem estrangeiros, fossem brasileiros, defendiam dogmas e adoravam etiquetar o que era ou não arquitetura moderna. A disputa oscilou entre a afetação de superioridade dos europeus e, da parte dos brasileiros, a resposta que descambava para o ataque pessoal, mas pouco se discutiu, de fato, a produção nacional. No entanto, naqueles primórdios da rara aliança entre o mercado imobiliário e a arquitetura de vanguarda, a patrulha que começava a surgir era mais externa que interna. Os arquitetos filiados ao Partido Comunista e os incorporadores capitalistas haviam criado uma relação que produzia mútuos benefícios. O mundo se surpreendia com o raro alinhamento dos astros do capital com os do talento no Brasil. "O que falta quase sempre alhures são os clientes: administradores, financistas libertos das concepções falsas e retrógradas", escreveu outro suíço, o crítico de arquitetura Sigfried Giedion,* na revista francesa *L'Architecture d'aujourd'hui*, que em agosto de 1952 publicou um número especial dedicado ao Brasil.

Ao falar dessa publicação em sua coluna no jornal *O Estado de S. Paulo*, o crítico Sérgio Milliet concordou: "Porque existe uma clientela para a arte moderna no Brasil e porque não pesa sobre o país uma esmagadora tradição que 'essa germinação espantosa provoca hoje admiração do mundo'".[23] Segundo o crítico, a iniciativa da revista francesa fora incentivada por Roberto Assumpção, secretário da Embaixada do Brasil em Paris — o governo também dava sua contribuição para o marketing internacional desse *made in Brazil* arquitetônico. Concluiu Milliet: "A arquitetura moderna brasileira está de parabéns. Depois de convencer os norte-americanos, conquistou Paris".

São Paulo seria um laboratório das pesquisas das vanguardas europeias e americanas. Transformações na tecnologia e no jeito de morar, que em Nova York levaram quase um século para se impor e na Europa só ocorreram depois de duas guerras mundiais, seriam rapidamente adotadas no Brasil.

---

* Professor em Harvard e no MIT, foi o primeiro-secretário do Congresso Internacional de Arquitetura Moderna. Para ele, Brasil e Finlândia "se destacavam nitidamente pelo alto nível de suas realizações arquitetônicas" (*L'Architecture d'aujourd'hui*, ago. 1952).

## 2. Bauhaus nas quitinetes

*Em aritmética, um mais um são dois, mas em arte podem ser três.*[1]

JOSEF ALBERS*

Cômodos sem janelas eram comuns em pensões e cortiços de Nova York ao longo do século XIX. Só os privilegiados moradores da frente e dos fundos não estavam condenados à escuridão e à falta de ventilação — e pagavam mais por isso. Dezenas de inquilinos dividiam uma fossa na parte de trás dos prédios, e os mais habitáveis podiam até oferecer um banheiro compartilhado por andar.

Moradias de aluguel como essas começaram a surgir por volta de 1820, quando a maior cidade americana somava pouco mais de 120 mil habitantes. Mas a população foi crescendo a cada nova década, com milhares de imigrantes recém-chegados, e então a produção de imóveis — que tinham até seis andares, sem elevador — aumentou. Só muitos anos mais tarde, depois das diversas epidemias que Nova York enfrentou, apareceram as chamadas Tenement House Acts, aprovadas entre 1867 e 1879, que obrigaram as novas construções a ter saídas de incêndio, abertura de janelas em cada dormitório e ao menos um vaso sanitário para cada vinte moradores. Um museu dedicado à habitação popular, o Tenement Museum, localizado no Lower East Side, conta histórias de cômodos que abrigavam até oito imigrantes empilhados em beliches. As habitações coletivas tinham péssima reputação.

* Artista e professor da Bauhaus que imigrou para os Estados Unidos em 1933. Lecionou no Black Mountain College e na Universidade Yale.

Quando o industrial Edward Cabot Clark, um dos fundadores da gigante de máquinas de costura Singer, decidiu construir edifícios residenciais em Manhattan — os primeiros de aluguel dirigidos às classes altas —, ele sabia que precisava combater essa má fama. Um de seus primeiros prédios, inaugurado em 1884, o Dakota Apartments (para onde, quase noventa anos mais tarde, mudaram John Lennon e Yoko Ono), era constituído de estábulo, entrada para carruagens, gerador de energia próprio e um grande salão de eventos. Os sessenta apartamentos tinham lareiras ornamentadas e entre quatro e vinte cômodos por unidade — para não causar desconforto a quem estava acostumado a morar em uma casa. Nos primeiros anos após o lançamento já não havia uma única unidade disponível, e o Dakota permaneceu como prédio de aluguel até 1961. O então suburbano Upper West Side podia contar com a calma emanada pelo vizinho Central Park, inaugurado onze anos antes.

Décadas depois, o mercado imobiliário de São Paulo repetiria esse desafio. Nos anos 1930 e 1940, os incorporadores que construíam para os investidores os primeiros edifícios de aluguel precisavam combater a ideia de que toda habitação coletiva era um cortiço (solteiros e imigrantes alugavam quartos em pensões ou se instalavam em vilas nos subúrbios). Mas a moradia vertical demorou a deslanchar na Pauliceia. O primeiro grande residencial da cidade, o Columbus, projetado em 1930, só ficou pronto em 1934, mais de vinte anos depois do primeiro edifício comercial da cidade, o Guinle, inaugurado em 1912 (tanto o Columbus quanto o Guinle tinham oito andares). Em 1939, havia apenas 813 prédios com elevador na capital, e dois terços deles eram apenas de escritórios. Em 1945, menos de 1% da população paulistana vivia em apartamentos.\* No pioneiro edifício Columbus, projeto do arquiteto Rino Levi na avenida Brigadeiro Luís Antônio, os moradores colocavam pesadas cortinas escuras nas janelas com medo de ter sua privacidade devassada, ainda que ao redor não houvesse outra edificação da mesma altura com alguma janela indiscreta à espreita. Alguns prédios de luxo surgi-

---

\* Ao contrário do que se pensa, morar em apartamento ainda não é para a maioria em São Paulo. Pesquisa do Centro de Estudos da Metrópole (CEM) contabilizou, em 2020, 1,37 milhão de casas e 1,38 milhão de apartamentos na cidade, mas não levou em conta as casas das favelas.

riam na cidade, repetindo o ineditismo do Dakota, em Nova York: o Esther e o São Luiz, na praça da República, além do Prudência, também de Rino Levi, na avenida Higienópolis, com apartamentos com aspecto de casa espaçosa.

Não seria a única vez que o destino do Dakota anteciparia outros negócios imobiliários mundo afora. Em Nova York, aquele edifício voltou a ser precursor de um novo estilo de moradia quando seus pequenos apartamentos para serviçais, que ficavam nos dois últimos andares, o oitavo e o nono (mais quentes e com pé-direito mais baixo), também foram modificados para serem alugados. No início do século XX, solteiros com boa renda e sem necessidade de muito espaço rapidamente ocuparam as unidades, que continham o espaço mínimo necessário para uma pessoa de classe média que vivesse sozinha. De Paris a Londres, quartos para empregados, do subsolo ao sótão, foram sendo transformados em microapartamentos. O mercado imobiliário começou a produzir estúdios, apartamentos com um único cômodo que combinava sala e quarto, acrescido de banheiro e cozinha diminutos. Em Nova York e Chicago, essas novas unidades foram apelidadas de *kitchenette*, neologismo nascido da junção das palavras *kitchen* (cozinha) e *dinette* (pequena sala de jantar, ou copa), na tentativa de acrescentar algum charme francês aos minúsculos imóveis. Durante a Grande Depressão, nos anos 1930, seguindo a tendência, diversos apartamentos maiores foram subdivididos.

O novo formato desembarcou em São Paulo após o decreto da Lei do Inquilinato de Vargas, de 1942, que reduziu a oferta de imóveis para locação. Unidades pequenas bem localizadas, com o custo fatiado em muitas e muitas prestações, poderiam se encaixar no orçamento de quem não queria ficar longe do centro e à mercê do esquálido transporte coletivo. A São Paulo daqueles anos parecia concordar com uma máxima repetida pelos corretores em Nova York a respeito das três variáveis mais importantes no momento de escolher um imóvel: "*location, location, location*", ou "localização, localização, localização". Se o imóvel é bem localizado, seu tamanho é o que menos importa. A demografia ajudou. "Jovens imigrantes, pessoas do interior, funcionários públicos e secretárias compravam ou alugavam quitinetes", conta o professor Carlos Lemos. "E ainda tínhamos o adultério institucionalizado das garçonnières", brinca. Nesses locais, homens casados podiam colocar em suspenso por algumas horas a moral e os bons costumes públicos, ao lado de suas belas da tarde.

A vida na capital também encontrava novas facilidades. "A industrialização liberou a casa das atividades de preparação dos alimentos e de cuidados com o vestuário", descreve Joana Mello, professora da Faculdade de Arquitetura da USP.[2]

> Assim como foram aposentados o chapéu e a cartola, o suspensório, a abotoadura e a anágua, as casas também ficaram menos empetecadas. Com o tempo, as salas de jantar e de estar se transformaram em um só espaço; desapareceram as salas de fumar, de costura, o gabinete, o quarto de empregada e a lavanderia; e ocorreu a diminuição da cozinha e das áreas de serviço.[3]

O lançamento de um punhado de edifícios de quitinetes testaria a reação do público ao longo dos anos 1940. Além do Mara — o já mencionado investimento do Banco Hipotecário Lar Brasileiro comercializado em 1949 pelo BNI —, o escritório do franco-brasileiro Jacques Pilon ergueria o pequeno Atlanta entre 1945 e 1949, e o arquiteto Henrique Mindlin, que já morava no Rio de Janeiro, projetaria na avenida São João, entre 1948 e 1952, o edifício Leon Kasinsky, com unidades de um quarto.

As boas vendas do Mara convenceram o BNI a dispensar intermediários e a lançar seus próprios edifícios de quitinetes. Uma linha de montagem de microapartamentos, com plantas de 32 a 55 metros quadrados, prosperou. O sistema a preço de custo — despesas rateadas pelos condôminos, com uma taxa de administração para o incorporador — deu muito mais fôlego financeiro ao BNI que a seus concorrentes. Entre 1951 e 1952, o banco lançaria mais de 1500 quitinetes em São Paulo. "O BNI antecedeu o BNH", descreveu, anos depois, Orozimbo Roxo Loureiro em sua autobiografia.[4]

O primeiro projeto próprio de quitinetes a preço de custo do BNI foi o edifício Tebas, na rua dos Andradas, com 121 unidades distribuídas em dez andares. Foi construído em dezoito meses, um tempo recorde, e inaugurado em 7 de setembro de 1952. Logo depois de desenhar o edifício-galeria Califórnia, Niemeyer recebeu outra encomenda de Octávio Frias: o primeiro arranha-céu moderno de quitinetes, o Montreal, com 22 andares. Esse pioneirismo com a assinatura de Niemeyer ajudou a legalizar os microapartamentos, que até então eram registra-

*Com o edifício Montreal, erguido no centro de São Paulo pelo BNI em 1954, Niemeyer usou seu prestígio para convencer autoridades paulistanas a aprovar quitinetes modernas.*

dos na prefeitura como hotéis. Entrava em ação o "jeitinho imobiliário", com a intenção de burlar o código de obras.

Leis do início do século XX, que exigiam ventilação e insolação mínimas nas habitações, determinavam que os banheiros não podiam ser construídos sem janela. Entretanto, em tempos de prédios geminados, quando cada metro de fachada tinha o valor de uma vitrine, era péssimo negócio desperdiçar espaço com janelas para banheiros. Após a criação dos dutos de ventilação, a lei abriu exceção para os hotéis, que puderam ter banheiros no interior das plantas. O Montreal (tal qual acontecera com o Mara) tinha sido registrado como hotel na prefeitura, mas os anúncios nos jornais, oferecendo apartamentos para vender, não deixavam dúvidas de que o prédio nada tinha a ver com o ramo da hotelaria. Não demorou para que concorrentes denunciassem o BNI às autoridades.

A prefeitura também exigia recuos laterais e frontais à medida que aumentava a altura dos edifícios (de 1920 a 1957, a altura era definida pela largura da rua). Esse escalonamento gradual permitia que houvesse luz e ventilação entre os prédios e também nas ruas — evitando que uma muralha de construções geminadas obstruísse a insolação da cidade. Niemeyer, entretanto, não queria que seu primeiro edifício alto em São Paulo se transformasse num bolo de noiva em camadas. O arquiteto, então, mandou uma carta à prefeitura argumentando que, se o prédio afunilasse no topo, as empenas cegas dos prédios vizinhos — aqueles paredões sem janelas — ficariam à mostra. A legislação aprovada por Francisco Prestes Maia quando prefeito, anos antes, permitia certas exceções de interesse arquitetônico em esquinas estratégicas de seu Plano de Avenidas. Por que não tentar?

Frias e Roxo Loureiro então sugeriram que se criasse uma comissão, formada por engenheiros e arquitetos de sua construtora e da prefeitura, para propor atualizações no código de obras. Niemeyer tinha acabado de ser convidado para desenhar o parque Ibirapuera, e o próprio Prestes Maia ocupava o cargo de presidente da construtora do BNI. Com esses medalhões envolvidos, a disputa chegou até o prefeito, Armando de Arruda Pereira, que dispensou os recuos, mas exigiu os banheiros com janelas.

A história do modernismo paulistano não teria sido a mesma sem esses dribles na burocracia. João Batista Vilanova Artigas, ao projetar o edifício Louveira, registrou na prefeitura uma planta que continha janelas na fachada, mas estas sumiriam, como o arquiteto pretendia, na execução. O que décadas depois seria visto como desobediência do mercado às regras era, então, celebrado como um ato de rebeldia contra o conservadorismo da legislação.

No cabo de guerra entre o novo e o antigo, a entrega do arranha-céu de Niemeyer foi marcada para 25 de janeiro de 1954, data da comemoração dos quatrocentos anos de São Paulo. No mesmo dia, a alguns quarteirões dali, ocorria a inauguração da catedral da Sé, ainda inacabada, sem as duas torres. O templo, de estilo neogótico — nem tudo naquela São Paulo quatrocentona era moderno —, só ficaria totalmente pronto em 1969.

O térreo do Montreal, quase todo ocupado por lojas, tem duas pequenas portas de entrada, uma na avenida Ipiranga e outra na avenida Cásper Líbero. A portaria e as escadas, que levam ao saguão principal e aos elevadores, situados no subsolo — a acessibilidade ainda não estava em pauta —, são decoradas com três murais abstratos de Emiliano Di Cavalcanti. Quebra-sóis com furos foram instalados em toda a extensão da fachada. De formato cilíndrico, seus 22 andares comportavam 230 apartamentos com plantas de 39 a 53 metros quadrados, nos quais uma única parede interna separava o banheiro da área de estar e de dormir.

As quitinetes não estavam marginalizadas das áreas então valorizadas da capital. A uma quadra do Montreal ficava o bar Roof, localizado no topo da sede do jornal e da rádio A Gazeta, onde aconteciam alguns dos casamentos e festas mais exclusivos da cidade. No entanto, nos anos 1960, muitas das torres de microapartamentos seriam apelidadas de "treme-treme" em razão de seu estado de abandono. Os primeiros a receber a alcunha foram os edifícios Mercúrio e São Vito, vizinhos ao Mercado Municipal, inaugurados em 1956 e 1959, respectivamente. O São Vito tinha apenas três elevadores para atender a 624 apartamentos, distribuídos em 27 andares. Os corredores de acesso às unidades (com plantas de 28 a trinta metros quadrados) mediam exíguos oitenta centímetros de largura. O prédio acabou engolido por obras viárias ao redor e pela precariedade do projeto, e os moradores com melhores condições econômicas desertaram depressa dali. A inadimplência dos condôminos aumentou, e, além de os elevadores quebrados ficarem sem conserto, o fornecimento de água foi cortado. A Zarzur & Kogan, construtora do São Vito, que naqueles anos também

*Vista do edifício Mara, o pioneiro entre os edifícios de quitinetes, a partir de apartamento no edifício Montreal, o primeiro de apartamentos compactos de Oscar Niemeyer.*

erigiu o monumento a Duque de Caxias, na praça Princesa Isabel, faria ainda outro treme-treme na praça 14 Bis, na Bela Vista, cujas paredes, com espessura digna de papelão, lhe renderam o apelido de "balança, mas não cai". "Fiz o que o mercado da época me pediu", declarou o incorporador Waldomiro Zarzur em 2010, pouco antes da demolição do São Vito e do Mercúrio.[5]

*Mural de Di Cavalcanti na entrada do Montreal.*

No início dos anos 1950, porém, os apartamentos em miniatura ainda não eram vistos com maus olhos. Parecia que a Pauliceia seguiria o exemplo de Tóquio, Nova York ou Paris, em cujos bairros centrais é comum encontrar apartamentos com área inferior a trinta metros quadrados. Há décadas, os populares estúdios são uma opção para pessoas solteiras, separadas, casais sem filhos, aposentados, universitários ou recém-chegados à cidade grande. E, à medida que cresce o interesse das pessoas em morar numa região bem servida de transporte público, empregos e vida cultural, o mercado imobiliário inflaciona o valor do metro quadrado e fraciona cada vez mais o produto.

A busca pela habitação econômica já havia desafiado algumas das mentes mais talentosas da arquitetura e do design no período da reconstrução da Alemanha após a Primeira Guerra Mundial (1914-8) e durante a hiperinflação (1918-23). A construção em série, facilmente replicada, como em uma linha de montagem, e o design funcional, com materiais industrializados, foram algumas das preocupações principais da escola de design e arquitetura Bauhaus, um laboratório artístico multidisciplinar que reunia desde artistas, como Wassily Kandinsky e Paul Klee, até arquitetos, como Mies van der Rohe e Walter Gropius. Um dos pontos altos das pesquisas da Bauhaus foi a pioneira "cozinha de Frankfurt" — modular, de baixo custo e compacta, que não servia como copa ou sala de refeições —, projetada em 1926 pela arquiteta austríaca Margarete Schütte-Lihotzky para os conjuntos habitacionais desenvolvidos por Ernst May, arquiteto responsável pelo planejamento urbano da prefeitura de Frankfurt. May conduziu as obras de 15 mil apartamentos entre 1925 e 1930.

Foi um dos nomes da equipe de May, o alemão Adolf Franz Heep, um esteta da simplicidade, o principal arquiteto das quitinetes produzidas em São Paulo — se não em número, certamente em qualidade. Ele trouxe para a capital paulista o aprendizado que tivera no epicentro das vanguardas europeias, garantindo que suas quitinetes ganhassem respeito no mercado e demandassem mais da concorrência.

Heep trabalhou com May por três anos a partir de 1925, quando se formou em engenharia e arquitetura, graças a um de seus professores, Adolf Meyer, chefe do escritório de Walter Gropius, o fundador e primeiro diretor da Bauhaus. Em 1928, aos 26 anos, Heep se mudou para Paris, onde trabalhou durante três anos — sem remuneração, de início — no escritório de Le Corbusier.

*O alemão Franz Heep diante da maquete de seu projeto mais famoso, o edifício Itália (1945-56); o arquiteto reuniu na obra sua educação bauhausiana e a prática adquirida como assistente de Le Corbusier.*

Tudo ia muito bem para Heep, até a ascensão de Hitler. De origem católica, o alemão tinha se casado em Paris com a judia tcheca Marie e se tornado sócio de um arquiteto polonês de origem judaica, Jean Ginsberg, com quem desenhou residenciais na capital francesa ao longo dos anos 1930. Com a ocupação da França pelos nazistas, a família teve de se refugiar em San Sebastián, na Espanha, a aristocrática cidade basca a vinte quilômetros da fronteira francesa. O arquiteto conseguiu trabalho em Madri e deixou a esposa e a filha, Elisabeth, em San Sebastián, para onde viajava toda semana de trem.

Contudo, a aproximação do ditador espanhol Francisco Franco com Hitler e também os convites de trabalho do ex-sócio Ginsberg levaram Heep e sua família de volta à França no final de 1941. Os dois arquitetos acabaram subestimando o horror nazista. Ginsberg, que era casado com uma princesa russa, com propriedades em Cannes, refugiou-se no sul da França. Heep, a fim de proteger a família, precisou trabalhar para as tropas hitlerianas. "Meu pai teve de colaborar com os nazistas, provavelmente desenhando trincheiras ou acompanhando instalações militares, para que ninguém tocasse na minha mãe. Ou colaborava ou morríamos todos", conta a filha do arquiteto, Elisabeth.[6]

Enquanto permaneceu na França, Heep visitava mulher e filha com alguma regularidade. Um dia, porém, desapareceu. Esperando o pior, Marie e a menina se esconderam na casa de uma funcionária de Ginsberg, o qual contribuía com uma pequena pensão para o sustento da família de Heep. "Mamãe se negava a sair de casa, não queria vestir a estrela amarela obrigatória para identificar os judeus", recorda a filha. Porém, em 1944, Marie foi detida e levada para o campo de concentração de Drancy, nos arredores de Paris. Elisabeth, com oito anos, continuou sob os cuidados da secretária, sem saber se voltaria a ver os pais.

No final de agosto de 1944, quando a França foi libertada dos nazistas, Marie saiu com vida do campo de concentração, depois de quatro meses, e reencontrou a filha. Não teria a mesma felicidade com relação a seus pais, que, descobriu mais tarde, haviam sido mortos na fronteira da Áustria com a República Tcheca, assim como boa parte de sua família. Com ajuda de Ginsberg, que também sobrevivera, Marie iniciou uma busca pelo paradeiro do marido que duraria três anos.

Quando Heep conseguiu voltar à França, em julho de 1947, o casal tomou uma decisão: migrar para o Brasil, onde Marie tinha parentes distantes. Heep veio na frente, quatro meses após o reencontro do casal, com um passaporte tcheco falso. Marie só viria para o Brasil com a filha quando o marido já estava bem empregado.

Pelo relato familiar, na primeira semana em São Paulo, em novembro de 1947, Heep viu em um canteiro de obras uma placa do escritório de engenharia e arquitetura de Jacques Pilon, na época um dos principais da cidade. Deduzindo que Pilon fosse francês, decidiu pedir emprego a ele. Foi contratado na hora.

O primeiro trabalho a pousar em sua mesa foi justamente o de um edifício de quitinetes, o Atlanta, de onze andares, na praça da República. Estreito, com apenas 22 unidades (duas por andar), o projeto permitiu ao recém-chegado demonstrar seu talento para o desenho de espaços compactos, conforme seu aprendizado em Frankfurt. As janelas de vidro do chão ao teto e um diminuto terraço criavam uma sensação de mais espaço para quem vivia nas unidades de quarenta metros quadrados. Anos mais tarde, as quitinetes desse prédio seriam convertidas em pequenas salas comerciais.

Depois de trabalhar em alguns edifícios menos relevantes, Heep recebeu o desafio de detalhar o projeto desenhado por Pilon para a nova sede do jornal *O Estado de S. Paulo*. A obra estava na etapa de fundação, mas a família Mesquita pediu mudanças — queria linhas mais modernas para o edifício, que abrigaria, além do jornal (nos oito primeiros andares), um dos hotéis mais luxuosos da cidade, o Jaraguá, negócio que seria explorado pelo empresário argentino José Tjurs. Surgiram da prancheta de Heep as principais características da bela torre na esquina da avenida São Luís com a rua da Consolação, que até hoje abriga o hotel: a forma côncava, os quebra-sóis azuis em toda a fachada, a ideia do mural modernista feito por Di Cavalcanti, na parte externa do edifício, retratando o processo de produção do jornal, e o relógio suspenso no topo do prédio.

Por cinco anos, Heep foi o principal arquiteto do escritório de Pilon, mas não podia assinar os projetos — seus requerimentos para obter o registro profissional no Conselho Regional de Engenharia e Arquitetura (Crea) foram indeferidos várias vezes, e seu diploma jamais foi encontrado. Frustrado por achar que tinha pouco reconhecimento do patrão, criou em 1952 seu próprio negócio, a Construtora Heep, dissimulando que ali se fazia arquitetura, e não construção. Nos primeiros meses, fez parcerias com Henrique Mindlin, que, instalado no Rio, repassou alguns trabalhos em São Paulo para o colega alemão. No mesmo ano, iniciaria sua parceria mais prolífica em São Paulo, com o engenheiro Otto Meinberg, de 33 anos, filho de uma família alemã que migrara para o Brasil no final do século xix e havia feito fortuna em Barretos, no norte do estado de São Paulo.

Juntos, os dois projetaram diversos residenciais de quitinetes, como o Ibaté, na rua Antônio Carlos, o Guaporé, na Nestor Pestana, o Icaraí, na praça Roosevelt, o Iporanga, na esquina da rua da Consolação com avenida Ipiranga, o Araraúnas, na avenida São João, e o Arapuan, na rua Martins Fontes — todos com nomes de origem tupi, uma exigência do nacionalista Meinberg. Os sócios ainda fariam um edifício de luxo, o Ouro Preto, na avenida São Luís. Toda essa produção foi realizada entre 1952 e 1956.

O perfeccionismo fazia toda a diferença nas acanhadas quitinetes. Em alguns edifícios, Heep desenhava a pia de mármore já com o espaço calculado para o fogão, além de três prateleiras de granilite, dispostas acima da geladeira. No Icaraí, a fim de ganhar mais espaço, propôs uma mesa de concreto que avançava da sala para o pequeno terraço. Para racionalizar a construção, deixava juntas as chamadas áreas molhadas (cozinha, banheiro, tanque de lavar) e de infraestrutura (tubulações de água, esgoto e fiação elétrica). Buscava distribuir os móveis de modo a reduzir o desconforto do espaço único. Para isso, também projetava portas de correr de vidro e venezianas que ampliavam a sensação de espaço. Sua preocupação era com o bem-estar do morador — ele não imaginava que o mercado imobiliário paulistano lançaria, décadas depois, apartamentos de três quartos confinados em sessenta metros quadrados.

Foi no prédio de quitinetes Arapuan que Heep e sua família se instalaram, mas em um espaçoso apartamento na cobertura, construído a partir de áreas ociosas em zigue-zague, desviando de áreas comuns, da casa de máquinas e da caixa-d'água, que o incorporador não se interessara em comercializar. Como alguém que viveu a penúria da Segunda Guerra Mundial, Heep não quis desperdiçar os metros quadrados no topo do prédio e não se incomodou com a vizinhança mais humilde.

*Construído em 1956, o edifício Iporanga é um projeto comercial e residencial de Franz Heep, que possui lojas no térreo e 108 apartamentos, todos com vista para a rua.*

No espaço de 36 metros de comprimento por seis metros de largura, entrecortado pelos equipamentos, criou um apartamento sem nenhum corredor, com todos os cômodos conectados. Ali o casal Heep recebia amigos, como Roberto Burle Marx, o casal Ivone e Rino Levi e a cantora Inezita Barroso.

*O edifício Icaraí, projeto de Heep também de 1953, abriga 96 quitinetes numa torre com 24 andares.*

O alemão, recém-naturalizado brasileiro, tornou-se referência de bons projetos para quitinetes no mercado imobiliário e, por isso mesmo, foi convidado por Frias em 1953 para fazer o gigante Normandie, na avenida Nove de Julho, a nova fronteira de verticalização da cidade. Com 21 andares e 214 unidades, o Normandie abrigava dois pavimentos de lojas, um deles dois metros abaixo do nível da rua e o outro dois metros acima, ambos com rampas de acesso a partir da calçada. A solução criava dois térreos, valorizando o metro quadrado de cada loja do local. Jardineiras iam de ponta a ponta dos andares, e os vários apartamentos eram separados por elementos de concreto triangulares, que quebravam a monotonia da fachada e ainda davam certa privacidade a vizinhos tão próximos.

As varandinhas, as janelas do piso ao teto e as plantas das quitinetes de Heep seriam estudadas décadas mais tarde. "Não viraram cortiços", observa a professora Joana Mello, da FAU, que estudou o formato. "Algumas quitinetes do Niemeyer ou da Zarzur & Kogan fazem você se sentir em um ônibus enfileirado, com cinco metros por 2,9 metros; nas do Heep dá até para colocar um sofá olhando para o outro."[7]

Depois de projetar uma dezena de edifícios de microapartamentos, Heep também ganhou mais espaço para criar obras para as classes média e alta. Para a Construtora Auxiliar, dos irmãos lituanos de origem judaica Aizik e Elias Helcer e do cunhado deles, Leon Gorenstein (engenheiros, os três), projetou os residenciais Lausanne, Lugano e Locarno, na avenida Higienópolis. O sobrinho de Aizik, André Gorenstein, lembra da fama que Heep tinha de pessoa perfeccionista e difícil de lidar: "Meu tio vivia brigando com ele por cada detalhe da obra, mas acabava repetindo a parceria. Justificava dizendo que é sempre melhor brigar com quem sabe". O engenheiro Mario Franco, colega de Heep em vários projetos, o descreve como "um puro: não guardava dinheiro, só pensava em arquitetura".[8]

A esposa de Heep, cansada de ver a frustração do marido por não poder assinar as obras como arquiteto, mesmo depois de cinco anos radicado no Brasil, decidiu enviar uma carta ao antigo chefe dele, Le Corbusier, pedindo sua ajuda para conseguir uma documentação comprovando a experiência de Heep, que enfim obteria o registro de arquiteto no Brasil. Le Corbusier respondeu, em julho de 1952, reconhecendo que Heep trabalhara em seu escritório — mas, sinal daqueles tempos, a resposta foi endereçada não a Marie, mas ao "Sr. Heep".[9] Contudo, nem mesmo a grife Le Corbusier conseguiu destravar a burocracia brasileira. O registro profissional do alemão ainda demoraria seis anos para sair, em 1958, onze anos depois de ele desembarcar na Pauliceia e seis longos anos após se naturalizar brasileiro. A ausência de diploma ou de registro profissional, porém, não impediu que Heep projetasse ao menos 25 prédios antes de regularizar sua situação — assinados, em sua maioria, por jovens profissionais brasileiros de sua equipe.

A mesma demanda por quitinetes que impulsionou a carreira de Franz Heep no Brasil acabou sendo fundamental para financiar o maior empreendimento do BNI, vendido como algo muito além de uma mera torre de apartamentos pequenos. Nos anúncios, o Copan prometia ser o primeiro conjunto multipropósito da cidade, o "Rockefeller Center brasileiro".[10] Assim como o imponente complexo art déco nova-iorquino projetado em 1930, em plena Grande Depressão, famoso por ser a sede de emissoras de televisão e por abrigar uma pista de patinação no gelo durante o Natal, o Copan também pretendia misturar diversos usos e se tornar um dos epicentros da vida social em São Paulo. O mote da propaganda era este: "Um pé onde você trabalha, outro onde você mora". Segundo os anúncios, ao passo que a rua Barão de Itapetininga tinha pouco mais de sessenta lojas, o Copan teria uma galeria com mais de cem. O maior cinema da cidade seria inaugurado ali, com 3500 lugares, mais que o dobro da capacidade do Theatro Municipal, com 1523 assentos, ou do Cine Marrocos, aberto em 1951, que se declarava o maior e melhor de São Paulo, com 1870 lugares.

Um condomínio com cerca de novecentos apartamentos de diversos tamanhos e o primeiro hotel com bandeira internacional do país, da rede Intercontinental, também deveriam compor o prédio, resultado de uma parceria entre a companhia aérea Pan Am e a Companhia Pan-Americana de Hotéis e Turismo (Copan), criada pelo BNI e por um pool de poderosos paulistanos, como Ciccillo Matarazzo, Franco Zampari, Ricardo Jafet, Sílvio Álvares Penteado, Jorge Prado, Miguel Reale e Prestes Maia, cujos nomes apareceram nos anúncios do Copan nos jornais.

Assim, o Copan seria o primeiro arranha-céu moderno multiúso da cidade, desbancando o veterano (e já então bastante decadente) edifício Martinelli, finalizado em 1934.

Naqueles anos 1950, houve uma corrida para inaugurar hotéis com expertise internacional para as comemorações do IV Centenário de São Paulo. Grandes feiras mundiais faziam parte da programação dos festejos, e acreditava-se que a cidade receberia numerosos turistas de vários países. Como a prefeitura passou a oferecer isenções fiscais e até a aprovação acelerada dos projetos de hotéis de luxo, vários empreendedores resolveram arriscar. Tjurs, dono do Jaraguá, considerava construir outro hotel na avenida Paulista, que nunca chegou a ser aberto (em seu lugar, surgiria o Conjunto Nacional). Philipp Lohbauer, outro arquiteto alemão, desenhou o Othon Palace Hotel, na esquina da rua Libero Badaró com a praça do Patriarca.

O Copan, concebido por seus empreendedores como o futuro maior hotel da metrópole e o primeiro de bandeira internacional, surgiu, porém, de um negócio fracassado no Rio. O grupo americano formado pela companhia aérea Pan Am e os hotéis Intercontinental queria originalmente comprar o icônico Copacabana Palace, dos empresários cariocas Octávio e Eduardo Guinle, tio e sobrinho, que dirigiam a Companhia Brasileira de Investimentos (CBI). A dupla estava erguendo em São Paulo o CBI-Esplanada, arranha-céu moderno no Anhangabaú, de cujo financiamento Roxo Loureiro participou no final da construção.

Depois de aceitar a oferta dos americanos, os cariocas mudaram de ideia e cancelaram a venda do Copacabana a um passo de assiná-la. Roxo Lourciro, que participou de uma das conversas e não era de desperdiçar contatos, apresentou um plano B aos estrangeiros: perguntou-lhes se não seria mais vantajoso investir "na maior cidade brasileira, centro do mais poderoso estado da União, que ainda não possuía um hotel à altura de sua riqueza".[11] E os convidou a visitar um terreno que namorava havia tempos na avenida Ipiranga, com 184 metros de frente e quase 12 mil metros quadrados no total. O banqueiro foi tão convincente que os americanos aceitaram firmar sociedade e se comprometeram a buscar financiamento para a construção do hotel.[12]

Para financiarem a cota brasileira, Roxo Loureiro e Frias decidiram criar um conjunto residencial vizinho ao hotel, com apartamentos de diversos tamanhos. Com a venda "a preço de custo", parcelada, como costumavam fazer, dariam conta de sua parte no empreendimento. O terreno pertencia ao conde Sílvio Álvares Penteado e à Santa Casa, e Roxo Loureiro ficou encarregado de negociar com ambos. Segundo o projeto original, o hotel teria 24 andares e quinhentos apartamentos; o condomínio, seiscentas unidades para venda. O desenho do complexo residencial e turístico seria concebido inteiramente nos Estados Unidos pelo escritório de arquitetura que projetava hotéis para a Intercontinental.

Para entender melhor o que os americanos tinham em mente, Roxo Loureiro foi a Chicago visitar o escritório Holabird & Root, acompanhado de um amigo brasileiro que já tinha trabalhado lá, o arquiteto Henrique Mindlin. Voltaram com o primeiro projeto pensado para o Copan: três prédios retangulares em zigue-zague, revestidos de tijolos, ocupando o terreno irregular do centro.

Porém, quando o "maciço turístico" foi finalmente levado ao prefeito Armando de Arruda Pereira, Roxo Loureiro apresentou um projeto novo, concebido por Oscar Niemeyer. O Copan do arquiteto carioca, ainda que um tanto diferente do atual, já previa a construção na forma de uma longa letra "S" deitada, onde ficariam os apartamentos, e atrás um prédio mais alto, no estilo da sede da ONU, que sediaria o hotel. Nem Carlos Lemos sabe o que motivou a mudança de planos. "Só sei que ninguém gostou muito do projeto dos americanos, que sairia caríssimo e era feio."[13]

Seis meses depois, em junho de 1952, veio à luz o projeto, mas com outra feição: no desenho publicitário do lançamento, o hotel, apresentado como sendo do arquiteto Henrique Mindlin, estava localizado na frente do bloco sinuoso em "S", de Niemeyer. O lançamento foi um sucesso. A escavação e as primeiras fundações seriam iniciadas em 1953.

Os seis blocos do conjunto eram divididos pelo tamanho dos 896 apartamentos. No bloco A, estavam os apartamentos de noventa metros quadrados, com dois quartos; no bloco B, 448 quitinetes de 32 metros quadrados cada. Nos blocos C e D, unidades de 130 e 180 metros quadrados, respectivamente, todas de três quartos. Nos blocos E e F, apartamentos de três e quatro quartos.

Membro do Partido Comunista desde 1945, Niemeyer se empolgava com a ideia de pobres e ricos morarem no mesmo lugar, sobretu-

*Escada helicoidal de emergência do edifício Copan.*

do em uma área tão central da cidade. Frias via o prédio como o seu provável maior sucesso de vendas. Porque os blocos eram divididos de acordo com o tamanho dos apartamentos, havia ainda mais chances de vendê-los facilmente — e atrair clientes de rendas variadas para o banco. A maquete do prédio, construída pelo designer José Zanine Caldas e considerada uma das primeiras miniaturas colorizadas do mercado nacional, deslumbrava os potenciais clientes. Nela, jardins e árvores foram feitos de arame trançado, e as folhas, de esponja colorida desfiada. Diante da miniatura, Frias comandava uma equipe de cem corretores para atender aos interessados, que formavam filas no local.

Havia um desnível de dez metros entre as ruas Araújo e Vila Normanda e a avenida Ipiranga, que foi incorporado ao projeto pela construção sem degraus — a galeria é tão íngreme quanto o terreno onde o maciço foi erguido, levando a topografia da cidade para seus corredores. Cada ponto dos elevadores nos blocos das numerosas quitinetes foi desenhado para servir a dois andares diferentes, ligados por rampas — maneira econômica de reduzir a quantidade de paradas para os então vagarosos equipamentos. Salvo as muitas quitinetes com má insolação e apesar dos quebra-sóis de concreto que ainda frustram a vista limpa da cidade, há unidades que usufruem da vantagem de duas frentes e são atravessadas de modo permanente por correntes de ar e pela luz do sol em ambos os lados — preocupações às vezes ausentes em projetos posteriores de Niemeyer, como os diversos subsolos em edifícios de Brasília, dos quais o cliente era o Estado.

O Copan foi concebido pouco depois do grande impacto internacional da Unité d'Habitation [Unidade de habitação], complexo residencial de dezessete andares em Marselha, projetado por Le Corbusier em 1947 e inaugurado em 1952. Entre os arquitetos modernos, o complexo tornou-se referência de residência vertical de alta densidade. Mas, nacionalismos à parte, a versão brasileira tinha vantagens em comparação com o original francês. Enquanto o vanguardista europeu dispôs os espaços comerciais, como lojas e restaurantes, em andares altos (sétimo e oitavo), para uso exclusivo dos moradores, Niemeyer os colocou no térreo, abertos para a rua, algo que já tinha testado no edifício-galeria Califórnia. A proposta de Le Corbusier era um conjunto autossuficiente, isolado da cidade, introvertido. O Copan, em que pese a sua superpopulação, convida os não moradores a usufruírem de seus comércios. Além disso, no complexo francês, todas as unidades são de três quartos, sem a diversidade humana que o gigante paulistano atraiu, com plantas de 32 a 180 metros quadrados.

A ideia de misturar apartamentos de tamanhos e valores tão diferentes foi reproduzida por diversos incorporadores depois do sucesso de vendas do Copan. O condomínio Pauliceia-São Carlos do Pinhal, na avenida Paulista, lançado em 1956 pela Sul América Capitalização, tem 138 unidades de um, dois e três quartos (de setenta a 193 metros quadrados). O edifício Bretagne, de João Artacho Jurado, inaugurado em 1959 na avenida Higienópolis, tem unidades de 87 a 230 metros quadrados. Esse convite à diversidade de renda no mesmo empreendimento desapareceria do mercado imobiliário nas décadas seguintes. Há dezenas de trabalhos acadêmicos explicando as óbvias vantagens de se ter cidadãos de baixa renda morando em áreas centrais, com acesso a boas escolas e empregos. A sociedade toda ganha e cresce com isso. O que esperar, em termos de coesão social, de cidades que condenam professores, enfermeiros, policiais e bombeiros a gastarem duas horas diárias no caminho de casa para o trabalho, e mais duas na direção oposta? Esse experimento de alta densidade com viabilidade financeira poderia ter respondido ao desafio, presente nas maiores metrópoles do mundo até hoje.

No início do século XXI, Nova York estimularia, com deduções fiscais ou permissão para mais verticalização, os empreendimentos que dedicassem de 15% a 20% das unidades à moradia "social". São Paulo teve a sabedoria de produzir essa mescla ainda na metade do século XX. Naquela época, em que a Pauliceia parecia ter uma potente parabólica atenta ao que as vanguardas do mundo produziam, da Bauhaus a Le Corbusier, do Dakota ao Rockefeller Center, a cidade não se limitava a copiar o modelo internacional. O mercado imobiliário promovia concursos com os arquitetos mais jovens para imaginar novos formatos e otimizar o já escasso espaço virgem na região central. As melhores ideias ganhavam o direito de projetar construções que mudariam para sempre o centro de São Paulo. Do edifício Itália à galeria Metrópole, a aposta pelo novo continuava a se espalhar.

## 3. Inovação imobiliária

*Somos um país condenado ao moderno.*[1]

MÁRIO PEDROSA

*O que ele [Mario Pedrosa] quis dizer é que só há a possibilidade de ir para a frente. De experimentar. Não há razão para voltar atrás no Brasil.*[2]

HÉLIO OITICICA

De quitinete em quitinete — centenas delas —, Franz Heep acabou ganhando a chance de dar forma ao prédio mais alto da Pauliceia. Em 1954, ele venceu a competição para projetar o edifício Itália, que, com previstos 46 andares e 165 metros de altura, seria um Gulliver na Lilipute paulistana.

O local reservado para a construção ficava no encontro da praça da República com a avenida São Luís, no lugar do antigo casarão do Circolo Italiano, clube pioneiro da comunidade italiana, que por dez anos tivera sua sede confiscada. Em 1942, com a declaração de guerra do Brasil ao Eixo, o local fora ocupado pela Legião Brasileira de Assistência, entidade filantrópica criada pelo ditador Getúlio Vargas e presidida por sua esposa, Darcy. O palacete da avenida São Luís só foi devolvido em 1952, bastante descaracterizado. Entre começar uma reforma ou colocar o que existia abaixo, os ítalo-brasileiros preferiram sonhar com uma nova sede à altura de sua presença no país.

Na década em que esteve sob intervenção, o casarão assistiu à demolição de quase todo o seu entorno, que foi redesenhado e perdeu a inocência. A então rua São Luís, uma charmosa via de apenas trezentos metros de extensão, foi alargada em 1944 e virou avenida. Casarões foram demolidos para a criação da nova pista para carros e de novos edifícios residenciais, um mais carismático que o outro, mantendo-se a exclusividade do endereço, candidato a ser uma espécie de Park Avenue paulistana.

Naqueles anos 1940, a influência francesa ainda era mais dominante que a americana, e os primeiros grandes prédios mimetizavam a Paris de tempos idos. Em 1944, com projeto de Jacques Pilon, foi lançado na praça da República, diante do casarão do Circolo, o edifício

*Vista aérea do Terraço Itália. O restaurante, projeto de Paulo Mendes da Rocha, foi aberto dois anos depois da inauguração do prédio.*

São Luiz. Pilon, que já tinha projetado a Biblioteca Mário de Andrade, inaugurada a duas quadras dali havia apenas dois anos, tentou, em um esboço inicial, aplicar o mesmo estilo art déco no edifício São Luiz. Porém, por pressão dos investidores, precisou atrasar ainda mais os ponteiros do relógio estilístico e adotar uma fachada neoclássica, provavelmente para combinar com os móveis em estilo pré-Revolução Francesa.

O São Luiz se tornou referência em requinte, e seu estilo foi replicado em três torres lançadas naquele mesmo ano na novíssima avenida recém-alargada: São Thomaz, Santa Virgilia e Santa Rita, todas elas da construtora Arnaldo Maia Lello, que as entregou aos moradores em 1949. A primeira, a mais alta das três, com 23 andares, teria apartamentos de quatrocentos metros quadrados, um por andar. Vizinho ao São Thomaz, o Esther, projetado por Álvaro Vital Brazil e Adhemar Marinho em 1934 e considerado o primeiro edifício moderno de São Paulo, mesmo depois de uma década de sua inauguração, ainda não tinha criado discípulos de peso.

Entretanto, quando os ítalo-brasileiros retomaram seu palacete, em 1952, o estilo afrancesado já havia sido superado, e o moderno era a tendência da vez. Também na praça da República, o arquiteto polonês Lucjan Korngold ousara desenhar um novo e moderníssimo prédio, o Intercap, ao lado do São Luiz, e Oscar Niemeyer situara o seu Eiffel — francês só no nome. Para fazer em 1952 o prédio na avenida São Luís que levava o nome de sua família, os banqueiros João e Walther Moreira Salles, pai e filho, haviam contratado o arquiteto modernista Gregori Warchavchik, por indicação de seu amigo Horácio Lafer. No ano seguinte, o incorporador João Artacho Jurado começaria as obras de seu conjunto Louvre, com quatro blocos de apartamentos de vários tamanhos, um raro edifício de classe média ali, com unidades menores.

Atrás do palacete do Circolo começava a demolição da pitoresca Vila Normanda, um conjunto construído nos anos 1930, com quatro duplas de sobrados geminados e dois predinhos de quatro andares, em arquitetura neonormanda. Com o início das fundações do futuro Copan, os canteiros de obras cercavam o casarão. A diretoria do Circolo logo abraçou a ideia de um arranha-céu, formato americano por excelência, a fim de acompanhar a verticalização da cidade.

Para decidir que projeto substituiria o palacete, erguido no final do século XIX como residência familiar e comprado pelo Circolo Italiano em 1923, foi aberto um concurso. O clube publicou editais nos maiores jornais da cidade. Foram selecionados quatro candidatos: o italiano Gio Ponti, próximo de Lina e Pietro Maria Bardi e que havia pouco tinha projetado em Milão a torre Pirelli, à época o edifício mais alto da Itália; o russo (mas formado na Itália, no Real Instituto de Belas-Artes, em Roma) Warchavchik, que vivia desde 1923 no Brasil; o escritório Nobel, de Ermanno Siffredi e Maria Bardelli, italianos recém-chegados a São Paulo, associados ao construtor de origem italiana Nelson Scuracchio; e a dupla formada pelo engenheiro incorporador Otto Meinberg e seu parceiro frequente, o arquiteto Franz Heep, cujo edifício Jaraguá, sede do jornal *O Estado de S. Paulo*, a duzentos metros do Circolo, tinha acabado de ficar pronto.

Os projetos foram apresentados entre 1953 e 1954, e o resultado não foi nada chauvinista, pois venceram Meinberg e Heep, os únicos concorrentes que não tinham nenhum vínculo com a Itália nem domínio do idioma italiano para impressionar os nostálgicos membros da associação. Como lembra José Frederico Meinberg, filho do engenheiro, o clube oferecia uma permuta: quem ganhasse teria também o direito de comercializar o prédio, desde que cedesse cerca de 5 mil metros quadrados de área construída ao Circolo (quatro vezes o espaço que o clube tinha com o imóvel anterior).[3] Quanto maior a obra, maior a área comercializável e menor a porção a ser dada ao clube. A altura, contudo, estava condicionada à largura da rua: nas estreitas eram erguidos prédios menores; nas mais largas podiam ser feitas construções mais altas.

O engenheiro Mauris Warchavchik, que trabalhava com o pai, Gregori, estava presente na apresentação dos projetos:

> Heep desenhou na frente de todos aquela elipse, uma figura ovalada que tomava a praça da República como a "rua" de sua fachada. Em vez de olhar para a Ipiranga ou a São Luís e ter uma altura máxima mais limitada, olhou para a praça, mais distante, o que dobrava a largura da via na frente do lote, permitindo um prédio muito mais alto.

A solução de Heep para os 2382 metros quadrados de área era "elegante, produzia muitos mais metros quadrados para o clube e ainda fazia o prédio virar um marco. Sabíamos que ele ganharia naquele momento".

A fim de respeitar a legislação que obrigava um novo edifício a cobrir as empenas cegas dos prédios vizinhos, Heep decidiu instalar a torre principal no meio do terreno e previu dois prédios menores, como abas que se estenderiam nas laterais e no fundo do terreno. Esses pequenos edifícios de oito andares cobririam os paredões sem janelas dos vizinhos, deixando que a torre se destacasse, isolada e imponente.

Vista de longe, a torre oval de 46 andares conversaria com o ondulado Copan (com 32 andares), já em obras. Junto ao futuro Hotel Hilton (que seria projetado em 1965, com 32 andares), da dupla Siffredi-Bardelli, eles formariam um raro triângulo de construções imponentes e curvilíneas nas quais os arquitetos haviam se recusado a adotar o formato "caixotão" ou "bolo de noiva" da maioria dos arranha-céus da cidade. Além do edifício Itália, Meinberg e Heep fariam outro prédio na São Luís, o Ouro Preto, de 1954, e Oswaldo Bratke desenharia, em 1956, um prédio de escritórios, o Linneu Gomes.

A elite intelectual da cidade batia cartão naquelas redondezas, por onde o casal Lina e Pietro Maria Bardi tinha espalhado suas iniciativas artístico-comerciais. A menos de trezentos metros do Itália ficava a primeira sede do Masp, na rua Sete de Abril, no mesmo local que abrigava os escritórios dos Diários Associados, do magnata da mídia Francisco de Assis Chateaubriand. Ali, o casal de italianos instalou a redação da revista de artes *Habitat*, editada em português e inglês, e o Instituto de Arte Contemporânea (IAC), com aulas de design industrial, publicidade e moda, no qual lecionavam os arquitetos Rino Levi, Oswaldo Bratke e Jacob Ruchti, o fotógrafo Thomaz Farkas, o pintor Lasar Segall e o cineasta Alberto Cavalcanti. Do curso de moda do IAC sairiam os estilistas e as modelos do "primeiro desfile de moda brasileira".

Em outro prédio vizinho, os Bardi instalariam o Studio d'Arte Palma, escritório de decoração e design, e a fábrica de móveis Pau-Brá,

*Edifício Itália com Copan ao fundo. Ambos os prédios levaram mais de uma década em construção.*

que produziu o mobiliário para o recém-aberto Teatro Cultura Artística, projetado por Rino Levi, amigo da dupla. Todas essas empreitadas foram realizadas pelo casal italiano em seus primeiros cinco anos no Brasil, uma fúria empreendedora patrocinada por Chateaubriand e empresários por ele achacados. A juventude mais moderna tinha diversas razões para querer trabalhar e morar ali perto.

Os homens ainda usavam terno e gravata quase permanentemente, traje exigido para se entrar na maioria dos cinemas chiques do centro novo, e muita brilhantina, a pomada que modelava os topetes. As mulheres usavam longos vestidos estampados ou saias rodadas. Nesse ponto de encontro profissional e social ficavam, a poucos quarteirões de distância, a Cinemateca e o novo MAM, além da sede do IAB.

*Edifício Itália em construção no ano de 1963.*

Todas essas instituições culturais tinham arquitetos como sócios fundadores e diretores. Não faltavam criadores modernos, em experiências multidisciplinares, conversando com gente de fora de sua área e conspirando para derrubar o antigo regime e suas velharias para dar lugar ao novo.

Tanta vanguarda reunida em um mesmo quarteirão da avenida São Luís deve ter pressionado ainda mais os diretores da Sociedade Comercial e Construtora e da imobiliária Companhia Santista de Administração e Comércio a tomar uma decisão a respeito do valorizado terreno que possuíam ali, ligando a avenida à rua Basílio da Gama ao longo da charmosa e recentemente aberta praça Dom José Gaspar, nos fundos da Biblioteca Municipal. O endereço de prestígio merecia um projeto sofisticado para se equiparar àquela vizinhança. E foi assim que imobiliária e construtora decidiram promover também um concurso, realizado entre 1958 e 1959.

Por meio de carta-convite, quatro arquitetos — Salvador Candia, Gian Carlo Gasperini, David Libeskind e Jorge Wilheim — foram estimulados a apresentar projetos para um edifício misto, então chamado Maximus, com galeria comercial e um conjunto de escritórios. Candia, com 35 anos, era o mais velho dos quatro; o mais novo era Wilheim, que acabara de completar trinta. Todos tinham mais potencial que experiência: Gasperini havia trabalhado no escritório de Jacques Pilon; Wilheim vencera o concurso para projetar a nova sede do Jockey Club; Libeskind era o autor do Conjunto Nacional, que ainda não estava totalmente finalizado; e Candia desenvolvia um prédio para a empresa Aços Villares.

Libeskind não pôde aceitar o convite, pois estava detalhando a obra do Conjunto Nacional e lançando, na condição de incorporador e arquiteto, edifícios residenciais em Higienópolis. Houve, então, um empate: os jurados ficaram em dúvida entre os projetos razoavelmente parecidos de Candia e Gasperini. Este último propôs que os dois vencedores trabalhassem juntos, e assim foi feito. Em outubro de 1959, o desenho a quatro mãos deu entrada na prefeitura.

O conjunto, que só ficaria pronto em 1964 — e passou a se chamar Centro Metropolitano de Compras, ou só Metrópole —, é composto de um volume vertical de 23 andares e um bloco de quatro andares de galerias (um térreo e três sobrelojas), com 180 lojas ao redor de uma área central vazia, além de, na época da inauguração, espaço para um cinema. Em todo o perímetro, o bloco conta com varandas, e o térreo, recuado, serve de proteção a quem está na calçada. O projeto é muito generoso: as lojas ocupam 50% da área da galeria, e as áreas comuns tomam conta da outra metade — recurso para evitar sensações claustrofóbicas, que seria dispensado por centros comerciais posteriores. Em pouco tempo, a galeria aberta e de espaços convidativos passou a abrigar dezenas de bares, onde os jovens Gilberto

*Vão ao ar livre da galeria Metrópole, com jardim interno. Salvador Candia e Gian Carlo Gasperini ficaram empatados no concurso e acabaram fazendo o projeto juntos.*

Gil e Jorge Ben Jor (ainda chamado Jorge Ben) se apresentavam, no início de suas carreiras.

A construção, entre 1959 e 1964, foi turbulenta, em razão da inflação do período, que transformaria a indústria da construção. Por medida de economia, as grandes venezianas de alumínio projetadas inicialmente para uniformizar o volume vertical foram sacrificadas, assim como a cobertura.

Ainda assim, as galerias permitiram um caminho interno de pedestres, entre a praça Dom José Gaspar e a rua Basílio da Gama, solução adotada antes por Niemeyer nos edifícios Califórnia, Eiffel e Copan, abrindo um espaço contínuo entre a rua e a galeria, entre o público e o privado. Várias outras congêneres se espalhariam por aquelas ruas, que quinze anos depois seriam fechadas aos carros, tornando-se calçadões. Uma rede moderna interligaria diversas ruas, protegida do sol e da chuva, ideal para quem não se cansava de flanar. Isso representava tudo aquilo que amamos encontrar em viagens a Nova York ou Buenos Aires, mas que falta na maioria dos prédios construídos nos últimos 35 anos em São Paulo. Aqui, espalharam-se prédios ditos "inteligentes", mas afastados das calçadas, amuralhados ou com estacionamentos na frente, disposição que deixa a vitrine ou a porta de entrada com o mesmo charme de uma revendedora de carros usados.

O incentivo à pesquisa que gerou projetos inovadores como os do Itália e da galeria Metrópole era comum na década de 1950. Incorporadores, governos, clubes esportivos e sociais e até igrejas e sinagogas recorriam a concursos de projeto arquitetônico. Como produzir o máximo de rendimento com um pequeno terreno, inovar no design, na construção e na tecnologia, e ainda criar um ícone? Por que buscar algum nome da moda ou depender do amigo do sobrinho do conhecido, se um concurso permitia atrair verdadeiros especialistas e até revelar um gênio desconhecido? Os incorporadores decerto valorizavam mais os princípios do lucro, da eficiência, do corte de custos e da velocidade na construção, mas queriam aprender com quem tinha suas parabólicas mentais constantemente informadas sobre as últimas descobertas da indústria, sobretudo nos Estados Unidos, de onde vinham as novidades tecnológicas e os conceitos mais atualizados de estilo de vida e glamour, projetados nas telas de cinema.

A prática de levar concursos a sério acabou rendendo alguns dos grandes símbolos paulistanos. Vencedores de concursos foram o Estádio do Morumbi (por Vilanova Artigas e Carlos Cascaldi, com projeto de 1952-3, inaugurado em 1960 com as obras inacabadas, que só seriam finalizadas em 1970); a paróquia São Domingos (por Heep, em 1953); a sede da Congregação Israelita Paulista (em 1954, por Henrique Mindlin e construída por Alfredo Duntuch); a sede e o ginásio do Clube Atlético Paulistano (a primeira por Warchavchik; o segundo, pelo recém-formado Paulo Mendes da Rocha, em 1957) e o Hospital Albert Einstein (por Rino Levi, em 1958).

Entre 1951 e 1960, houve 96 concursos de arquitetura no Brasil, sendo 34 para projetos privados e 21 apenas para a cidade de São Paulo, segundo a extensa pesquisa da arquiteta e professora Maria Helena Flynn.[4]

Para se ter uma ideia da escala desse montante, houve apenas dezoito concursos privados em todo o Brasil entre 2005 e 2014, quando o país viveu um boom econômico, com uma enxurrada de dólares vindos da China para comprar matérias-primas brasileiras, sem falar em algumas bolhas imobiliárias e nos preparativos para a realização da Copa do Mundo e da Olimpíada. Nesse período, as concorrências privadas representaram apenas 19% do total (nos anos 1950, chegaram a 36%).[5] A maioria dos concursos recentes serviu apenas para dar um prêmio de consolação ao vencedor — 67% das obras aprovadas em concursos entre 2005 e 2010 não haviam sido iniciadas em 2014.[6]

Da Casa Branca, em Washington, à Torre Eiffel, em Paris, alguns dos maiores símbolos de identidade nacional nasceram em concursos para arquitetos, designers e engenheiros. Em 1922, quando os arranha-céus já se espalhavam como pólen pelos Estados Unidos, o jornal *Chicago Tribune* fez um chamamento internacional solicitando propostas para o "mais belo e distinto edifício de escritórios do mundo", a Tribune Tower, e recebeu mais de duzentos projetos de 23 países diferentes — Walter Gropius, Adolf Loos, os holandeses do movimento De Stijl e o finlandês Eliel Saarinen estavam entre os concorrentes. A busca de transcendência uniria os mundos da estética e das finanças.

Em 1953, enquanto em São Paulo os ítalo-paulistanos estudavam como substituir o palacete do Circolo por uma construção altíssima, a gigantesca companhia canadense de bebidas alcoólicas Seagram deci-

Salão de festas do Clube Atlético Paulistano demonstra a discreta elegância dos traços do arquiteto Gregori Warchavchik.

diu promover, em Nova York, uma seleção de arquitetos para desenhar a sua nova sede — a anterior ficava em andares alugados no Chrysler Building, prédio em estilo art déco, já fora de moda. O espaço havia sido decorado por Morris Lapidus, responsável também pelo projeto do Hotel Fontainebleau, em Miami, cidade onde reinava como mestre da arquitetura kitsch.

A competição para a nova sede da Seagram serviria para consolidar o prestígio da arquitetura moderna nos Estados Unidos e logo circularia em longas reportagens das revistas que eram importadas e devoradas pelos arquitetos brasileiros. Phyllis Lambert, então com 26 anos, herdeira da família Bronfman, dona da Seagram, convenceu o pai a abandonar o primeiro projeto que tinha contratado ("não há nada que se possa elogiar nele", ela lhe escrevera), argumentando: "Você precisa levantar um prédio que expresse o melhor da sociedade em que vive e, ao mesmo tempo, o seu desejo de melhorar essa sociedade".[7]

A filha de opiniões fortes acabou conquistando o cargo de diretora de planejamento da nova obra. Phyllis convidou como colaborador o diretor do Departamento de Arquitetura do MoMA, o arquiteto Philip Johnson, que estava deixando o cargo. Juntos, eles selecionaram Eero Saarinen, Marcel Breuer, Gropius, I. M. Pei e Louis Kahn, entre outros, todos notáveis, mas rejeitados um a um (ela nem sequer precisou entrevistar Frank Lloyd Wright, que procurara o dono da Seagram já com uma proposta de um prédio com cem andares, mas fora descrito como "muito difícil de lidar" pelos executivos da companhia). A seleção apostava nos medalhões da arquitetura, ao contrário da galeria Metrópole, que mirou nos jovens ascendentes. Até mesmo Le Corbusier esteve entre as hipóteses de Phyllis.

Por fim, sobrou Mies van der Rohe, que ganhou a disputa (o próprio Philip Johnson cuidaria dos interiores). E assim se deu a passagem de bastão da velha para a moderna Seagram: o arquiteto alemão famoso pelo dito "*Less is more*" [Menos é mais] acabou desenhando a nova sede da empresa, que por anos funcionara em escritórios decorados pelo gênio kitsch Morris Lapidus, autor da blague "*Too much is not enough*" [Demais não é o bastante]. Os gostos, como as reputações, mudam depressa.

O Seagram Building foi inaugurado em 1959, seis anos antes do edifício Itália, e sete metros mais baixo. Mas o fato de ser um edifício comercial recuado, que oferecia uma grande praça pública aberta à Park Avenue, feita de granito, com fontes e assentos de mármore no térreo, influenciaria a primeira grande revisão do zoneamento de Nova York, ocorrida em 1961. A nova lei incluía incentivos a incorporadores que decidissem criar "espaços públicos de propriedade privada" nas entradas dos prédios comerciais. No mesmo ano, a Municipal Arts Society, organização não governamental centenária que defende o planejamento de Nova York, conduziria um estudo — depois transformado em documentário — sobre a importância dos espaços públicos, baseando-se na socialização propiciada pela *plaza* do Seagram. O poder público, atento e rápido, tiraria valiosas lições dessa iniciativa arquitetônica e urbanística — fenômeno que, como veremos adiante, infelizmente durou pouco em São Paulo.

Se no Brasil os concursos se tornaram raridade, em especial os que geram obras de fato construídas, em países como Alemanha, Espanha e Estados Unidos eles são convocações corriqueiras. O parque suspenso High Line, em Nova York, surgiu de um concurso promovido pela organização não governamental que, depois de salvar a antiga ferrovia elevada, seria responsável por sua manutenção. O britânico Norman Foster venceu a competição para desenhar a sede do banco HSBC, que virou um dos símbolos de Hong Kong. Desde 1993, na Colômbia, a chamada Lei 80 estipula a convocação de concursos de anteprojetos ou projetos fechados para qualquer nova obra pública a partir de determinado orçamento. Do Estádio Nacional de Pequim, construído para a Olimpíada, à Ópera de Sydney, na Austrália, não faltam exemplos de arquitetos que não precisaram ter amizade com políticos influentes para conseguir encomendas governamentais.

Assim como Frank Lloyd Wright procurou a companhia Seagram para oferecer seus serviços logo que soube dos planos para a nova sede (embora não tenha sido contratado, a prospecção de novas encomendas sempre fez parte do expediente de escritórios profissionalizados), alguns arquitetos brasileiros também adotavam uma política agressiva para promover sua expertise e conquistar novos clientes. Depois da criação das escolas de arquitetura — a turma inaugural da primeira faculdade de São Paulo, o Mackenzie, formou-se em 1950 —, que haviam recém-conquistado sua independência dos cursos de engenharia, a classe ansiava por afirmar seu status, lutando para validar seu saber próprio. Nos dois mandatos em que foi presidente da seção paulistana do IAB, entre 1952 e 1956, o arquiteto Rino Levi militou pelo reconhecimento da categoria e tentou estabelecer uma tabela de honorários para os profissionais. Para ele, arquitetos deveriam ser remunerados por seu trabalho como criadores de projetos, e não como construtores (função que o próprio Rino exerceu no início da carreira), ou por meio de comissões pagas pelos fornecedores. A classe era muito unida e se encontrava regularmente para almoços no bar Roof, da Gazeta (vizinho ao prédio Montreal, de Niemeyer), ou no Hotel Excelsior, de José Tjurs, desenhado pelo próprio Rino Levi.

Esse influente projetista ítalo-brasileiro, que também seria responsável pela sede do IAB, desbravaria ainda outros territórios. Depois de vencer o concurso para a Maternidade Universitária, da USP (projeto nunca construído), e de desenhar os hospitais do Câncer, Pró-Infância (atual Pérola Byington) e Albert Einstein, Levi promoveu, em 1953, um curso sobre arquitetura de hospitais para quatrocentas pessoas, do qual participaram não apenas médicos e empresários, mas até secretários de Saúde. Ministrado na sede antiga do Masp, o curso recebeu boa divulgação dos jornais à época. A mensagem — nada subliminar — era que arquitetos deveriam ser convidados para projetar hospitais. Com bons projetos, a comunidade hospitalar e os pacientes sairiam ganhando em eficiência e conforto.

Levi iniciou cedo sua militância pública, aos 23 anos, quando estudava no Real Instituto Superior de Roma (por onde também passaram Warchavchik e Lina). De lá, enviou ao jornal *O Estado de S. Paulo* o ensaio "Arquitetura e estética das cidades", publicado em 15 de outubro de 1925, em que defendia a arquitetura moderna, mas sem abandonar a tradição, como preconizavam os italianos. De volta ao Brasil, começou a estudar autores internacionais especializados em acústica e criou aquele que foi considerado o cinema mais moderno de São Paulo nos anos 1930, o Cine Ufa-Palácio, com 3119 lugares. Dada sua especialização em conforto acústico, Levi foi chamado para projetar outros cinemas, como o Ipiranga, e também teatros, como o Cultura Artística. Em sua missão de difundir o modernismo brasileiro, esteve

*O edifício Guarany, projeto de 1937 do arquiteto Rino Levi, era o maior condomínio da cidade, com 88 apartamentos em quinze andares.*

algumas vezes na Venezuela, entre 1959 e 1960, onde projetou três hospitais, embora nenhum deles tenha sido construído. De Nova York a Caracas, São Paulo compartilhava esse espírito do tempo.

Mesmo quando não se abriam concursos, a inovação era característica fundamental do mercado imobiliário na São Paulo da década de 1950. Tudo era novidade: do financiamento de imóveis ao marketing das incorporadoras, dos estandes de vendas às maquetes, das áreas comuns aos playgrounds. Até meados dos anos 1940, a paisagem

*Edifício Guarany, na década de 1940. Sentado na grama do parque Dom Pedro II, o arquiteto Rino Levi.*

urbana de São Paulo fora composta de casarões e vilas, sobradinhos e casinhas operárias, loteamentos nos bairros distantes, alguns prédios "de rendas", para locação, e poucos edifícios residenciais. O mercado de prédios multiúso e de condomínios, com apartamentos espaçosos ou quitinetes, surgiria em menos de uma década.

A partir de 1950, o Banco Hipotecário Lar Brasileiro, que com o edifício Mara fora pioneiro na construção de quitinetes, desenvolveria alguns dos planos mais ambiciosos para empreendimentos modernistas em São Paulo, introduzindo inovações formais e explorando territórios ainda horizontais e pouco densos da cidade.

Fundado no Rio de Janeiro em 1926 como o braço hipotecário do banco e seguradora Sul América S.A., o Lar Brasileiro já tinha financiado em São Paulo, nos anos 1940, diversas vilas de casas em estilos ecléticos — do normando ao Tudor, do *misiones* ao neocolonial — em bairros como Pinheiros, Vila Mariana e Pompeia (muitas dessas construções existem até hoje). Eram apostas seguras e modestas. Na mesma década, adquiriu dois grandes terrenos, um na Vila Mariana e outro em Perdizes, bairros à época cheios de pequenas casas e prédios baixos, mas vistos como promissores pelo mercado imobiliário.

A gleba na Vila Mariana tinha 57 mil metros quadrados, ou cinco vezes o terreno do Copan, em uma área bem íngreme — o desnível era de 25 metros da rua Vergueiro até o fim da propriedade. Inicialmente, o Lar Brasileiro previa um loteamento de sobradinhos geminados e algumas habitações soltas. Mas a locomotiva da verticalização, que, depois de certa demora para engrenar, virou trem-bala em São Paulo, incentivou o banco a arquivar o projeto dos sobradinhos. O mesmo aconteceria no segundo terreno, menor, de 23 mil metros quadrados, em Perdizes. Para projetar o plano mestre de ambos os terrenos, o Lar Brasileiro recorreu ao arquiteto carioca Abelardo de Souza, que fora colega de Niemeyer tanto no Liceu Francês como na Escola Nacional de Belas-Artes e havia se mudado para São Paulo em 1939. Ele também seria responsável pelo loteamento do Clube dos 500, na via Dutra, empreitada de Roxo Loureiro e do BNI.

Abelardo era o profissional certo para os novos passos ousados do Lar Brasileiro. Como já tinha dirigido a carteira imobiliária da instituição na década de 1930, fizera alguns poucos prédios, mas na maior parte do tempo cuidara de obras das casas e bangalôs que dominavam o portfólio do banco naqueles anos. Fugiu do cargo burocrático quando foi convidado para desenhar postos de gasolina em São Paulo para a Cia. Asteca de Combustíveis (postos que então mereciam belos projetos arquitetônicos, servindo exclusivamente à classe alta, proprietária dos poucos automóveis no país). Bem antes de Niemeyer erguer o seu na via Dutra, portanto, os postos eram vitrines e opção de trabalho para jovens arquitetos modernos.

Ao longo dos anos 1940, Abelardo desenhou alguns edifícios residenciais e de escritórios em São Paulo e, coisa muito importante na profissão, aproximou-se dos arquitetos mais influentes da cidade. Em 1948, com a criação da Faculdade de Arquitetura e Urbanismo (FAU) da USP, tornou-se assistente de João Batista Vilanova Artigas, arquiteto e professor, que logo se tornaria o principal nome do corpo docente. Fez parte também da equipe que projetou a sede do Clube Atlético Paulistano, a convite de Warchavchik.

Com uma década de experiência paulistana, Abelardo passaria a desenhar as encomendas para os terrenos do Lar Brasileiro. Começou pelo da Vila Mariana, batizado de Jardim Ana Rosa, em homenagem à antiga dona dos terrenos, a filantropa Ana Rosa de Araújo (1778-1860). Os projetos para ambos os terrenos seriam antecessores das superquadras de Brasília, mas cercados de vegetação e pela cidade "tradicional". Os prédios que substituiriam os sobrados seriam bem diferentes do que a concorrência fazia, em especial no Jardim Ana Rosa. O resultado foi um raro meio-termo entre a verticalização à la Manhattan, como ocorria no centro de São Paulo, e os subúrbios com baixo aproveitamento do solo, como nas vilas operárias ou nas cidades-jardins da elite paulistana.

No final da década de 1950, o conjunto era composto de dezoito blocos de pequenos edifícios, com dois a cinco andares, desenhados por diversos profissionais além de Abelardo, como Eduardo Kneese de Mello, Salvador Candia, Plínio Croce e Roberto Aflalo (o que evitou a monotonia dos conjuntos habitacionais das décadas seguintes, em que prédios iguais se repetem, tendo no máximo fachadas de cores diferentes, para disfarçar).

Dos seis prédios de apartamentos desenhados por Abelardo, com dois e três andares, três deles têm entrada, na parte mais alta do terreno, para a movimentada rua Vergueiro. Todos têm lojas no térreo, além de jardins internos. Externamente, são reconhecidos pelas coberturas inclinadas, com as calhas no meio, em "V", chamadas de asas de borboleta. Elas geram muros mais altos dos dois lados do prédio, permi-

*O Guapira, projeto de 1952 de Eduardo Kneese de Mello, como outros prédios do conjunto Jardim Ana Rosa, aproveita o declive para evitar gastos com elevadores e áreas de circulação.*

tindo janelas maiores e mais insolação — sem falar que a inclinação no meio do "V" também facilita a captura da água da chuva.

Descendo a pequena colina, chega-se aos quatro blocos desenhados por Kneese de Mello e Candia. Todos têm térreo mais cinco andares e são exclusivamente residenciais — os de Kneese são dúplex. Os dois blocos de Candia, um deles curvo, acompanhando o traçado da rua, foram os últimos a ser projetados, entre 1954 e 1960, e contêm alterações importantes em relação aos primeiros — sinal de como mudanças em razão das novas demandas dos compradores eram feitas com a construção já em alta velocidade.

Foi o que ocorreu nos blocos de Candia, que incluíram garagens cobertas no térreo para veículos, ausentes nos primeiros prédios, e uma variedade maior de apartamentos, desde quarto e salas a unidades com três dormitórios. Por ser uma área de declive, entra-se nos edifícios por meio de passarelas. Generosos jardins ficam abaixo do nível da calçada, e a partir daí pode-se descer para os dois andares abaixo do nível da rua ou subir para os três andares acima. A área de circulação desses prédios é de apenas 6,6% da área total, uma vez que economiza em elevadores e também em corredores entre os andares. Sem garagens no subsolo, elevadores ou portarias, a manutenção é mais econômica. Naquele tempo, a inovação arquitetônica não descuidava da preocupação com a redução dos custos de condomínio, pois o público-alvo do empreendimento era a classe média de fato, que não estava acostumada a essas novas despesas. Janelas da marca Ideal, de guilhotina, que funcionam por contrapeso e permitem uma abertura muito maior, foram instaladas nos prédios. No bloco curvo de Candia, os quebra-sóis não eram colados na fachada, mas ajustados em uma estrutura independente, como os do Copan.

Em vez de ter sido desenvolvido terreno a terreno, prédio a prédio, como notas musicais sem a menor harmonia, tal qual ocorre em boa parte dos quarteirões paulistanos, o Jardim Ana Rosa foi uma tentativa bem-sucedida de criar um minibairro calculado, com variadas linguagens e usos — não à toa, as lojas no térreo dão para a movimentada rua Vergueiro, enquanto os blocos mais afastados são exclusivamente residenciais. A ocupação nem é tão densa: os prédios de seis andares naquela encosta, hoje conhecidos como "predinhos", são rodeados por terrenos generosos, quase do mesmo tamanho da área edificada, com árvores frutíferas que os protegem. As janelas das áreas de serviço dão para a rua, enquanto as da sala e dos quartos dão para o pátio interno, com jardins. Décadas depois, quando se observa de cima aquela região de São Paulo, seja da janela de um avião ou nos sites de busca que mostram a cidade do alto, o Ana Rosa emerge como um solitário ponto verde entre o Ibirapuera e o parque da Aclimação.

Desenhado a várias mãos — não se sabe se Abelardo, assoberbado por outras encomendas que surgiram na nova fronteira imobiliária da cidade, a avenida Paulista, repassou o trabalho para os colegas ou se o banco quis variar o formato dos novos prédios no loteamento já desenhado —, o Jardim Ana Rosa reuniria alguns dos maiores nomes da fase inicial do modernismo paulistano. Kneese de Mello tinha sido o primeiro presidente da seção local do IAB e já desenhara o residencial Mara, pioneiro no formato das quitinetes, para o mesmo Lar Brasileiro. Em seu escritório nascera a revista *Acrópole*, o principal veículo de divulgação da produção arquitetônica do período, que era patrocinada por todas as grandes empresas imobiliárias e de materiais de construção. Kneese daria aulas por muitos anos na Belas-Artes, não muito longe dali, e sempre repetia aos alunos que "não basta ver fotos de arquitetura, arquiteto precisa viajar".

Candia, o mais jovem do grupo, começou a trabalhar no Ana Rosa aos trinta, quatro anos antes de vencer o concurso para o edifício-galeria Metrópole. Professor do Mackenzie, era famoso por circular pelos corredores da faculdade tendo embaixo dos braços uma pilha de revistas estrangeiras de arquitetura. Aos alunos, Candia pregava que estar sempre informado, com os olhos abertos para o que acontecia na arquitetura mundial, era importante em uma carreira em que arte e progresso tecnológico andam de mãos dadas.

Sul-mato-grossense de origem italiana, mudou-se para São Paulo aos nove anos de idade e estudou engenharia e arquitetura no Mackenzie. Sua obra foi claramente influenciada pelo trabalho do bauhausiano Mies van der Rohe, o autor do projeto da Seagram. Candia fez o primeiro estágio no escritório de Rino Levi, outro filho de italianos que soube como poucos usar o que viu pelo mundo para aplicar na transformação da arquitetura brasileira.

Abelardo e Candia voltariam a se suceder no projeto do bairro Perdizes, então chamado Parque Lar Brasileiro, que acabou se transformando em uma superquadra mais verticalizada, com sete prédios de dezesseis andares — apenas os três primeiros ficaram prontos até 1961, depois de vários adiamentos e alterações. Atualmente, grades altas afastam o jardim da calçada, e os edifícios, apesar das linhas elegantes da arquitetura da época, não formam nenhum quarteirão diferente ou mais vibrante, parecendo-se mais com os condomínios fechados da classe alta em São Paulo.

Essas invenções do mercado imobiliário, que buscavam tanto o lucro como a satisfação de um consumidor cujo gosto estava em mutação, conseguiam ser aprovadas pelo poder público, que ainda tinha um déficit de familiaridade com a arquitetura moderna. A burocracia brasileira era provavelmente ainda mais atravancada naqueles anos, com seu apreço por calhamaços de regras, carimbos, certidões e autenticações, mas havia certo diálogo documentado entre prefeitura, arquitetos e incorporadores para tentar ousadias. O momento pedia mais e mais modernidade.

Depois de milênios de tentativas da humanidade para erguer construções que se aproximavam do céu, da Torre de Babel a minaretes e catedrais, o século XX gestou estruturas metálicas, elevadores, concreto e as máquinas que permitiam fazer as fundações necessárias para saltos maiores. Em São Paulo, até o arcabouço legal propiciou tais arroubos. O prefeito Prestes Maia preparou o terreno para exceções legais em seu primeiro mandato, entre 1938 e 1945. Com a criação de largas perimetrais que mantiveram a expansão horizontal da cidade, enquanto apenas o centro se verticalizava, ele decidiu que nos pontos focais das novas avenidas — terrenos estratégicos ou esquinas movimentadas — poderiam surgir obras mais imponentes para ver e ser vistas. Essas "exceções" permitidas pela lei possibilitaram o surgimento de alguns dos maiores ícones arquitetônicos da cidade.

Era um conceito emprestado das melhorias realizadas a toque de escavadeira pelo barão Georges-Eugène Haussmann, o prefeito que, entre 1853 e 1870, demoliu boa parte da Paris medieval para modernizar e embelezar a capital francesa. Além de aderir às teses higienistas em voga, instalando saneamento básico e abrindo mais espaços para a insolação e a ventilação entre as casas, Haussmann definiu padrões muito específicos de construção e criou perspectivas visuais, graças às novas praças, que permitiam admirar as construções, algo quase impossível na cidade anterior hiperadensada.

*Edifício Itália, uma torre oval que desafia os caixotes e os bolos de noiva.*

Em São Paulo, Prestes Maia acompanhava e aprovava pessoalmente obras que pudessem influenciar a paisagem construída da cidade — algo que provocava disputas estéticas e legais mundo afora, nas primeiras décadas do modernismo. Mesmo na novidadeira Nova York, a pilha de circunferências e rampas do Museu Guggenheim, projetado por Lloyd Wright e inaugurado em 1959, se chocava com a legislação local. E não só na geometria a vizinhança era quadrada. O arquiteto cedeu em alguns termos, a prefeitura isentou o projeto de outros pontos, e assim o museu pôde ser terminado. Da pirâmide do Louvre (inaugurada em 1989 e desenhada pelo sino-americano I. M. Pei) ao enorme guarda-sol vanguardista instalado sobre as ruínas romanas de Sevilha, o Metropol Parasol, do arquiteto e artista alemão Jurgen Mayer (pronto em 2011), o novo, desde que obedecendo a certa qualidade, sempre exigiu flexibilidade e sensibilidade das autoridades locais para aquilo que não cabia nos códigos.

Quando oferecia modernidade e deslumbrava os olhos pouco acostumados da população, o mercado imobiliário conseguia esse passe livre. Ao mesmo tempo que permitia as estripulias do Copan e do Itália no centro da Pauliceia, a prefeitura criou uma comissão de especialistas, liderada por Rino Levi, que começou a aprovar ousadias no território mais exclusivo da cidade. Em poucos anos, a avenida Paulista mudaria para sempre.

## 4. A democratização da Paulista

> [A avenida Paulista] Não levará um decênio para perder seu fausto,
> entrando no rol das ruas comuns, comerciais.[1]
>
> WILSON MAIA FINA*

> A calçada deve ter usuários transitando ininterruptamente, tanto
> para aumentar o número de olhos atentos quanto para induzir
> um número suficiente de pessoas de dentro dos edifícios da rua a
> observar as calçadas. Ninguém gosta de ficar na soleira de uma casa
> ou janela olhando uma rua vazia. Quase ninguém faz isso. Há muita
> gente que gosta de entreter-se, de quando em quando, olhando o
> movimento da rua.[2]
>
> JANE JACOBS

Quando a avenida Paulista foi aberta e terraplenada, São Paulo tinha 100 mil habitantes, todos acostumados às enchentes em seus vales ao primeiro chuvisco. A iniciativa do engenheiro uruguaio Joaquim Eugenio de Lima, em 1891, gozava da vantagem geográfica de o terreno escolhido estar a cem metros acima do nível dos rios Tietê e Pinheiros. Altitude era documento: os terrenos à venda em Higienópolis, região loteada pouco após o fim da escravização e a proclamação da República, também usavam como atrativo para os compradores a localização mais salubre e distante de bairros como Luz, Campos Elíseos, Bom Retiro, Mooca e Brás, onde se concentravam multidões.

* Arquiteto e ex-diretor do IAB.

Em pouco tempo, a Paulista acabou se tornando a primeira avenida com calçamento e arborização da cidade. O privilegiado loteamento privado, que contava com um parque com vegetação remanescente da Mata Atlântica como atrativo — anos depois rebatizado como Trianon —, começaria logo a ser colonizado por palacetes. O primeiro, de 1895, um ano depois de proibido o tráfego de gado por ali, foi o do acionista majoritário da cervejaria Antarctica, o cafeicultor de origem dinamarquesa Adam von Bülow.

Naquele leito coberto por macadame — asfalto de pedra britada —, com ainda pouquíssimos carros em circulação, realizavam-se corridas de charretes. Uma revolucionária divisão das pistas de trânsito criava três faixas exclusivas: uma para bondes puxados a burro, outra para carruagens e cavaleiros e a terceira para pedestres.[3] Em vinte anos, os caros terrenos foram ocupados por um mostruário de mansões em estilos eclético, neoclássico, art nouveau, neoflorentino e mourisco, para o deleite de famílias inteiras que batiam perna por ali aos domingos.

O principal local de encontro da alta sociedade paulistana naquela porção da cidade era o Belvedere Trianon — projetado pelo arquiteto Francisco de Paula Ramos de Azevedo e inaugurado em 1916 —, que reunia salão de festas, pérgula e restaurante, com uma vista livre de boa parte da cidade, do centro até o rio Tietê. Demolido em 1951, deu lugar ao enorme pavilhão que abrigou a primeira Bienal de São Paulo e mais tarde, em 1968, à nova sede do Masp.

As festas mais grã-finas da cidade aconteciam no Belvedere, àquela altura rodeado de mansões que mesclavam quatrocentões e milionários do café a imigrantes italianos e libaneses enriquecidos, chamados pejorativamente de "carcamanos" e "turcos" pela elite formada poucas décadas antes. Todos esses poderosos de origens variadas, que evitavam misturar-se por casamentos ou amizades, acabaram se tornando vizinhos na Paulista. O coquetel social-esportivo da avenida seria completado em 1924, quando o jornalista Cásper Líbero promoveu ali a primeira Corrida de São Silvestre.

Aristocrática, limpa e invejada, a Paulista teve uso exclusivamente residencial enquanto seus moradores assim quiseram. Antes de os habitantes dos palacetes imporem seu lobby, no entanto, a Paulista abrigara sem polêmica o Instituto Pasteur, o Colégio São Luiz e o Hospital Santa Catarina, que continuam de pé mais de um século depois de terem sido erguidos.

Em 1915, começaram a ser criados loteamentos entre a Paulista e a desabitada várzea do rio Pinheiros, inspirados nas "cidades-jardins" inglesas. A responsável era a autointitulada "organização imobiliária-urbanística Cia. City", fundada pouco antes e estabelecida em 1912, em São Paulo, por um grupo de empresários paulistas, com capital britânico, francês e russo. Seus anúncios relacionavam esses novos bairros à "vida no campo", e seus loteamentos eram projetados por dois urbanistas ingleses, Barry Parker e Raymond Unwin. Nas duas décadas seguintes, surgiram o Pacaembu, o Jardim América, o Jardim Paulista e o Jardim Europa, para onde parte da elite paulistana começou a se mudar, a fim de escapar da "massificação" na cidade e insistir em sua vida no campo.

São Paulo, cuja população cresceu 5% ao ano entre as décadas de 1930 e 1960, acabou cercando a aristocrática Paulista. Avenidas como a Nove de Julho e a Brigadeiro Luís Antonio a rasgaram transversalmente. Nelas, fermentaram novos negócios imobiliários, fomentados pela lei n. 3571, de 1937, que aprovou a verticalização para fins residenciais — "construção de apartamentos" — também nas avenidas Angélica, Higienópolis e Paulista, desde que obedecidas diversas regras. Até então, estabelecimentos comerciais e a verticalização só eram permitidos em algumas das ruas transversais, as chamadas "preferenciais", por onde passavam ônibus ou bondes.

Mesmo depois da lei de 1937, por mais de uma década apenas um grande projeto residencial surgiu na Paulista: o edifício Anchieta, quase no final da avenida, no quarteirão entre a avenida Angélica e a rua da Consolação. A obra foi encomendada em 1941 pelo Instituto de Aposentadorias e Pensões dos Industriários (IAPI), recém-criado por Getúlio Vargas, que escolheu um endereço nobre e vistoso para promover a iniciativa e oferecer aos aposentados 72 unidades de locação, com plantas de 108 a 122 metros quadrados (ao final da obra, foi o alto escalão do IAPI que teve preferência pelas unidades. O projeto desmente a ideia de habitação popular desde o início, pois quase todas as unidades possuem quarto para empregados).

O projeto, com dez andares e sobreloja, foi feito pelo escritório carioca MM Roberto, responsável também por desenhar o aeroporto Santos Dumont. Em 1948, ano em que ficou pronto, o Anchieta era o único grande edifício da Paulista. A partir de 1949, o térreo do edifício passou a abrigar o popular bar Riviera, mas na entrada da "preferencial" Consolação, para respeitar a lei. Desrespeitando-a, porém, haviam sido desenhadas de frente para a Paulista duas lojas e sobrelojas, cuja autorização fora obtida na primeira passagem de Francisco Prestes Maia pela prefeitura (1938-45), ainda nomeado pelo varguismo. Depois de pronto o Anchieta, a democratização da Paulista começou — discretamente, pelas bordas, quando imbróglios entre herdeiros levaram algumas famílias a vender seus casarões e terrenos na avenida e a se mudar para bairros mais distantes, como o Morumbi.

O BNI foi um dos primeiros a vislumbrar o potencial comercial da verticalização da Paulista e a imaginar prédios de apartamentos no lugar das mansões. Depois de vender como pãozinho quente muitas quitinetes e salas comerciais no centro, Octávio Frias de Oliveira comprou, em 1951, terrenos em dois extremos da avenida, justamente em pontos por onde os bondes deslizavam: um na esquina da Paulista com a avenida Brigadeiro Luís Antonio, outro na esquina com a rua Haddock Lobo. Em doze meses, lançou aqueles que seriam os dois primeiros grandes edifícios da avenida, com quase o dobro da altura do Anchieta, a vitrine do INSS varguista.

Dessa vez, Frias não pôde recorrer ao amigo Oscar Niemeyer, que estava assoberbado de trabalho: além de cuidar da criação do Ibirapuera, projetava prédios em Belo Horizonte e no Rio, sem falar nas casas para clientes, como a do industrial Francisco "Baby" Matarazzo Pignatari, no Morumbi. E havia outro problema. Niemeyer costumava atrasar as encomendas, como o próprio arquiteto confirmou em uma entrevista feita em 2011, na qual falou sobre como costumavam ser penosas para ele as viagens entre Rio e São Paulo:

> [Eu pedia para Frias] levar uns amigos, músicos, umas moças, aqui do Rio, para me sentir em casa [em São Paulo]. Ele concordava. Aí fazíamos umas viradas pela madrugada, de trabalho sem parar, para

conseguir entregar tudo detalhado. Mas eu queria ficar com os amigos. Então o Frias andava com uma chave e ameaçava me deixar trancado no escritório, longe da festa, enquanto eu não entregasse tudo. Éramos uns irresponsáveis.[4]

Frias acabou recorrendo a outro arquiteto experiente, o também carioca Abelardo de Souza, que vinha projetando os inovadores conjuntos de prédios para o Banco Hipotecário Lar Brasileiro na Vila Mariana e em Perdizes. Abelardo desenharia para o BNI os dois projetos da Paulista: Três Marias e Nações Unidas.

A construção do edifício Três Marias, na esquina com a Haddock Lobo, exclusivamente residencial e sem lojas no térreo, em conformidade com a legislação vigente, foi autorizada de imediato pela prefeitura, em 1952. No entanto, o projeto do multiúso Nações Unidas, na esquina com a avenida Brigadeiro Luís Antonio, levaria quase um ano para ser aprovado. Inspirado pelo sucesso de vendas do edifício-galeria Califórnia em 1951, Frias queria instalar uma galeria de lojas no térreo do Nações Unidas, com uma passagem da Paulista até a rua São Carlos do Pinhal. A legislação, porém, não permitia nenhuma vitrine de frente para a fidalga avenida. Como convencer a prefeitura de que o prédio seria um novo ícone de São Paulo, merecendo assim uma exceção?

O plano inicial do Nações Unidas previa um único edifício curvo, inspirado no Copan e no carioca Pedregulho, do arquiteto Affonso Eduardo Reidy. Porém, Frias argumentou que o terreno permitia construir ainda mais metros quadrados, caso o prédio não fosse curvo. Pediu, então, ao arquiteto que fizesse o "máximo possível ali", nas palavras de Jon Maitrejean, que, quando ainda estudava na FAU, tornou-se assistente de Abelardo de Souza.[5]

Abelardo mudou o projeto e desenhou dois blocos em "L", bem diferentes e em transição brusca, um revestido de pastilhas de cor marrom e o outro de pastilhas cor-de-rosa e azuis. Juntos, os edifícios receberiam 460 apartamentos de três tamanhos — de 67 (um dormitório), 82 e 114 metros quadrados (ambos com dois dormitórios). Na fachada da Paulista seria instalado um painel de cerâmica de Clóvis Graciano e pilares maciços em "V", mais bem-acabados que os do niemeyeriano Califórnia (no início do século XXI, tanto o painel como as colunas foram encobertos por painéis de segurança). O coroamento do prédio seria uma laje perfurada por grandes círculos, inspirada na da sede do MoMA, em Nova York, projeto de Philip Goodwin e Edward Durell Stone — e copiada por diversos arquitetos modernos no Brasil.

*O Nações Unidas, projeto de 1953 de Abelardo de Souza, erguido pelo BNI, com 460 apartamentos de um ou dois quartos, foi o primeiro grande edifício popular na avenida Paulista.*

A prefeitura, porém, implicou com o projeto da galeria, que se abria para a área estritamente residencial da avenida Paulista. Os donos dos palacetes achavam que seus imóveis perderiam valor com a chegada do comércio — preconceito que se repete a cada debate sobre o zoneamento de São Paulo, apesar de a mistura de construções residenciais e comerciais ser comum em Nova York ou Paris. A prefeitura também viu problemas na altura do prédio. Para que o terraço-jardim sobre a galeria fosse contabilizado como recuo da avenida Brigadeiro Luís Antonio, garantindo à prefeitura que nenhuma loja dava para a Paulista, Abelardo teve de fazer o mesmo que Niemeyer em projeto anterior de Frias: enviou um requerimento às autoridades.

O processo foi parar na Junta Consultiva do Código de Obras. Um dos seus membros, Rino Levi, redigiu um parecer favorável à construção (nada como ter um companheiro moderno e militante no lugar certo). Como na galeria não havia de fato vitrines de frente para a Paulista, mas apenas para a avenida Brigadeiro Luís Antonio, não havia infração.[6] Assim, o prefeito permitiu a novidade, e a "ruazinha" interna da galeria, aprovada em junho de 1953, mudaria para sempre o caráter da Paulista. Com pé-direito de dez metros de altura, até hoje surpreende, especialmente quando comparada aos corredores apertados e padronizados dos shoppings.

A fim de justificar o nome do prédio, os anúncios do empreendimento usavam o logotipo da Organização das Nações Unidas, à qual afirmavam render "merecida homenagem". O marketing imobiliário pegava carona no otimismo do pós-guerra e na promessa de paz mundial.

O maciço desenhado por Abelardo ganhou ainda mais repercussão quando Pietro Maria Bardi decidiu expor a maquete no Masp. "O projeto é felicíssimo e reúne tudo que se pode esperar e que nos pode dar o progresso da arquitetura moderna brasileira", escreveu Bardi em sua revista *Habitat*.[7] O elogio não veio por acaso. Um ano antes, Orozimbo Roxo Loureiro havia doado 110 mil dólares ao museu para a aquisição do quadro *Retrato do cardeal don Luis Maria de Borbon y Vallabriga*, de Francisco de Goya y Lucientes. Pouco depois, Abelardo, também próximo de Lina e Pietro, seria chamado para editar a revista *Habitat*.

A dobradinha BNI-Abelardo de Souza conseguiu instalar apartamentos de 67 metros quadrados em um local onde eram comuns casarões de cerca de mil metros quadrados. A partir dali, os barões do café e os demais candidatos à nobreza começavam a perder o monopólio sobre a avenida.

Para outro público, de maior poder aquisitivo, o BNI criara o Três Marias, lançado um ano antes do Nações Unidas, na esquina da Paulista com a rua Haddock Lobo. Com dezoito andares e 95 apartamentos de 140 a 270 metros quadrados distribuídos em três blocos, foi um dos três únicos empreendimentos de luxo do banco, ao lado do Eiffel, na praça da República, e do neoclássico Versalhes, na avenida Higienópolis.

Em formato de "L", o Três Marias parece um grande cubo mágico quando visto da Paulista. O efeito visual é obtido pela alternância de elementos e cores. Abaixo do 12º andar, a fachada é emoldurada por pastilhas cor-de-rosa e os pisos têm balcões em balanço (suspensos) revestidos de pastilha azul, voltados para a Paulista. Acima do 12º andar, há a inversão de cores e terraços: os balcões são voltados para a Haddock Lobo, revestidos de pastilhas cor-de-rosa, e a moldura é azul. O capricho geométrico também aparece nas varandas alternadas, vazadas nas laterais, apenas com uma discreta grade. Quem coloca uma cadeira nessas varandas suspensas pode ver, quase sem nenhuma barreira, a Paulista fervilhando lá embaixo.

Internamente, em unidades com pé-direito de 3,15 metros, mais sabedoria arquitetônica: elementos vazados de concreto, como cobogós, garantem sombra e ventilação a banheiros, cozinhas e áreas de serviço — moradores contam aliviados que até hoje não precisam de exaustores na cozinha. Ainda assim, o Três Marias também sofreu sua dose de patrulha dos puristas da arquitetura moderna. "Sempre gostei muito da cor. Muita gente criticou o uso do azul e do rosa no Três Marias. Mas foi um dos primeiros prédios coloridos em São Paulo", dizia, orgulhoso, Abelardo.[8] O professor e arquiteto Alberto Xavier, amigo do arquiteto carioca, conta que Abelardo certa vez recebeu um telefonema de João Artacho Jurado, um dos campeões de vendas de apartamentos à época, que também tinha predileção por pastilhas coloridas. "Abelardo ficou muito contente, pensando que receberia uma grande encomenda, mas era apenas para ele assinar obras do Artacho, que não tinha diploma e precisava de alguém com título."[9]

Com a nova fronteira aberta pelos edifícios Anchieta, Três Marias e Nações Unidas, logo despontariam na Paulista três novos prédios. No final de 1952, foram lançados o Chypre-Gibraltar, do arquiteto Giancarlo Palanti e da construtora Alfredo Mathias, e o Saint Honoré, de Artacho Jurado, entre as alamedas Campinas e Pamplona. Em 1954, na esquina da Paulista com a rua Peixoto Gomide, foi inaugurado o Baronesa de Arary, do arquiteto Simeon Fichel para a incorporadora carioca Flamengo, com apartamentos de metragens variadas e vista para o parque Trianon. O prédio ficaria conhecido sobretudo por alguns moradores ilustres, como o casal de atores Cacilda Becker e Walmor Chagas, que morou na cobertura nos anos 1960, e por diversos problemas na construção e no acabamento. Por fim, em 1956, Jacques Pilon e Gian Carlo Gasperini lançariam o Pauliceia-São Carlos do Pinhal, para a Sul América Capitalização S.A., com duas grandes torres: uma de frente para a Paulista e a outra para a rua São Carlos do Pinhal, ambas cercadas por jardins desenhados por Roberto Burle Marx.

Os pioneiros da construção de prédios na Paulista passaram, porém, a coadjuvantes quando, em 1955, começou a ser erguido um novo empreendimento na avenida: o Conjunto Nacional. O prédio viria a ser o epicentro da Paulista e, em poucos anos, uma "praça" simbólica da região, borrando os limites do público e do privado e demonstrando como o mercado imobiliário poderia contribuir com o tecido urbano.

Edifício de uso misto mais bem-sucedido da história de São Paulo, o Conjunto Nacional nasceu da audácia de dois personagens que se encontraram por acaso: o empresário José Tjurs e o arquiteto David Libeskind.

Principal hoteleiro da cidade, dono do Jaraguá, do Excelsior e do Marabá, todos no centro, o argentino de origem judaica José Tjurs planejava construir o maior e mais luxuoso hotel de São Paulo na ainda bucólica avenida Paulista, um verdadeiro concorrente do recém-lançado maciço turístico Copan. Em 1952, comprou do empresário Horácio Sabino um dos principais palacetes da Paulista, um casarão art nouveau projetado em 1904 pelo arquiteto franco-argentino Victor Dubugras que ocupava todo o quarteirão emoldurado pela Paulista, pela alameda Santos e pelas ruas Augusta e Padre João Manuel.

O cinco estrelas que seria erguido ali se beneficiaria da flexibilidade da prefeitura a alvarás de construção para projetos hoteleiros que ficassem prontos para os festejos do IV Centenário, em 1954, e também da Lei de Incentivo à Instalação Hoteleira, que isentava de impostos os hotéis que fossem inaugurados até 1962.[10] Além disso, em 1952, uma nova lei passou a permitir edifícios institucionais e de serviços na Paulista — embora a legislação não tratasse da construção de hotéis, o empresário confiava em seu poder de convencimento.

*Construção da lâmina horizontal do Conjunto Nacional, que ficou pronta em 1958. Ao fundo, os edifícios Baronesa de Arary e Dumont Adams.*

Desde os anos 1940, Tjurs tinha trabalhado com arquitetos modernos em seus hotéis, como Rino Levi e Franz Heep (e, anos depois, no Rio de Janeiro, também com Niemeyer). Não foi diferente com o hotel que sonhava erguer na Paulista. Em um concurso informal, o hoteleiro encomendou projetos para o já estabelecido Gregori Warchavchik, que trabalhava no desenho do Clube Atlético Paulistano, e para nomes em ascensão, como Salvador Candia e Jacob Ruchti.

Astuto e avesso a qualquer formalidade, Tjurs aproveitou para pedir a Warchavchik que o apresentasse ao ministro da Fazenda, Horácio Lafer, primo do arquiteto, a fim de conseguir financiamento público para o novo empreendimento. Em retribuição ao empréstimo obtido na Caixa Econômica Federal, o empresário enviou um bolo de presente a Lafer — sua diplomacia confeiteira seria acionada outras vezes para adocicar interlocutores.

A lábia de Tjurs, todavia, não dobrou o recém-eleito prefeito Jânio Quadros, que não permitia hotéis na Paulista. O projeto inicial foi engavetado, e o empresário precisava de um novo plano para evitar que o terreno valioso ficasse encalhado. Foi então que, em 1954, bateu à porta de seu escritório, na sede da Horsa (Hotéis Reunidos S.A.), um arquiteto de apenas 26 anos chamado David Libeskind. Ele mesmo conta em detalhes como foi o encontro:

> Ao entrar em seu escritório, ele me perguntou: "O que você quer, menino?". E tentou encerrar a conversa, mas eu insisti. Estava sem nenhum trabalho e pedi uma chance para mostrar minhas ideias. Peguei um papel na hora e risquei um croqui de como imaginava o complexo. Ele tomou a folha, olhou e me disse: "Você tem uma semana para me apresentar um projeto". Voltei para a pensão onde me instalara ao chegar de Belo Horizonte, no centro de São Paulo, e comecei a trabalhar alucinadamente dia e noite. Tinha até cãibra nos dedos de tanto desenhar. Convoquei alguns amigos para ajudar e criei uma maquete de madeira para apresentar o resultado, definido por uma lâmina horizontal para a galeria de lojas no térreo, uma grande abóbada transparente e um volume vertical de apartamentos e escritórios. Eu mesmo me surpreendi com a qualidade do projeto.[11]

Libeskind também se recorda do momento da escolha:

Quando entreguei, ele fez cara feia e não disse nada. Fui embora e, três dias depois, seu funcionário francês, com chapéu e lencinho branco no bolso, bateu à porta da pensão. Assim que abri, ele tirou o lenço do bolso, o sacudiu e disse: "O José está te chamando". Ao chegar no escritório, ele avisou que iria construir minha obra. Foi uma bela surpresa. Depois, levei mais um ano detalhando as plantas com rigor.

Vinte e oito anos mais velho que o arquiteto, o hoteleiro, que nunca tinha vendido apartamentos ou escritórios, aprovou a ideia depois de consultar sua equipe, e foi mais um a se tornar incorporador naquela década.

Ironicamente, meses depois de Tjurs mudar o projeto, uma nova lei passou a permitir hotéis na Paulista. A capital não tinha se tornado o polo turístico que muitos imaginavam após os festejos do IV Centenário, e Tjurs seguiu em frente com seu plano B para o estratégico terreno. Em razão da inexperiência de Libeskind, o empresário fez uma opção salomônica: decidiu-se pelo projeto do novato, mas confiou a execução à construtora de Warchavchik, que em troca topou engavetar o próprio plano.

Warchavchik sabia que deveria aproveitar os novos ventos dos anos 1950, depois de atravessar uma estiagem de encomendas nas décadas anteriores, quando teve de desenhar casas neocoloniais e "chatôs" afrancesados para a clientela conservadora. Além de projetar um edifício residencial modernista para o banqueiro Walther Moreira Salles na avenida São Luís e vencer o concurso para a sede do Clube Atlético Paulistano, o arquiteto veterano criou a própria construtora e tornou-se incorporador, lançando alguns edifícios, como o Cícero Prado, na avenida Rio Branco.

Libeskind, 32 anos mais jovem que Warchavchik, era filho de imigrantes judeus poloneses. Quando ele ainda tinha um ano, sua família deixou Ponta Grossa, no Paraná, e se estabeleceu em Belo Horizonte. Adolescente, foi aprendiz no ateliê do pintor Alberto da Veiga Guignard, mas a Pampulha de Niemeyer o seduziu a tal ponto que decidiu estudar arquitetura. Como melhor aluno da turma de engenharia e arquitetura da Universidade Federal de Minas Gerais, recebeu o diploma das mãos do governador mineiro, Juscelino Kubitschek.

Quando encontrou Tjurs, Libeskind não tinha escritório, e seu portfólio era pequeno: construíra duas casas, uma em Belo Horizonte e outra em Goiânia, e fizera outros quatro projetos que nunca saíram da prancheta. Em São Paulo, onde morava havia um ano, em uma pensão na rua General Jardim, havia desenhado um modesto edifício de quitinetes na avenida São João, o São Miguel (hoje vizinho ao Minhocão), além de alguns projetos que aguardavam financiamento e aprovações. Antes de procurar Tjurs, batera à porta de Carlos Lemos, que comandava o escritório de Niemeyer em São Paulo, para pedir emprego. "Ele tinha uma prancheta emprestada, batia de porta em porta e frequentava o IAB e o Clubinho dos Artistas quase diariamente, para conhecer gente e se enturmar. Caiu no gosto do Tjurs pela audácia", conta Lemos.[12]

Além de ter se entusiasmado com o projeto de Libeskind, o empresário pode ter reconhecido no jovem arquiteto um caráter ousado que lhe era familiar. Também Tjurs era filho de imigrantes judeus sem posses. Quando sua família se mudou de Buenos Aires para o Rio de Janeiro, ele precisou trabalhar em pequenos ofícios, como o de ajudante de chofer — encarregado de girar a manivela para que o motor pegasse.[13] Depois, passou para o volante e fixou o ponto de seu táxi na praça Mauá, onde lucrou bastante com os marinheiros que buscavam companhia paga na zona portuária. Deduziu, então, que havia mais dinheiro circulando no final do trajeto que no táxi. Décadas depois, ao visitar o Rio com Warchavchik, exclamou, ao ver a praça Mauá: "Esta foi a minha faculdade".[14]

Tjurs nunca chegou a terminar o ensino médio. Foi do Rio para Santos, onde trabalhou em uma agência de turismo que organizava viagens de navio. Depois, mudou-se para São Paulo e abriu o cabaré Tabu, onde conheceu boa parte da elite paulistana, de políticos a estudantes de direito. O clima de camaradagem que o empresário instalou no local nem sempre foi lucrativo: muitos frequentadores penduraram suas contas para sempre, e o negócio acabou falindo. Durante o Congresso Eucarístico Internacional em São Paulo, em 1942, o ex-dono de cabaré se ofereceu para vender refrigerantes da Antarctica à multidão católica em uma barraca de lona disponibilizada pela indústria de bebidas. Ao que tudo indica, foi bem-sucedido. Findo o evento, recebeu uma carta de agradecimento da Antarctica, pois fora o único a devolver a barraca de lona. O documento virou seu amuleto.

A entrada no mundo da hotelaria não foi menos heterodoxa. Tjurs propôs aos proprietários de um prédio na avenida São João retirar o prostíbulo que havia no local e transformar o edifício em um hotel. "Qual é a sua garantia?", perguntaram os poderosos donos do prédio, o ex-prefeito da cidade Fábio da Silva Prado e os condes (e irmãos) Adriano e Raul Crespi. "Tenho as mãos limpas", respondeu Tjurs, tirando do bolso a cartinha da Antarctica, seu atestado de honestidade. Com o papel e a lábia, fechou o negócio.[15]

Os hotéis de Tjurs fariam sucesso em São Paulo, cidade que, embora crescesse sem parar, contava com um único estabelecimento hoteleiro de luxo, o Esplanada, justamente de propriedade da família Crespi, atrás do Theatro Municipal. Depois de administrar o Excelsior, ainda um investimento dos Crespi, na avenida Ipiranga, e o Jaraguá, na rua Major Quedinho, Tjurs comprou o gigantesco terreno na avenida Paulista. Para seu primeiro empreendimento como incorporador, o empresário inicialmente pensou em criar seis blocos residenciais de apartamentos, com entradas diferentes e nomes que evocavam divindades indígenas — Guayupiá, Jacirendy, Amanayara, Nhandeyara, Amanacy e Jurupar —, atendidos por uma rede de serviços internos, antecessora da que dispõem os flats de hoje.

A cada crise econômica ou política, que os dourados anos 1950 tiveram aos borbotões, Tjurs mudava de ideia. Decidiu-se, por fim, pelos atuais três blocos de 25 andares, contínuos, formando uma longa lâmina recuada em relação à Paulista: o residencial Guayupiá, com apartamentos de 190 a 890 metros quadrados e entrada pela rua Augusta, e os dois prédios de escritórios, o Horsa I, de pequenas unidades, e o Horsa II, de conjuntos maiores, ambos com entrada pela galeria interna do Conjunto Nacional. No local onde seria instalada a piscina do hotel surgiu outro andar de escritórios, um volume que ocupou o espaço do grande jardim pensado pelo arquiteto, com vista para a esquina com a Augusta.

A mudança de hotel para edifício residencial, depois para prédio de escritórios e finalmente para um conjunto de uso misto não afetou a simbiose do complexo com o espaço público, até hoje estudada nas faculdades de arquitetura. As calçadas amplas foram revestidas de pedras portuguesas, o mesmo material do piso interno do térreo, criando uma rara continuidade visual entre público e privado, sem muros ou barreiras. As generosas entradas a partir das vias que margeiam o quarteirão, além dos quatro amplos corredores do térreo, de onze metros de largura cada, convidavam o pedestre a adentrar no que viria a ser uma das grandes praças públicas da Paulista em território privado — a outra praça, inaugurada dez anos depois, em 1968, seria o vão do Masp.

Duas entradas de garagem foram colocadas estrategicamente nas ruas secundárias (rua Padre João Manuel e alameda Santos), deixando aos pedestres a preferência nas vias principais (avenida Paulista e rua Augusta). No centro da "praça", uma rampa em caracol liga a garagem à cúpula geodésica de alumínio desenhada por Hans Eger — e inspirada na obra de Richard Buckminster Fuller —, que funciona como cobertura para o jardim. A entrada para o bloco residencial foi deslocada para a rua Augusta, longe do movimento da galeria, garantindo privacidade. Uma cidade surgia dentro da cidade.

Em 1957, ainda durante as obras da grande lâmina horizontal que ocupa quase todo o terreno, destinada às futuras galerias, foi aberta no local a Confeitaria Fasano, de frente para a Paulista, perto da esquina com a Padre João Manuel. Criada pela família italiana homônima, funcionara anteriormente na região da Barão de Itapetininga, à época a maior referência de elegância em São Paulo. Ao ser transferida para a Paulista, antecipava a próxima troca de bastão, que levaria o comércio de luxo para a região da rua Augusta.

A confeitaria funcionava dia e noite, para almoço, chá da tarde e happy hour, servindo café expresso em rara máquina italiana. No ano seguinte, foi aberto no terraço do Conjunto Nacional o luxuoso restaurante Fasano, que, com capacidade para 2 mil pessoas, contava com jardim de inverno e salão de festas, onde eram oferecidos jantares dançantes. Dali se avistavam as mansões da ainda estreita avenida Paulista, com largura de trinta metros e apenas duas pistas em cada sentido, um corredor de bonde na pista central e ipês-amarelos nas calçadas. (Para a ampliação, feita entre 1972 e 1974, seriam retirados os trilhos

*Rampa do interior do complexo multiúso que leva até a geodésica projetada pelo engenheiro Hans Eger para o Conjunto Nacional, criado por David Libeskind.*

dos bondes e derrubados 120 ipês, totalizando 48 metros de vias.) Nos dois andares do restaurante, quinhentos funcionários se revezavam.[16] Sábado à noite era o dia em que as estrelas, como Nat King Cole, Marlene Dietrich, Yma Sumak e Sarah Vaughan, que faziam curta temporada no Teatro Record, na rua da Consolação, davam uma canja gourmet no palco do Fasano.

Até Mies van der Rohe foi conferir a obra de Libeskind na Paulista, em dezembro de 1957, e elogiou o arquiteto brasileiro, que tinha acabado de completar 29 anos. Pareciam se concretizar, de fato, os retumbantes slogans do material publicitário colorido distribuído no lançamento do complexo: "Conjunto Nacional — o cartão de visita de São Paulo para o mundo" e "Apoteose da arquitetura e da engenharia brasileira".

Em dezembro de 1958, o hoteleiro bem relacionado levaria o presidente Juscelino Kubitschek à inauguração do bloco horizontal de lojas. O ator britânico David Niven, que lançava um filme na cidade, também deu o ar da graça na festança. Na cerimônia, Tjurs chegou empurrando um carrinho com um bolo no formato da maquete do Hotel Nacional, em Brasília, que em pouco tempo começaria a ser construído.

Juscelino não foi o único chefe de Estado a colocar os pés no novo prédio da Paulista. Em 1960, o presidente americano Dwight "Ike" Eisenhower esteve no local, para onde se mudara o consulado dos Estados Unidos, e almoçou no Fasano. Fidel Castro também jantou no restaurante, durante uma parada técnica de seu avião em São Paulo, rumo a Buenos Aires. O Conjunto Nacional era um endereço à prova dos embates da Guerra Fria.

Em 1962, foi finalmente inaugurada a segunda parte do conjunto, a lâmina vertical de 25 andares, recuada 72 metros em relação à avenida, com os três blocos previstos, dois comerciais e um residencial. No prédio residencial, um dos mais ilustres moradores foi o industrial Ciccillo Matarazzo, que se instalou no 22º andar, em um apartamento de quinhentos metros quadrados, onde moraria até o fim da vida. O relógio luminoso no topo da torre, no início com publicidade da montadora Willys, sucedida pouco depois pela do banco Itaú, seria uma espécie de Big Ben da Pauliceia nas décadas seguintes. Na galeria, os dois cinemas, Astor e Rio, marcariam a cinefilia paulistana. Em 1969, a Livraria Cultura, dos imigrantes alemães de origem judaica Eva e Kurt Herz, deixaria o seu sobrado na rua Augusta e se mudaria para uma das lojas no térreo do novo prédio.

Muitos críticos apontaram semelhanças entre o Conjunto Nacional e o Lever House, construído entre 1950 e 1952 em Nova York, um dos primeiros prédios de escritórios na antes exclusivamente residencial Park Avenue. Projetado pelo arquiteto Gordon Bunshaft, do escritório Skidmore, Owings and Merrill, o SOM, o edifício do conglomerado Unilever também é composto de uma grande lâmina vertical e outra horizontal, com terraço-jardim e um pátio como espaço público. Mas, assim como o Copan de Niemeyer era uma versão melhorada da Unidade de Habitação de Le Corbusier, o Conjunto Nacional conseguiu superar em alguns quesitos o prédio nova-iorquino. Com apartamentos, cinemas e li-

*Construção da lâmina vertical do Conjunto Nacional, que só ficaria pronta em 1962.*

vrarias, o complexo paulistano é muito frequentado à noite e aos fins de semana, algo que não ocorre com o Lever, que tem apenas escritórios.

O Conjunto Nacional também confirmou a teoria da urbanista americana Jane Jacobs de que a melhor forma de garantir segurança em uma cidade é ter "olhos na rua". Jacobs defendia ainda a multiplicidade de usos das vizinhanças — lugares exclusivamente residenciais ou comerciais ficariam ociosos e sem vida na maior parte do tempo. Ignorando esse ensinamento, São Paulo passou a erguer grades e muros altos em torno dos prédios, matando a vida na calçada e cegando qualquer olho que possa, do térreo dos prédios, estar atento à rua. O relaxado e democrático Conjunto Nacional, sempre com centenas de pessoas nas calçadas ao redor, conquistou a segurança sem ceder à paranoia. Os edifícios construídos mais tarde na avenida Paulista — muitos deles dedicados apenas a escritórios —, recuados e com grades, ignorando a calçada, só reforçariam a importância do acolhimento e da porosidade proporcionados pela obra-prima de Libeskind e Tjurs.

Pouco a pouco, com mudanças na legislação apoiadas pelas famílias pioneiras da Paulista, que queriam se capitalizar com a verticalização de seus terrenos, a avenida ganhou uma mistura de funções residenciais, comerciais e de entretenimento, o que certamente colocaria um sorriso no rosto de Jane Jacobs. Os usos mistos fariam da Paulista uma das raras avenidas animadas da cidade, frequentada em todos os dias e horários.

Libeskind, que, como um Orson Welles da arquitetura, aos 33 anos veria pronto seu "Rockefeller Center paulistano", nunca mais faria uma obra de igual importância ou escala. Pouco depois do projeto do Conjunto Nacional, as leis em São Paulo impediram construções que ocupassem a totalidade de um terreno e otimizassem a área dos prédios. Diferentemente do que aconteceu em Nova York com o impacto da praça pública do Seagram Building, as autoridades paulistanas não reconheceram os méritos do Conjunto Nacional.

O jovem arquiteto, depois de testemunhar as várias alterações feitas em seu projeto — como a criação de novos blocos de escritórios que reduziam o precioso terraço-jardim —, se associou ao engenheiro Simão Schaimberg para criar a construtora Libeskind & Schaimberg Ltda., que lhes permitiria ter a palavra final nas obras. A empresa lançou em Higienópolis uma dezena de edifícios residenciais, a maioria de alto padrão, como o Arper (1959), o Arabá (1960) e o Alomy (1961). Também projetou escolas estaduais para São Paulo, como o Grupo Escolar Santa Cruz do Rio Pardo (1963), durante a gestão do governador Carlos Alberto Alves de Carvalho Pinto (1959-63), que contratou dezenas de arquitetos para um extenso programa de obras públicas. Quando se casou, Libeskind recebeu de Tjurs um bolo no formato do Conjunto Nacional.

Tjurs acabou se mudando para a cobertura do seu prédio da Paulista. Do dúplex de 1070 metros quadrados conseguia avistar o pico do Jaraguá, a serra da Cantareira e as várzeas dos rios Tietê e Pinheiros. O apartamento, que ocupava os andares 24 e 25 do bloco residencial, tinha um salão de baile e um canil no último andar para os privilegiados animais do empresário. Assim como ele e Libeskind, outros imigrantes e seus filhos seriam responsáveis por alguns dos melhores capítulos da transformação da arquitetura e do mercado imobiliário paulistanos.

*Os noivos Glica e David Libeskind, em 1959, receberam de presente de casamento de José Tjurs um bolo no formato da obra mais famosa do arquiteto, o Conjunto Nacional.*

## 5. Talento importado

> *Fabricar móveis e roupas era mais que uma forma de ganhar dinheiro. Era um jeito de viver. Na fase da expansão imobiliária dos anos cinquenta, os judeus investiram na construção civil. Há um nexo entre estes ramos de comércio. Pessoas que um dia tiveram que abandonar precipitadamente casas, móveis e roupas valorizam estas coisas.*[1]
>
> MOACYR SCLIAR

*O clima ameno do Brasil tornou muito mais fácil implementar as mais atrevidas ideias de Le Corbusier do que na Europa, onde neve e gelo inibiram muitos [profissionais] a tomar essas ideias mais ousadas.*[2]

LUCJAN KORNGOLD

Dois poloneses naturalizados brasileiros criaram um portfólio de construções em São Paulo comparável ao dos arquitetos que monopolizavam grandes obras públicas. Nunca trabalharam juntos, apesar dos clientes em comum, e foram quase esquecidos pela historiografia da arquitetura paulista do século xx. Mas dos traços de Luciano Korngold e Alfredo Duntuch saíram alguns dos melhores residenciais de Higienópolis, especialmente ao redor da praça Buenos Aires; o primeiro arranha-céu moderno de São Paulo, que virou cartão-postal do Anhangabaú; e um centro comercial no Bom Retiro. Projetaram ainda fábricas no ABC e na via Dutra, torres de escritórios no centro da cidade e prédios de apartamentos na região da avenida Paulista. Ambos os imigrantes mereceriam um livro próprio.

Korngold, o mais velho dos dois, chegou a São Paulo em 1940, e Duntuch desembarcou no ano seguinte. Ambos eram judeus e vieram para o Brasil depois de escapar de uma das maiores tragédias da história. Fazem parte de uma diáspora de mais de cinquenta arquitetos que, após estudarem em algumas das melhores universidades europeias, aportaram no Brasil entre as décadas de 1940 e 1950 — um número considerável, uma vez que havia apenas duzentos arquitetos registrados na cidade em 1950. A trajetória e a expertise desse grupo também ajudam a explicar a alta qualidade da arquitetura comercial em São Paulo naquela era.

Luciano (originalmente Lucjan, que se pronuncia "Lu-ci-an") Korngold, nascido em 1897, era um dos grandes nomes da arquitetura moderna na Polônia nos anos 1930. Depois de se formar em engenharia e arquitetura no Politécnico de Varsóvia, sua cidade natal, estudou por dois anos na Escola de Belas-Artes em Berlim. Internacionalizou cedo sua prática: em 1928, publicou em uma revista húngara um ensaio sobre arquitetura polonesa no qual celebrava o classicismo de seu país por ter sido capaz de criar uma linguagem nacional, mas anunciava que o tempo de homenagear o passado "tinha acabado" e que era hora de criar "novos valores", mesclando o clássico e o moderno.[3]

Na primeira metade da década de 1930, desenhou na Itália um edifício para a seguradora italiana Assicurazioni Generali e em Israel o prédio residencial Rubinsky House, em Tel Aviv.[4] Em 1933, foi premiado na Trienal de Milão por um plano residencial e quatro anos depois expôs seus projetos na França. Na Polônia, criou edifícios populares e casarões para a elite — sua mansão para a família Lepkowski foi uma das mais fotografadas à época. Segundo Grzegorz Rytel, que escreveu a biografia de Korngold,[5] o arquiteto havia realizado mais de quarenta projetos em Varsóvia quando fugiu do país, aos 42 anos.

No dia da invasão nazista da Polônia, em 1º de setembro de 1939, Korngold escapou para Bucareste, na Romênia, enquanto sua mulher, Eugenia Gliksman, e seu filho, Jan, se esconderam com parentes — o quarto do menino foi atingido por uma bomba um dia após deixarem sua casa. Pouco depois, a mulher e o filho partiram para a Itália, onde esperaram quatro meses até se reunir com Korngold em Roma. Como deixara a Polônia sem passaporte, ele precisou obter um novo no consulado de seu país na capital romena.

A família Korngold conseguiu partir da Itália fascista rumo ao Brasil graças a uma iniciativa pouco conhecida do Vaticano em parceria com o Itamaraty. O programa — que mereceu um detalhado estudo do pesquisador Avraham Milgram[6] — tinha como propósito salvar católicos não arianos da Alemanha e da Polônia, e levou o recém-eleito papa Pio XII a interceder junto ao governo brasileiro para conseguir a

*O residencial São Vicente de Paula, que Korngold projetou em 1949 para funcionários públicos, utilizando materiais baratos, como as placas Eternit aplicadas na fachada.*

concessão de vistos a judeus convertidos ou batizados na Igreja católica (vários deles, desesperados para escapar da perseguição nazista, apresentaram documentos falsos de batismo).

O chanceler Oswaldo Aranha, a autoridade mais pró-americana e pró-Aliados do governo Vargas, determinou que os vistos fossem concedidos, mas nem todos os consulados brasileiros foram céleres. Não foi o caso do embaixador no Vaticano, Hildebrando Pinto Accioly, que conseguiu conceder 558 vistos.[7] O embarque foi feito em Gênova com documentos que os identificavam como católicos. Os consulados brasileiros em Antuérpia, Amsterdam e Zurique também participaram do esforço para tirar da Europa os "israelitas católicos", como eram chamados. No total, 959 pessoas foram salvas nessa operação.

No navio que o trouxe ao Brasil, o arquiteto polonês conheceu quatro famílias que se tornariam investidoras e incorporadoras de seus prédios no país. Finalmente, em março de 1940, os Korngold, após desembarcarem em Santos, seguiram para São Paulo, onde se alojaram em uma pensão para imigrantes na Bela Vista.

Com ótima formação e domínio de idiomas — como o italiano, bastante útil em São Paulo —, além de bons contatos obtidos durante a longa viagem de navio, Korngold rapidamente se inseriu entre os principais nomes do mercado imobiliário da época. Poucos meses após sua chegada, associou-se ao engenheiro Francisco Matarazzo Neto, que tinha acabado de desfazer sociedade com o arquiteto francês Jacques Pilon. Três anos depois de desembarcar no Brasil, tornou-se sócio do húngaro Francisco Beck, também imigrante, em um escritório de arquitetura.

Seis anos mais jovem que Korngold, Alfredo (originalmente Alfred Jozef) Duntuch chegou ao Brasil em 1941, tendo enfrentado uma travessia ainda mais tumultuada e longa que a do colega para escapar da Europa em convulsão.

Nascido em Cracóvia em 1903, ele cursou engenharia e arquitetura na universidade polonesa mais antiga, a Jaguelônica, fundada em 1364, onde estudaram Nicolau Copérnico e Karol Wojtyła, o papa João Paulo II. Em sua cidade natal, ao longo da década de 1930, Duntuch também foi um arquiteto de sucesso, muito produtivo. Sua obra foi resgatada em 2013, em uma antologia do modernismo arquitetônico polonês organizada pela historiadora Barbara Zbroja.[8]

Um levantamento do pesquisador Jan Kurdziel apontou que Duntuch desenhou em Cracóvia trinta casas projetos residenciais, entre casas e prédios baixos, de três e quatro andares. Ao contrário do que ocorria em Varsóvia, onde o racionalismo bauhausiano já permitia a Korngold uma linguagem moderna, Duntuch mesclava modernidade com toques déco, quase obrigatórios para o classicismo da sua cidade.

Ciente do que acontecia aos judeus na vizinha Alemanha, Duntuch começou a preparar sua fuga da Polônia a partir de 1937 — dois anos antes da invasão pelas tropas alemãs. Suspeitando que a moeda polonesa perderia valor assim que o país entrasse em guerra, transferiu, a contragosto do sogro, o dinheiro da família para a Suíça e comprou pedras preciosas e ouro em Bruxelas, escondendo-os dentro do forro de casacos, como contou sua filha, a decoradora Olga Krell.[9]

Quando os nazistas invadiram a Polônia, nove irmãos de sua mulher, Antonina, foram presos. Um deles, médico-cirurgião, foi forçado a colaborar com experimentos aberrantes desenvolvidos pelos homens de Hitler. Duntuch, Antonina e a pequena Olga, com quatro anos, escaparam escondidos dentro de um caminhão, distribuindo "recompensas" a soldados poloneses que os deixassem fugir. Vagaram durante quase um ano por Romênia, Sérvia e Turquia, temendo que nenhum desses países fosse seguro o bastante para se instalarem — nos dois primeiros, escaparam por questão de meses dos bombardeios nazistas.

Durante uma estada de cinco meses em Istambul, o arquiteto conheceu o cônsul brasileiro Horácio Sully de Souza, que concedeu vistos a ele e sua família — provavelmente valendo-se da circular secreta n. 1127, de 7 de junho de 1937, que o Itamaraty mandara a seus diplomatas. Nela, proibia-se a concessão de vistos a "semitas", exceto em alguns casos, como os que envolvessem "pessoa de notória expressão cultural, política ou social, assim como artistas contratados".[10]

Com receio de atravessar o vigiado Mediterrâneo, por onde o fascismo também se espalhava, os Duntuch optaram por vir à América do Sul pelo oceano Índico. Da Turquia seguiram para o Iraque, dali continuaram até o porto de Bombaim (atual Mumbai), na Índia, onde fizeram as conexões marítimas que os trariam até o Brasil, não sem antes fazerem escalas no Quênia e na África do Sul. Em março de 1941, quando tinha 38 anos, Duntuch finalmente desembarcou em Recife, acompanhado da mulher e da filha, depois de um périplo de quase dezoito meses. De Pernambuco a família dirigiu-se ao Rio de Janeiro, onde ouviu de amigos poloneses que o futuro parecia mais promissor em São Paulo. Em julho daquele ano, chegaram à Pauliceia e se instalaram em um apartamento de cinquenta metros quadrados na rua Aurora, no centro. Logo no primeiro mês na capital, Duntuch conseguiu um emprego na Severo Villares, então a maior empresa de engenharia da cidade, formada pelos ex-sócios do escritório Ramos de Azevedo.

"Nascidos no Império Austro-Húngaro, esses imigrantes judeus falavam vários idiomas, muitos tinham estudado na França, já tinham exercitado o dom de se enturmar e conhecer gente", diz a engenheira

*O polonês de origem judaica Luciano Korngold, já celebrado arquiteto em Varsóvia, chegou ao Brasil aos 43 anos, graças a uma cooperação entre o Itamaraty e o Vaticano.*

e arquiteta Anat Falbel, autora de um dos mais completos estudos sobre os arquitetos imigrantes no Brasil.[11] Tanto Korngold como Duntuch eram bons pés de valsa, revelam a nora do primeiro, Vera, e o neto do segundo, Charles Krell — algo fundamental para a socialização naqueles tempos em que os bailes de salão animavam a sociedade.[12] Em São Paulo, Korngold frequentava bailes da Cruz Vermelha e bazares beneficentes, inclusive no Ginásio do Pacaembu. Foi em um desses eventos que conheceu a americana Marjorie Prado, mulher do empreendedor imobiliário Jorge da Silva Prado, fundador do Iate Clube de Santos e do antigo Hotel Jequitimar, no Guarujá, que reunia a elite paulistana na ainda glamorosa Baixada Santista. Marjorie apresentou Korngold a vários de seus amigos (e potenciais clientes).

Por volta de 1943, tanto Korngold quanto Duntuch conheceram a condessa franco-brasileira Germaine Burchard, herdeira do judeu alsaciano Martinho Burchard, criador de alguns dos maiores loteamentos de São Paulo no final do século xix — foi ideia dele o Boulevard Burchard, depois chamado Higienópolis. Dona de grandes glebas de terras em bairros então pouco povoados, como Perdizes e Sumaré, Germaine estava casada com um príncipe polonês exilado no Brasil, Roman Sanguszko,* que se tornaria amigo de ambos os arquitetos refugiados. O casal de nobres passou a fazer encomendas aos dois profissionais, alternadamente.

Em 1952, quando Germaine quis transformar em hotel um edifício de apartamentos projetado nos anos 1930 e que leva até hoje o seu nome, foi Korngold quem se encarregou da reforma. Dos anos 1950 a 1970, o prédio, vizinho à igreja de Santa Ifigênia, na avenida Cásper Líbero, abrigou o Hotel Alvear; de 1980 a 1990, o Hotel Marian; e em 2010 voltou a ser um edifício de apartamentos. A condessa e o príncipe moraram na cobertura por vários anos, apreciando a vista para o viaduto de estilo art nouveau.

---

* Germaine Burchard se tornara condessa de Gontaut-Biron ao se casar com Armand, em 1917. O marido morreu um ano e meio depois, e ela se casou mais tarde com Sanguszko. O casal transitava no eixo Paris-Rio de Janeiro e fazia visitas frequentes a São Paulo para cuidar de seus muitos imóveis. Germaine era proprietária da chácara onde foi instalada a puc, em Perdizes.

Germaine não foi o único contato importante de Korngold, que também foi apresentado ao empresário Leon Feffer, para quem projetou cinco prédios, incluindo a sede de sua empresa, a Cia. Suzano de Papel e Celulose.

São Paulo recebia muitos desses profissionais imigrantes com um deslumbramento provinciano (sorte desses arquitetos), sem dispensar, porém, a burocracia local e certa xenofobia. Até 1918, estrangeiros não

*O polonês Alfredo Duntuch diante do Hotel Toriba, em Campos do Jordão, que ajudou a projetar; a construtora do arquiteto, Luz-Ar, fez dezenas de edifícios em São Paulo.*

eram aceitos no Jockey Club ou no Automóvel Clube, e eram raros os casamentos de pessoas da elite local com judeus ou italianos.

Na era Vargas, a legislação complicou ainda mais a vida dos imigrantes — os que vinham para trabalhar nas lavouras eram bem-vindos; os profissionais liberais, não. O decreto federal n. 23 569, de 1933, determinou que só brasileiros natos e naturalizados que tivessem prestado serviço militar no país poderiam exercer as profissões de engenheiro, arquiteto e agrimensor. A revalidação de diplomas de universidades estrangeiras também só era permitida a brasileiros natos.

A lei só seria modificada em setembro de 1946, já no governo Dutra, permitindo que estrangeiros atuassem como arquitetos ou engenheiros desde que tivessem se formado aqui ou revalidado seu diploma. Para a revalidação, eram aplicados exames acerca de três matérias do ensino médio de então.

Para refugiados, provar sua formação na pátria de origem era algo ainda mais complicado, porque muitos deles haviam deixado suas casas às pressas, sem apanhar a papelada que a burocracia brasileira exigia, e pouca informação podia ser recuperada em meio a bombardeios e ruínas. A naturalização era uma alternativa, mas se exigiam dez anos ininterruptos de moradia no país ou a posse de imóveis em nome próprio. O prazo poderia ser reduzido caso o candidato demonstrasse sua "inserção econômica e social".

Korngold naturalizou-se cidadão brasileiro em 1949, nove anos depois de sua chegada ao país, mas levou treze anos para poder assinar suas construções (o seu registro saiu só em 1953, ou seja, demorou até mais que os doze anos que Franz Heep posteriormente aguardaria).

O que restou a Korngold e a vários de seus colegas imigrantes, enquanto não tinham naturalização brasileira nem registro profissional, foi criarem suas próprias construtoras. Assim, puderam exercer sua profissão, ganhar mais dinheiro e driblar a burocracia — algum funcionário brasileiro, em geral recém-formado, assinaria os projetos, artifício a que recorreu o arquiteto de Varsóvia.

Mesmo depois de naturalizado e legalmente registrado, Korngold continuou a dar emprego para jovens arquitetos que o procuravam, como ocorreu com Abelardo Gomes de Abreu, que, depois de dois anos de trabalho nos Estados Unidos, se tornou sócio do polonês por quase quatro anos, a partir do final dos anos 1950. Foi um amigo que lhe sugeriu o nome de Korngold, que "não dava conta do trabalho" por ter uma equipe pequena. "Fui lá, falei que só projetava, que não queria construir, e Korngold me disse: 'Olha, tenho esse prédio aqui, daqui a uma semana me mostre o que você pode fazer'. Viramos sócios quase automaticamente", conta Abreu, segundo o qual o negócio de Korngold funcionava mais como uma firma construtora do que como um escritório de arquitetura. "Ele resolvia as coisas no canteiro de obra, rapidinho. Dizia: 'Falta o parapeito da escada, faça assim. Leva para o serralheiro. Meus amigos sabem que vou entregar, não vai cair'. O filho dele tocava as obras."[13]

Korngold também foi responsável pelo primeiro arranha-céu moderno de São Paulo, o CBI-Esplanada, maciço branco de escritórios da Companhia Brasileira de Investimentos, construído atrás do Theatro Municipal e ao lado do antigo Hotel Esplanada. Com suas linhas retas e desprovido de adornos, o edifício destoava do estilo de todos os vizinhos no Anhangabaú — por exemplo, o bolo de noiva Martinelli e o prédio do Banco do Estado de São Paulo (o Altino Arantes, inspirado no nova-iorquino Empire State), com seu aspecto déco. Ali no entorno, comparados à nova torre de 33 andares, o Theatro Municipal, o Hotel Esplanada, o antigo Mappin, a antiga Light e o edifício Matarazzo pareciam "velharias", como os modernos se referiam às construções antigas.

Projetado em 1946 e terminado em 1951, o CBI-Esplanada nasceu de uma empreitada das famílias Guinle e Caldeira, do Rio de Janeiro, em associação com investidores poloneses recém-chegados ao país, como Henryk Spitzman Jordan, do setor petroleiro. Um dos últimos financiadores do negócio foi Orozimbo Roxo Loureiro — e, graças a essa aproximação com os Guinle, o sócio do BNI conheceria os americanos aos quais se associaria para fazer o Copan.

O CBI-Esplanada atraiu a atenção da revista francesa *L'Architecture d'aujourd'hui*, que em 1948 destacou os feitos técnicos e o conforto das instalações do prédio.[14] O impacto do edifício — em concreto armado, com 50 mil metros quadrados de área construída em um

CBI-Esplanada (1946), o primeiro arranha-céu racionalista de
São Paulo. Korngold conseguiu contornar determinações de autoridades
municipais, que exigiam adornos na fachada.

terreno de apenas 1300 metros quadrados — deveria ter sido ainda maior: a ideia inicial de Korngold era fazer o prédio com estrutura em aço, material com o qual já havia trabalhado na Polônia. No Brasil de 1946, porém, a Companhia Siderúrgica Nacional não tinha capacidade de fornecer o material, e a importação do aço americano encareceria demasiadamente o custo da obra (além disso, não havia no país suficiente mão de obra com experiência em estruturas metálicas dessa dimensão). Foi assim que o CBI-Esplanada se tornou a maior estrutura de concreto armado do Brasil.

Em suas plantas, circulação e sanitários foram concentrados no centro do andar, dando flexibilidade para os escritórios e garantindo ventilação e iluminação. Korngold conseguia escapar dos dogmatismos modernos, cheios de regras sobre o que era certo e errado, reunindo, entre suas muitas influências, o classicismo que aprendera na universidade, os modernismos polonês, bauhausiano e corbusiano, que também estudara, e as estruturas metálicas dos arranha-céus americanos que o fascinavam nas revistas estrangeiras.

O sucesso do CBI-Esplanada rendeu a Korngold diversas encomendas de prédios de escritórios, do Palácio do Comércio (1954), na esquina das ruas Conselheiro Crispiniano e 24 de Maio, à Bolsa de Cereais (1955), na avenida Senador Queiroz, e ao edifício Wilson Mendes Caldeira (1958), na praça da Sé, feito com a ansiada estrutura metálica e todo em pele de vidro. Projetado por Korngold em coautoria com o arquiteto Jorge Zalszupin, o prédio foi celebrado pelos jornais como o mais moderno de São Paulo. Em 1975, seus trinta andares, com 364 escritórios, foram transformados em entulho, na primeira implosão de um prédio no país. A área na praça da Sé deu lugar à atual estação do metrô.[15]

O talento de Korngold ficaria evidente em projetos mais singelos, com linguagens que destoavam do que se considerava "moderno" (corbusiano ou bauhausiano) no Brasil. Quando passamos pela rua São Vicente de Paulo, em Santa Cecília — especialmente a pé, que sempre é o melhor jeito de apreciar a arquitetura —, um edifício residencial que leva o nome da rua destoa na vizinhança do bairro. O prédio de onze andares, revestido de tijolos vermelhos e com janelas verdes, foi erguido por uma cooperativa criada por 107 famílias em 1949, sem fins lucrativos.

O projeto do prédio com 110 apartamentos — erguido no terreno de outro imigrante polonês, Roman Landau — tem boas ideias arquitetônicas, simples e econômicas. As colunas da entrada foram revestidas de aerolite, pedra natural mais fina e barata, que também foi aplicada nas paredes e no piso. Tijolos laminados estão presentes na fachada e nas paredes do saguão, que também conta com pastilhas de vidro, então abundantes e baratas. Por último, singelas chapas de Eternit servem para dar movimento à fachada.

O condomínio era formado pela elite do funcionalismo público estadual e por industriários, que recorreram ao financiamento do IAPI — o mesmo instituto que já financiara o edifício Anchieta, na avenida Paulista. O coletivo bastante eclético de investidores tinha desde professores e funcionários do Museu do Ipiranga até o então secretário de Obras Públicas, Lucas Nogueira Garcez (que no futuro seria gover-

*Edifício Fabíola, projeto de Luciano Korngold, de 1960. Com vista para a praça Buenos Aires, o prédio chama a atenção pelo relevo de Liuba Wolf, artista búlgara radicada em São Paulo e conhecida por suas esculturas em bronze.*

nador de São Paulo). Quando ficou pronto, em 1953, Ruth e Fernando Henrique Cardoso, então dois professores assistentes da USP recém-casados, se mudaram para lá. Conforme o trato feito com o condomínio, Korngold ficou com um apartamento para ele.

*Edifício Intercap, projetado por Luciano Korngold para os irmãos Nelson e Wilson Mendes Caldeira, donos do banco de títulos de capitalização homônimo. As linhas decididamente modernas conseguem incluir tons e cores dos neoclássicos vizinhos.*

Três tipos de unidades foram planejadas: com um, dois e três quartos, de 94, 116 e 134 metros quadrados, respectivamente. Que um apartamento de um quarto ocupasse mais de noventa metros diz muito da generosidade envolvida no projeto. Os moradores toparam pagar por duas esculturas, colocadas na entrada, feitas pelo artista Bruno Giorgi, famoso por duas obras em Brasília, *Candangos* e *Meteoro*, esta última instalada no espelho de água do Palácio do Itamaraty.

Korngold também criou diversos prédios residenciais no centro — como o Intercap, na praça da República (o prédio bem moderno colado ao neoclássico São Luiz) — e em Higienópolis — como o Fabíola, na rua Piauí, diante da praça Buenos Aires, o Chopin, na rua Rio de Janeiro, e o Higienópolis, na esquina da avenida homônima com a rua Sabará, onde o próprio arquiteto morou até o fim da vida, com a esposa, Eugenia. Documentados, são mais de trinta edifícios de escritórios e residenciais, além de galerias de lojas e casas, construídos por Korngold em São Paulo.

Duntuch seguiu caminho semelhante ao de Korngold em seu primeiro ano no Brasil. Como o arquiteto de Varsóvia, o de Cracóvia arrumou logo um emprego em uma das maiores firmas de engenharia, arquitetura e construção, a Severo Villares. Porém, tomou mais rapidamente que Korngold a decisão de deixar de ser funcionário e criar sua própria construtora. Assim fundou a Luz-Ar, pois, para Duntuch, esses eram os dois elementos mais importantes em qualquer construção.

Com esse nome hippie avant la lettre, em plena década de 1940, a construtora faria diversos edifícios residenciais de alta qualidade em Higienópolis — como os prédios gêmeos Piauí I e Piauí II, na esquina da rua homônima com a rua Dr. José Pereira de Queiroz, e, na mesma rua Piauí, o Professor Vilaboim, vizinho ao icônico Louveira, de João Batista Vilanova Artigas. Depois de se naturalizar, em 1950, Duntuch ergueu o mais conhecido de seus prédios, o Paquita, na praça Buenos Aires, com pilotis, mosaicos de pedras na quina da entrada — um agrado artístico para quem está na calçada —, além de um espaço comercial no térreo, há anos ocupado por um restaurante.

Ainda em Higienópolis Duntuch construiu o Kumpera, na rua Conselheiro Brotero, com pilotis revestidos de pedra canjiquinha — uma tropicalização da sua arquitetura do Leste Europeu, já que essa técnica, que se tornou tendência na São Paulo dos anos 1950, provém

*Edifício Kumpera, na rua Conselheiro Brotero: projeto de Alfredo Duntuch para os irmãos Kumpera tem 33 apartamentos com pioneiros espaços para home office.*

do interior de Minas Gerais, com seu uso de tiras finas de pedra, em camadas. Na região da Paulista, projetou o residencial Anita, na rua Haddock Lobo, entre a avenida Paulista e a rua Luís Coelho, empreendimento do amigo Joel Ostrowicz (marido de Anita e pai de Paquita, homenageadas nos prédios), e o Serra Azul, na esquina das ruas São Carlos do Pinhal e Pamplona, para onde o arquiteto se mudou com Antonina. Com pelo menos vinte residenciais no currículo, Duntuch desenhou ainda diversas fábricas, como a primeira sede da Mercedes-Benz, em São Bernardo do Campo, e um hotel em Campos do Jordão. Apesar de ter perdido para Henrique Mindlin o concurso do projeto da sede da Congregação Israelita Paulista, na rua Antonio Carlos, foi encarregado de sua construção pelo colega, que vivia no Rio.

Além de contratar profissionais brasileiros para tocar muitas encomendas e assinar legalmente os projetos, Duntuch e Korngold deram as primeiras oportunidades de trabalho a outros arquitetos judeus poloneses mais jovens radicados no Brasil, que em pouco tempo se tornariam referências na arquitetura e no design do país. Talento atrai talento.

Um dos maiores designers brasileiros do século xx começaria com Korngold sua carreira no país. Fugindo dos nazistas, que haviam matado sua mãe, Jorge Zalszupin deixou a Polônia e se estabeleceu na Romênia, onde estudou arquitetura. De lá, foi para a França, onde descobriu "a arquitetura brasileira nas revistas".[16] No navio que o trazia para o Rio de Janeiro, conheceu uma sobrinha de Korngold, que sugeriu a ele que procurasse seu tio. De início, Zalszupin queria morar no Rio, como muitos dos imigrantes recém-chegados, e preferiu, sem sucesso, procurar trabalho em escritórios cariocas. Em 1949, aos 27 anos, encontrou pela primeira vez Korngold, de passagem pelo Rio a negócios. O jovem arquiteto conseguiu convencer o já bem-sucedido veterano, que estava hospedado no Copacabana Palace, a acompanhá-lo até sua pensão na Lapa para ver o único projeto que tinha para mostrar, em cartolinas e moldura, pregadas na parede do quarto para abafar o barulho de um vizinho mais animado.

O que Korngold viu pendurado de forma improvisada na parede foi suficiente. Ele disse a Zalszupin: "Faça a mala e venha comigo". O jovem pediu alguns dias para fazer a mudança. Ao desembarcar em Congonhas, Korngold o esperava de carro. A primeira impressão de São Paulo não foi lá muito boa — e Zalszupin nem se referia à ausência de praias ou do Pão de Açúcar. "Do aeroporto até a avenida Brasil as ruas ainda eram de terra", descreveu em uma entrevista.[17] Mas Korngold lhe deu mais que carona e emprego: já tinha reservado um quarto para ele em uma pensão na avenida Rebouças e assegurado que fizesse as refeições na casa de outros amigos imigrantes. O recém-chegado retribuiu rapidamente. Zalszupin começou a projetar casas, lojas e prédios, tendo colaborado no desenho final do CBI-Esplanada. Em poucos anos, abriu seu próprio escritório. Em 1959, uma década depois de sua chegada ao Brasil, decidiu fazer móveis em série em seu "laboratório", chamado L'Atelier. Pouco depois, instalou sua loja no recém-inaugurado (e glamoroso) Conjunto Nacional.

O arquiteto Victor Reif também se beneficiou de projetos e contatos que lhe foram passados por Korngold e Duntuch. Nascido em 1909 na histórica Przemyśl, no sul da Polônia, Reif se formou na Faculdade de Arquitetura da Universidade Técnica de Berlim. Passaria boa parte da década de 1930 trabalhando em Varsóvia. À medida que as tropas de Hitler avançavam, começou a se mudar de cidade em cidade. Mesmo nessa situação instável, continuou a trabalhar, até ser preso pelos nazistas e enviado, primeiramente, ao campo de concentração de Gross-Rosen, na Silésia, e, depois, ao de Plaszow, perto da fronteira com a Tchecoslováquia. Chocado com a devastação da Polônia e pessimista em relação aos rumos do país sob o comunismo soviético, decidiu embarcar, com a esposa e a filha, para o Rio de Janeiro, aonde chegou em novembro de 1950, pouco depois de completar 41 anos. Logo tomou o caminho da via Dutra e se estabeleceu em São Paulo. Foi um dos principais arquitetos da construtora Luz-Ar, de Duntuch. Depois de naturalizar-se brasileiro, apenas três anos após aportar no país, conseguiu, em 1954, o registro do Conselho Regional de Engenharia e Agronomia (Crea) — um caso raro, pela velocidade com que foi concedido a um estrangeiro — e, em 1957, tornou-se tesoureiro do Instituto dos Arquitetos do Brasil (IAB-SP), cargo no qual permaneceu até 1961.

Dentre os diversos edifícios residenciais que projetou em Higienópolis, destacam-se o Diana, na esquina das ruas Maranhão e Itacolomi (onde morou com a esposa e a filha), o Inajá, na rua Veiga Filho,

*Edifício Itacolomi, projeto de Victor Reif, de 1961. O arquiteto e incorporador também era artista plástico e fez o painel da entrada.*

o Itacolomi, na rua de mesmo nome, e o vizinho deste último, o Manon, na rua Sergipe, feito para o engenheiro e construtor David Stuhlberger, com plantas quadradas, que poupam ao máximo o espaço, evitando, por exemplo, corredores. Também projetou diversas casas, em bairros como Jardim América, Brooklin e Vila Nova Conceição.

Bem estabelecido no Brasil, Korngold enviou seu filho único, Jan Jakob, aos Estados Unidos para cursar engenharia na Universidade de Portland (Oregon). Em 1949, formado, voltou ao Brasil e trabalhou durante muitos anos com o pai. Duntuch também optou pelos Estados Unidos para os estudos de arquitetura da filha Olga, na Universidade Cornell, onde se graduou em 1958 como a única mulher de sua sala. Em Cornell, a turma de trinta estudantes criou seus próprios projetos para Brasília, com maquetes, e Olga apareceu no jornal da universidade como a única brasileira a participar da atividade.[18] Professores americanos chegaram a mandar, por intermédio de Duntuch, cartas para Lúcio Costa, entusiasmados com a aventura da nova capital. De volta ao Brasil, Olga trabalhou pouco tempo com o pai e fez longa carreira como decoradora e editora de revistas de decoração e design, tendo ajudado a fundar a pioneira *Casa Claudia*.

"Era comum que seis ou sete amigos da comunidade judaica, profissionais liberais ou industriais do Bom Retiro, se juntassem e fizessem uma vaquinha para construir um edifício com apartamentos para suas famílias, para vender ou para alugar", descreve André Gorenstein,[19] filho de Leon Gorenstein e sobrinho de Aizik e Elias Helcer, que dirigiram por décadas a construtora Auxiliar. Em um ambiente ainda muito informal, as prestações dos imóveis eram renegociadas diretamente. "Durante um longo café, pessoas que estavam com dificuldades podiam negociar mais dez ou doze prestações no papo mesmo."

A Auxiliar incorporou os residenciais Lausanne, Lugano e Locarno, na avenida Higienópolis, e o Lucerna, onde ficava o cinema Comodoro, na avenida São João, todos desenhados pelo alemão Franz Heep (os edifícios ganharam nomes de cidades iniciadas por "L" visitadas pelos sócios construtores).

Os Helcer eram lituanos de origem judaica que começaram no negócio de loteamento de terrenos na Vila Zelina, na zona leste de São Paulo, onde havia uma forte presença de seus conterrâneos. O patriarca Nachman vendia os lotes, e nas horas vagas ainda distribuía filmes russos em cinemas paulistanos. Seus filhos Elias e Aizik, e seu genro, Leon, estudaram engenharia na USP.

O modelo de sociedade anônima formada por um grupo de amigos para levantar um prédio foi repetido por muitas outras construtoras, como a Esmeralda, do engenheiro Marjan Fromer e do arquiteto Majer "Marcos" Botkowski, ambos poloneses que chegaram ao Brasil ainda novos e aqui estudaram. Eles fariam dezenas de prédios no centro e em Higienópolis — dois dos mais vistosos ficam na avenida Angélica, o Buenos Aires e o Ouro Preto. "O arquiteto virava sócio nesses empreendimentos. Em vez de receber honorários, tinha uma porcentagem das unidades, dos apartamentos", conta o arquiteto Isay Weinfeld,[20] que chegou a conhecer Botkowski, pois foi o polonês que projetou a casa de seus pais.

Outro jovem arquiteto de origem judaica, João Kon, também tomaria um rumo independente, projetando, incorporando e construindo seus próprios prédios. Um ano antes de se formar no Mackenzie, em 1955, Kon já tinha lançado seu primeiro edifício de apartamentos, o Primavera, na rua Peixoto Gomide, no então calmo e predominantemente horizontal Jardim Paulista. Como a lei ainda permitia, o prédio ocupou todo o terreno, sem recuos na frente ou nas laterais. As janelas funcionam em sistema de contrapeso, deixando o vão aberto. As venezianas são de madeira. Os 24 apartamentos foram feitos para 24 famílias de origem judaica, nos mesmos moldes das sociedades condominiais que adquiriam um terreno e financiavam a construção a preço de custo.

Associado ao irmão engenheiro Samuel, João Kon lançou alguns poucos edifícios na década de 1950 e no início da de 1960, como o Lorena e o Garça Real, ambos no Jardim Paulista, e o Alvorada, o Albatroz e o Juriti, em Higienópolis. Nas décadas seguintes a produção aumentou, e sua empresa seria um raro caso de pequena construtora dos anos 1950 a sobreviver às profundas transformações do mercado, como ele mesmo recorda: "Fui muito cauteloso com o dinheiro e com os lançamentos, vi muita gente quebrar".[21]

Se Kon tinha uma linguagem bem definida, uma assinatura marcante com variações do mesmo tema, seu colega Israel Galman parecia fazer questão de variar sempre. Em um de seus melhores projetos, o Carinás, na avenida Angélica, colocou terraços e salas na lateral, por causa da insolação, mas foi prejudicado pela construção do maciço Parque das Hortênsias, de Artacho Jurado. Seu projeto seguinte, o

*Marcos Botkowski ao lado da maquete do edifício Los Angeles.*

Suzana, na rua Bela Cintra, evitou um contratempo parecido: apesar de também posicionadas na lateral, as janelas são viradas para a frente do edifício, criando um ângulo de 45 graus, para garantir certa distância em relação aos prédios vizinhos. Em outra obra, o Manaus, na alameda Barão de Limeira, Galman alternou a abertura dos terraços, dando ritmo criativo à fachada.

Romeno de origem judaica, Galman imigrou para o Brasil ainda criança com a família, que escapava de um pogrom. Estudou engenharia na Politécnica, mas mudou de faculdade quando a USP inaugurou o curso de arquitetura, onde foi aluno de Vilanova Artigas. Conseguiu emprego na construtora dos irmãos Mindlin — o já consagrado Henrique Mindlin havia mudado para o Rio de Janeiro alguns anos antes, mas ainda tinha várias encomendas na cidade. Vislumbrando possibilidades de ser construtor, Galman vendeu a casa que o pai lhe dera de

*Finalização das obras do edifício Suzana, ainda com caixilhos de madeira. A foto pertence à brochura dada aos moradores na entrega.*

presente de casamento para poder criar sua própria empresa no ramo, a Rio Branco. Assim, incorporou e construiu edifícios residenciais no centro, nos Jardins, em Pinheiros e também no Guarujá, quando o modernismo desceu a serra do Mar.

*Fruto da criatividade de Israel Galman, o Suzana, projeto de 1957, adotou janelas laterais inclinadas para a frente do prédio para evitar que torres vizinhas bloqueassem a luz.*

\* \* \*

Além dos judeus, desembarcaria em São Paulo um grupo de arquitetos italianos que rapidamente seria integrado ao mercado. O mais prolífico dos seus membros foi o milanês Giancarlo Palanti, que chegou à capital no final de 1946, aos quarenta anos. Sem demora, ele entendeu a Pauliceia e o país, como deixa perceber uma carta que enviou ao antigo sócio Franco Albini, em Milão, em 1º de fevereiro de 1947, três meses e seis dias depois de desembarcar no Brasil:

> É um país de apenas quatrocentos anos, onde cinquenta anos atrás havia ainda a escravidão, e que nos últimos anos teve um desenvolvimento enorme e veloz como um câncer e, por isso, é pleno de desequilíbrios e de paradoxos [...]. Absoluta imaturidade política (derivada também aqui, em parte, de mais de quinze anos de ditadura, há pouco tempo encerrada) e, no fundo de tudo isso, uma grande indolência produzida pelo clima e pelas particulares condições do ambiente.
>
> A realização das construções aqui é talvez mais difícil do que na Itália porque, de um lado, há a burocracia, que é muito complicada, muito lenta e muito mais correta que a nossa; de outro lado, há grande carência de boa mão de obra, de bons assistentes, de operários especializados para instalações prediais etc. etc., e além disso há grande escassez de bons materiais e bons produtos para a construção e, sobretudo, para acabamentos [...]. De qualquer modo... Constrói-se e constrói-se muito.
>
> Constrói-se muito porque a crise das habitações é quase tão aguda aqui quanto em Milão, devido à migração do campo para a cidade, que tem sido fortíssima nestes últimos anos e que quase duplicou a população de São Paulo em seis ou sete anos.[22]

Palanti chegou a São Paulo acompanhado da noiva, Lily, cuja família vivia no Brasil e havia enriquecido com a indústria de aviamentos (botões, linhas, agulhas) P. Maggi, criada em meados do século XIX. Foram os familiares de Lily que encomendaram ao arquiteto os primeiros trabalhos: um prédio comercial na rua Florêncio de Abreu e um edifício residencial com apartamentos para aluguel na rua Barão de Tatuí, em Santa Cecília, que seria batizado com o nome da noiva. Palanti trabalhou ainda para a construtora dos italianos Segre e Racz e para o arquiteto italiano de origem judaica Daniele Calabi, que passou uma década projetando no Brasil antes de retornar à Itália, em 1949, frustrado por apenas emplacar seus projetos junto à comunidade italiana e por ter percebido que só ganharia dinheiro caso virasse construtor.

Em São Paulo, Palanti logo se associou a um casal que já conhecia de sua terra natal, Pietro Maria e Lina Bo Bardi, com o objetivo de recriar o Studio d'Arte Palma, escritório de design, decoração e antiguidades que Pietro mantinha na Itália. A empresa ocupava um andar do edifício Thomaz Edison, um dos primeiros projetos de Korngold, que também falava italiano e se aproximou do trio. No Studio, Palanti desenhou poltronas, cadeiras, mesas, estantes e luminárias, produzidas na Pau-Brá, fábrica criada por Pietro. O escritório de design queria produzir em série móveis feitos de madeiras brasileiras, mas, por causa da pirataria de seus desenhos e dos altos custos de fabricação local, acabou fechando as portas em 1951, três anos depois de sua criação.

Palanti, então, empregou-se como diretor de projetos de uma construtora recém-criada por Alfredo Mathias, engenheiro paulistano filho de imigrantes sírios. Nascido no mesmo ano de Palanti (1906) e formado pela Escola da Politécnica da USP, Mathias começara a carreira como funcionário público, fiscalizando entre os anos 1930 e 1940 obras como a lenta finalização do Palácio da Justiça (eclético, projeto de Ramos de Azevedo, inaugurado em 1942) e a sede neocolonial, com elementos barrocos, da Faculdade de Direito do Largo São Francisco, terminada em 1941.

Criada em 1950, a Alfredo Mathias — uma das construtoras que mais cresceriam nas décadas de 1960 e 1970 em São Paulo — encomendou vários prédios ao arquiteto italiano, como o conjunto residencial Chypre-Gibraltar, na esquina da avenida Paulista com a rua da Consolação, e o anexo Cine Trianon (que depois receberia o nome Belas-Artes). Palanti também modernizou o projeto da torre Conde de Prates, no

Anhangabaú, com vista para o CBI-Esplanada, e criou residenciais na avenida Angélica. Simultaneamente, fez expografia e decorações, e desenhou as lojas locais da empresa Olivetti. A sua parceria com Mathias sobreviveu até 1955, quando Palanti fez sociedade com Henrique Mindlin. Por dez anos, Palanti dirigiu os projetos paulistanos do escritório de Mindlin.

O casamento com Lily jamais ocorreu. Palanti acabou conhecendo e se casando com Dirce Maria, filha do pintor e sambista Heitor dos Prazeres, que escreveu com Noel Rosa a marchinha carnavalesca "Pierrô apaixonado". Dirce e Heitor eram frequentadores do Clubinho dos Artistas, instalado no subsolo do IAB, do qual Palanti foi um dos diretores. Ali, de vez em quando, Dirce também cantava. O casal teve seis filhos.

Como Korngold, Palanti tivera um bom currículo antes de migrar ao Brasil. Trabalhara como redator e editor de revistas de arquitetura de prestígio, como *Domus* (com Gio Ponti) e *Casabella*, fora selecionado para a Trienal de Milão em 1936 e participara da elaboração do Plano Diretor dessa cidade. Além disso, dera aulas no influente Politécnico de Milão por mais de uma década.

Curiosamente, nem ele, nem Korngold, nem Duntuch deram aulas no Brasil. Da numerosa legião estrangeira e experiente que aportou aqui, apenas Heep e Reif atuaram como professores — ambos no Mackenzie. Lina Bo Bardi chegou a dar aulas na USP por dois anos, como visitante, mas não conseguiu ser contratada, embora tenha se inscrito em um concurso para a cadeira de teoria da arquitetura, adiado várias vezes entre 1955 e 1957 e nunca realizado. Em 1958, foi convidada para dar palestras na Faculdade de Belas-Artes da Universidade da Bahia e acabou passando uma boa temporada em Salvador, fazendo pesquisas e obras.

Outro italiano que passou despercebido pela academia, mas que produziu pelo menos quinze residenciais cobiçados até hoje, especialmente na região da Paulista e na avenida Higienópolis, foi Guido Gregorini. Ele imigrou para o Brasil em 1948, meses após se formar arquiteto em Veneza, aos 25 anos. No terceiro ano na Pauliceia, cairia nas graças do engenheiro polonês de origem judaica Arão Sahm, que também tinha trabalhado com os irmãos Mindlin e feito várias obras públicas e industriais nos anos 1940. No entanto, em 1951, Sahm decidiu seguir carreira solo e se tornar incorporador residencial. Então decidiu, coisas da época, fazer um concurso entre arquitetos para seu primeiro edifício, o Etal, na rua Cincinato Braga — e o jovem Gregorini venceu. A parceria entre os dois renderia quinze residenciais, como o Azul e Branco, na rua Oscar Freire, Curitiba e Porto Alegre, na alameda Santos, e o Casa Branca, na via homônima. Apartamentos de tamanhos variados, pastilhas azuis, brancas e verdes, fachadas com ritmo, grandes jardins e áreas comuns e pilotis são recorrentes em muitos deles. Gregorini jamais revalidou o diploma aqui — suas criações eram assinadas por Sahm.

Nos Estados Unidos, na década de 1930, antes da entrada dos americanos na guerra, a absorção do talento imigrado se deu nas mais influentes universidades. Dois diretores da escola alemã Bauhaus, Walter Gropius e Mies van der Rohe, foram convidados para dirigir as faculdades de arquitetura de Harvard e do Instituto de Tecnologia de Illinois, respectivamente. Outros nomes consagrados dessa vanguardista escola alemã também receberam propostas para lecionar, como Marcel Breuer, em Harvard, e Erich Mendelsohn, em Berkeley. Mies chegou a ser convidado a desenhar o campus do Instituto de Tecnologia em Chicago e de vários de seus prédios. Os americanos foram rápidos ao assediar os forasteiros experientes, oferecendo-lhes cargos e comissões.

Talvez o endurecimento da política de imigração dos Estados Unidos tenha levado muitos europeus a procurar outros destinos. A Grande Depressão (em 1933, o desemprego ultrapassou a taxa de 25% no país) e o antissemitismo solapavam qualquer política governamental de portas abertas. Por fim, a entrada na Segunda Guerra Mundial após o ataque japonês a Pearl Harbor, no final de 1941, espalhou entre os americanos o temor de que alemães e italianos pudessem ser espiões do Eixo. O país que recebera mais de 1 milhão de imigrantes por ano na primeira década do século xx acolheu menos de 100 mil em 1937. E os números continuaram a murchar até 1944, quando o presidente Franklin D. Roosevelt foi convencido a dar asilo a 400 mil refugiados europeus.

Com as portas americanas semicerradas para os estrangeiros, arquitetos menos famosos da Europa passaram a considerar o Brasil uma alternativa. As universidades do país quase não aproveitaram essa diáspora, mas o mercado soube se valer do talento dos imigrantes — e foi assim que um casal de italianos espalhou galerias com sabor modernista-mediterrâneo por boa parte do centro novo de São Paulo.

*O prédio Azul e Branco, na rua Oscar Freire, nos Jardins. Projetado em 1959, é um dos quinze residenciais que o engenheiro Arão Sahm e o arquiteto Guido Gregorini fizeram juntos.*

## 6. As galerias pedem passagem

*As pessoas vão ao shopping principalmente porque podem caminhar por locais tranquilos e seguros, com pisos bem cuidados. As cidades têm muito a aprender com os shoppings. O espaço público deve competir em qualidade e segurança com os corredores dos centros comerciais. Se o lugar para caminhar e ver gente em uma cidade é o shopping, essa cidade está doente.*[1]

ENRIQUE PEÑALOSA*

Sem registro profissional no Crea e fora do radar de quase todo o establishment arquitetônico de São Paulo, os italianos Maria Bardelli e Ermanno Siffredi eram os reis das galerias paulistanas. Antes do surgimento dos shoppings na cidade, os dois dominavam o negócio da *passeggiata* entre vitrines.

O casal criou, na região central, as galerias Nova Barão, Presidente e Sete de Abril, além da pioneira Le Village, na rua Augusta (em frente ao atual Espaço Itaú de Cinema). Mas a mais famosa delas é a Galeria do Rock, até hoje um oásis comercial vibrante em uma área bastante degradada e um exemplo de arquitetura resiliente que sobreviveu aos shoppings. Maria e Ermanno, entretanto, não fizeram apenas galerias. Também é deles o projeto do Hotel Hilton, vizinho ao Copan, e de dois residenciais de luxo em Higienópolis, o Domus e o Nobel-Noblesse.

Os dois se conheceram no curso de arquitetura do Politécnico de Milão, onde estudaram entre 1945 e 1948. Na Itália devastada pela

---

\* Prefeito de Bogotá de 1998 a 2000 e de 2016 a 2019.

# SÃO PAULO A SEUS PÉS

## Guia dos ícones da revolução imobiliária

### PARA SE ORIENTAR NOS MAPAS

- ■ Localização do edifício
- **D** Data do projeto arquitetônico
- ••• Percurso a pé sugerido para conhecer os prédios
- **M** Metrô Linha 1-Azul
- **M** Metrô Linha 3-Vermelha
- **M** Metrô Linha 2-Verde
- **M** Metrô Linha 4-Amarela

Paquita

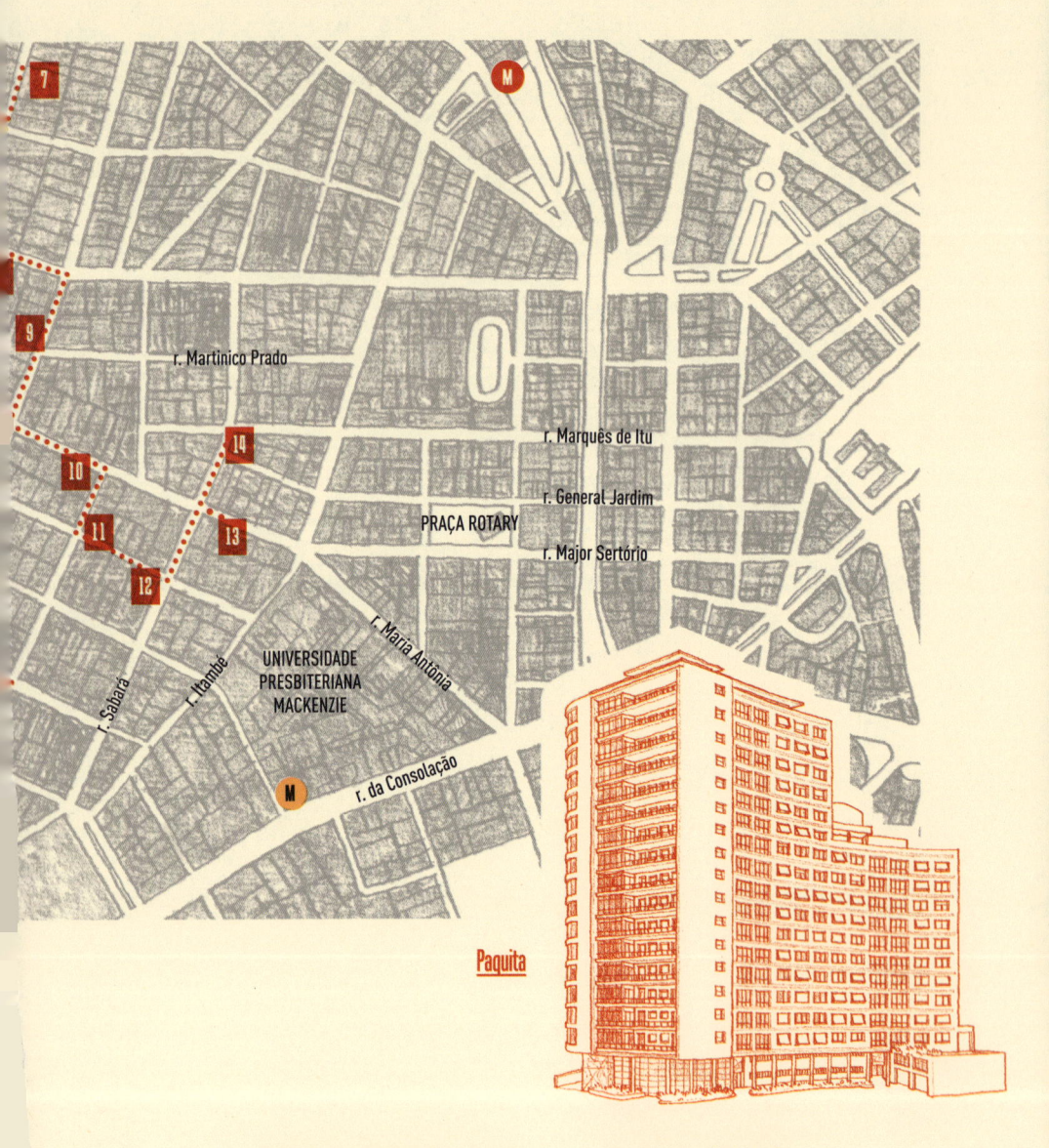

9. **Edifício Parque das Hortênsias**
   av. Angélica, 1106 ⓓ 1952

10. **Edifício Nobel**
    av. Higienópolis, 375 ⓓ 1954

11. **Edifício Diana**
    r. Maranhão, 270 ⓓ 1956

12. **Edifício Cinderela**
    r. Maranhão, 163 ⓓ 1952

13. **Edifício Lausanne**
    av. Higienópolis, 101 ⓓ 1955

14. **Edifício Domus**
    r. Sabará, 47 ⓓ 1958

Parque das Hortênsias

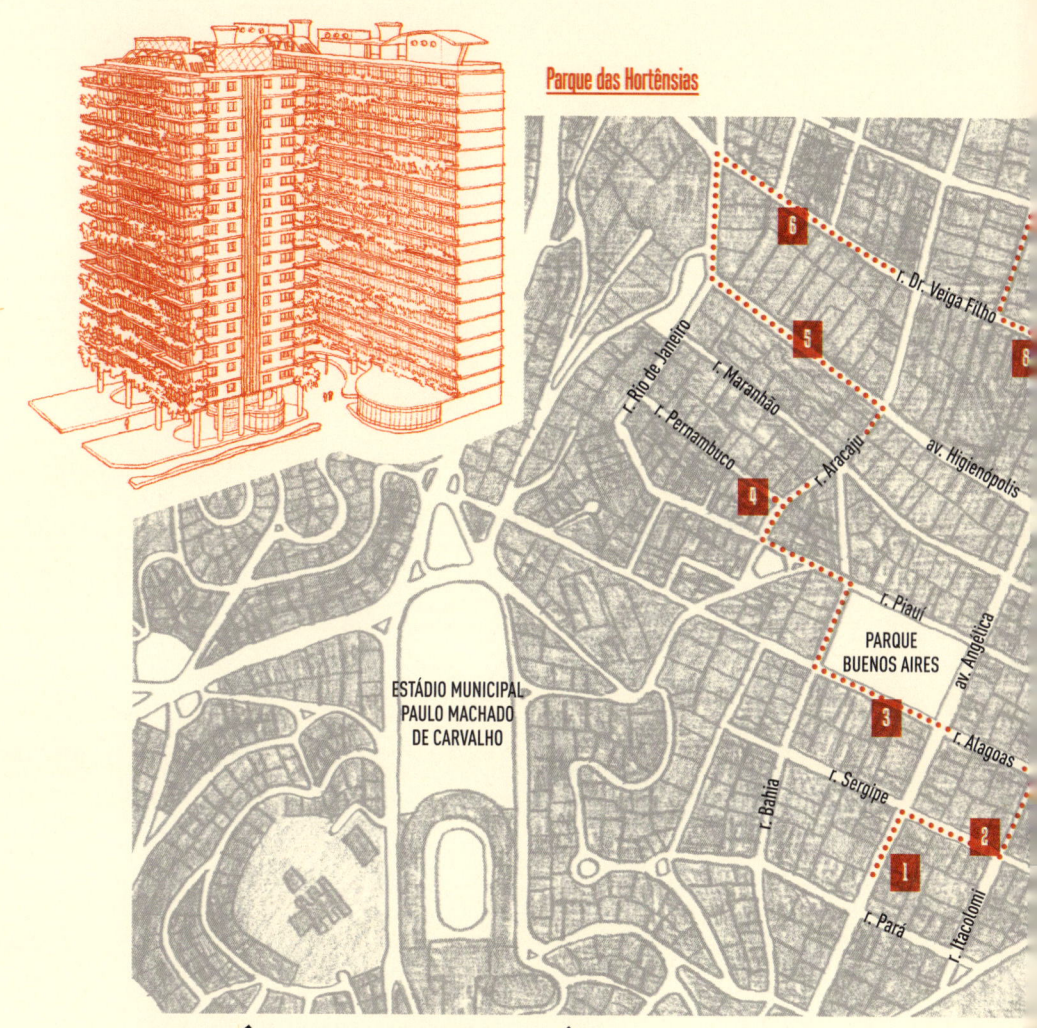

# HIGIENÓPOLIS E SANTA CECÍLIA

1. **Edifício Buenos Aires**
   r. Pará, 126 **D** 1952

2. **Edifício Itacolomi**
   r. Itacolomi, 465 **D** 1962

3. **Edifício Paquita**
   r. Alagoas, 475 **D** 1952

4. **Edifício Arper**
   r. Pernambuco, 15 **D** 1959-5

5. **Edifício Bretagne**
   av. Higienópolis, 938 **D** 1951

6. **Edifício Corina**
   r. Dr. Veiga Filho, 493 **D** 1961

7. **Edifício São Vicente**
   r. São Vicente de Paulo, 501 **D** 1949

8. **Edifício Inajá**
   r. Dr. Veiga Filho, 83 **D** 1964

## CONJUNTO RESIDENCIAL
# JARDIM ANA ROSA

Gregório Serrão I

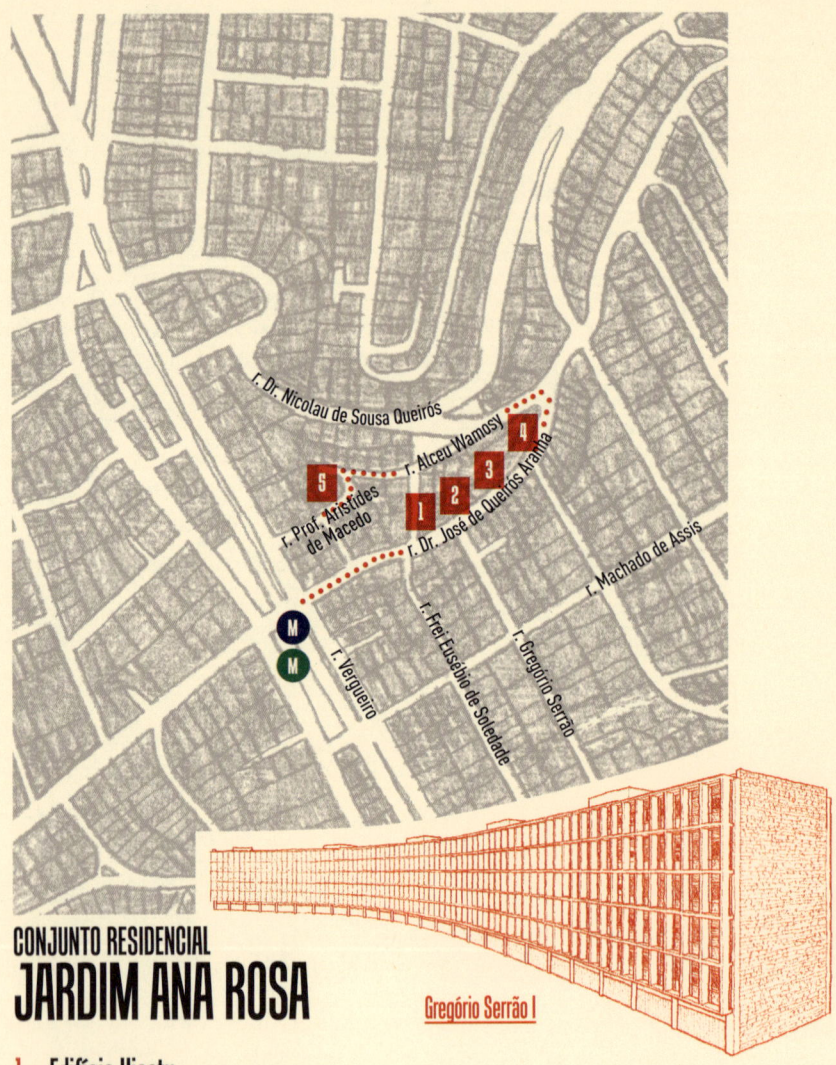

1. **Edifício Hicatu**
   r. Dr. José de Queirós Aranha, 155
   🅓 1952

2. **Edifício Guapira**
   r. Dr. José de Queirós Aranha, 185
   🅓 1952

3. **Edifício Gregório Serrão I**
   r. Dr. José de Queirós Aranha, 245
   🅓 1954

4. **Edifício Gregório Serrão II**
   r. Dr. José de Queirós Aranha, 267
   🅓 1954

5. **Edifício Biacá**
   r. Prof. Aristides de Macedo, 77
   🅓 1954

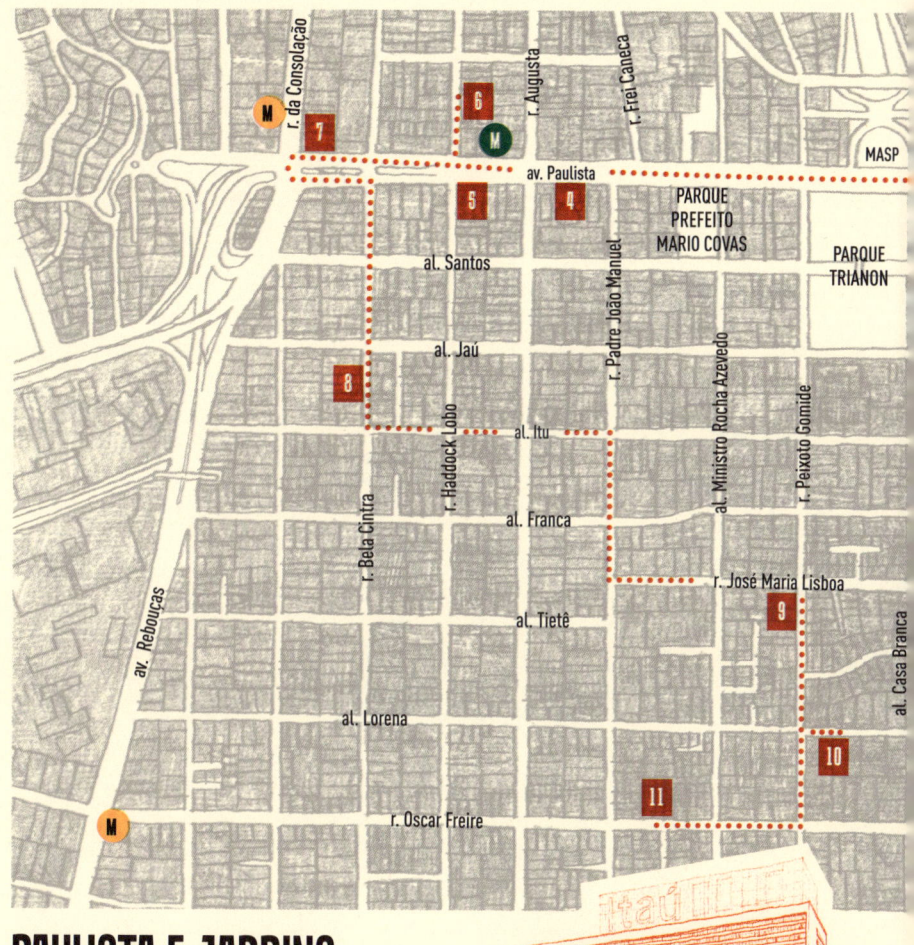

# PAULISTA E JARDINS

1. **Edifício Nações Unidas**
   av. Paulista, 620  D  1953

2. **Edifício Pauliceia**
   av. Paulista, 960  D  1956

3. **Edifício Saint Honoré**
   av. Paulista, 1195  D  1952

4. **Conjunto Nacional**
   av. Paulista, 2073  D  1954-6

5. **Edifício Três Marias**
   av. Paulista, 2239  D  1952

6. **Edifício Anita**
   r. Haddock Lobo, 403  D  1962

Conjunto Nacional

Copan

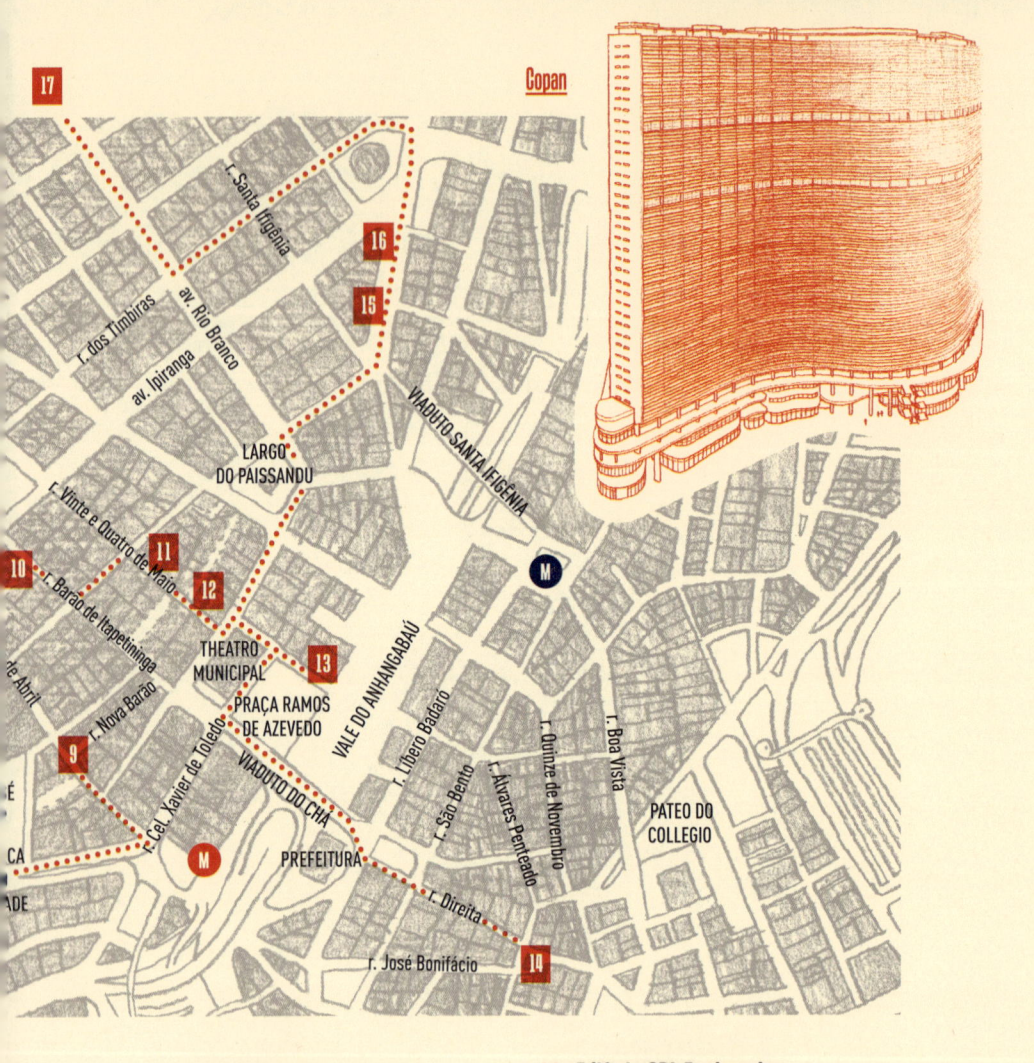

8. **Edifício Louvre**
   av. São Luís, 192 ⓓ 1954

9. **Galeria Nova Barão**
   r. Sete de Abril, 154 ⓓ 1962

10. **Edifício-galeria Califórnia**
    r. Barão de Itapetininga, 255 ⓓ 1951

11. **Galeria Presidente**
    r. Vinte e Quatro de Maio, 116 ⓓ 1962

12. **Grandes Galerias (Galeria do Rock)**
    r. Vinte e Quatro de Maio, 62 ⓓ 1961

13. **Edifício CBI-Esplanada**
    r. Formosa, 367 ⓓ 1946

14. **Edifício Triângulo**
    r. José Bonifácio, 24 ⓓ 1952

15. **Edifício Germaine Burchard**
    av. Cásper Líbero, 59 ⓓ 1955

16. **Edifício Montreal**
    av. Ipiranga, 1284 ⓓ 1951

17. **Edifício Cícero Prado**
    av. Rio Branco, 1661 ⓓ 1953

# CENTRO VELHO E CENTRO NOVO

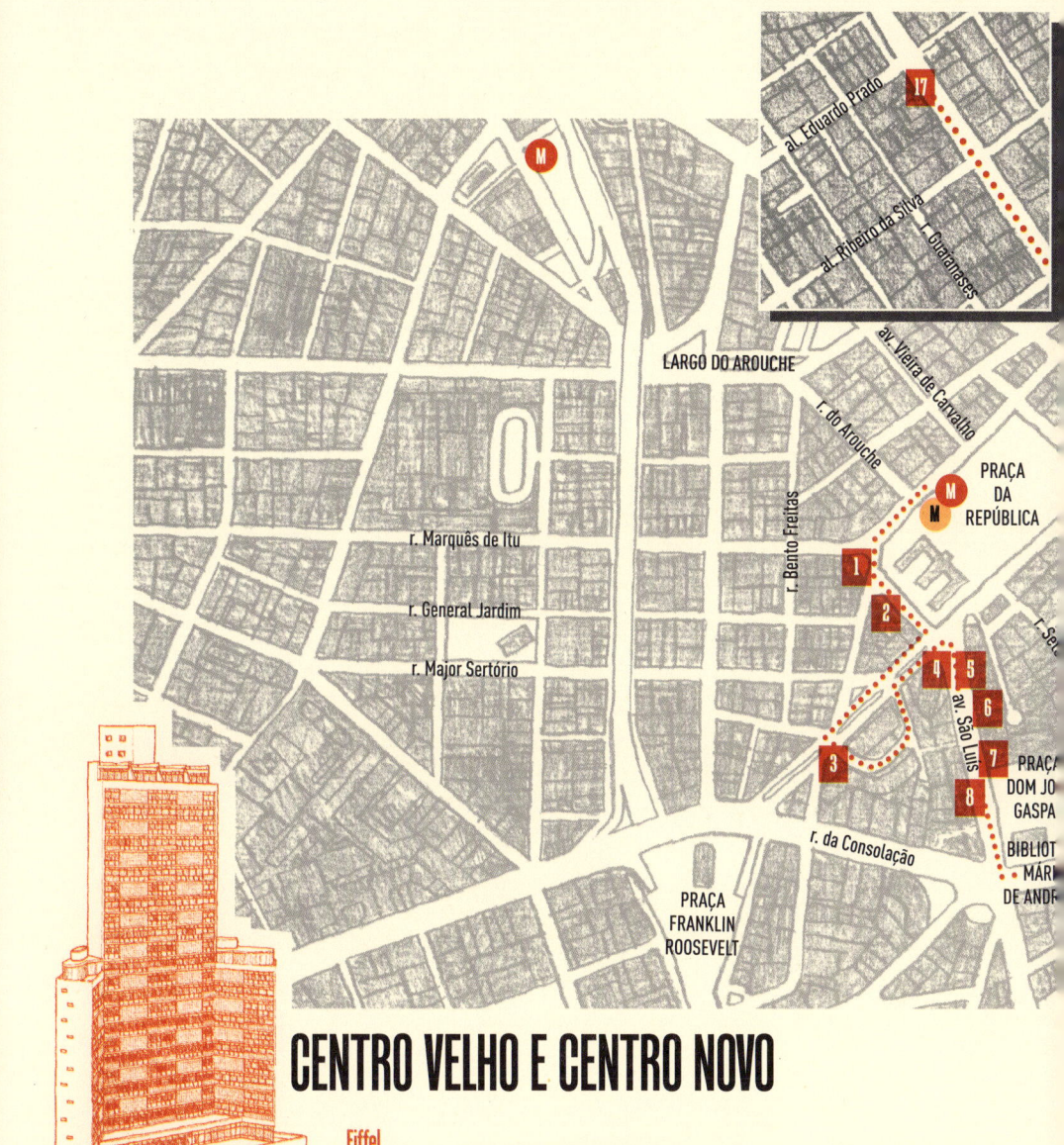

Eiffel

1. **Edifício Eiffel**
   praça da República, 177  1953

2. **Edifício Intercap**
   praça da República, 107  1952

3. **Edifício Copan**
   av. Ipiranga, 200  1951-2

4. **Edifício Itália**
   av. Ipiranga, 344  1954-5

5. **Edifício Ouro Preto**
   av. São Luís, 131  1953

6. **Edifício Moreira Salles**
   av. São Luís, 141  1952

7. **Galeria Metrópole**
   av. São Luís, 187  1959

FUNDAÇÃO
CÁSPER
LÍBERO
**2**  **1**

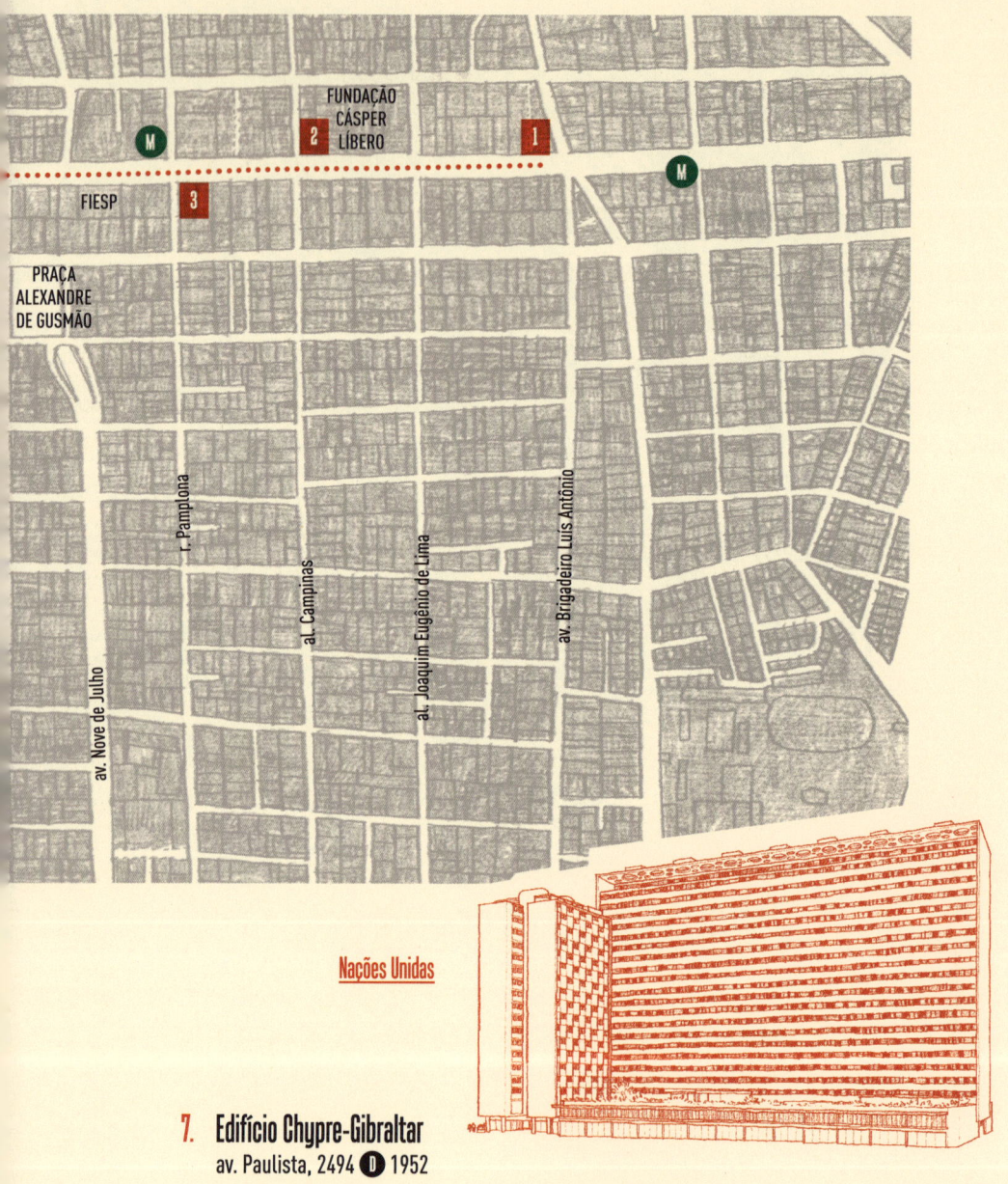

**M**  **M**

FIESP  **3**

PRAÇA
ALEXANDRE
DE GUSMÃO

r. Pamplona

al. Campinas

al. Joaquim Eugênio de Lima

av. Brigadeiro Luís Antônio

av. Nove de Julho

Nações Unidas

**7. Edifício Chypre-Gibraltar**
av. Paulista, 2494  **D**  1952

**8. Edifício Suzana**
r. Bela Cintra, 1450  **D**  1957-62

**9. Edifício Primavera**
r. Peixoto Gomide, 1526  **D**  1954

**10. Edifício Lorena**
al. Lorena, 1057  **D**  1960

**11. Edifício Azul e Branco**
r. Oscar Freire, 416  **D**  1958

guerra, devido às dificuldades para arrumar projetos arquitetônicos eles se ocuparam com pequenos trabalhos de design gráfico e de publicidade. Faziam, antes que esse conceito se popularizasse, *branding* — em especial a programação visual de cidades que queriam promover suas festas típicas.

No início da década de 1950, o casal decidiu migrar. Pensaram primeiramente na Austrália, mas Maria tinha receio de não conseguir aprender inglês. Tentaram também a Argentina, porém o contato com o consulado do país os desanimou. "Parecia uma confusão, era pior que a Itália", conta Sonia Siffredi, segunda esposa e viúva de Ermanno, ao recordar as histórias narradas pelo marido. Por fim, decidiram pelo Brasil, após estabelecerem contato com o diplomata — e sambista — Ary Machado Pavão. "O diplomata contou anedotas, falou de samba, do Carnaval, da arquitetura, até do Zé Carioca, do [Walt] Disney. Ermanno e Maria deixaram o encontro achando o Brasil o máximo."[2]

Em 1950, desembarcaram no Rio de Janeiro. O mesmo cônsul que os convencera a migrar para o Brasil os apresentou ao empresário Adolpho Bloch, que contratou os jovens italianos para desenharem a publicidade de suas empresas. A vida começou a melhorar, e Maria trouxe a mãe e os cinco irmãos para viverem no Brasil. O casal morava havia três anos no Rio quando ficou sabendo do concurso para a nova sede do Circolo Italiano em São Paulo, o futuro edifício Itália. Era a chance que faltava para trocar a publicidade pela arquitetura — sonho protelado da dupla —, em um ambiente de compatriotas. O irmão mais novo de Maria, Mario Bardelli, lembra que Ermanno sempre repetia que "arquitetos precisam ter várias relações sociais, um acervo mínimo de clientes; se você está em um país novo, esses contatos são fundamentais".[3] Amigos de ambos relatam que eles não economizavam nem no charme, nem no visual, a fim de encantar possíveis clientes e sócios.

Primeiramente, eles se associaram ao construtor Nelson Scuracchio, também de origem italiana, dono da construtora Brasília, que tinha acabado de erguer o cinema mais luxuoso de São Paulo, o Marrocos. Embora a competição do edifício Itália tenha sido vencida pela dupla Heep-Meinberg, a nova sociedade deu origem à Nobel Engenharia e Vendas, instalada no prédio do famoso cinema. Depois de projetar alguns poucos prédios simples no centro, como o Amsterdam, na avenida Duque de Caxias, o casal colocou sua experiência na publicidade a serviço da arquitetura.

Com Scuracchio, Maria e Ermanno desenharam, no final de 1954, o edifício Nobel-Noblesse, na esquina da avenida Higienópolis com a rua Itacolomi, com onze andares sobre pilotis, minipainéis de pastilhas brancas e azuis na fachada e um mural na entrada feito por Bramante Buffoni, artista italiano que tinha acabado de migrar para o Brasil. Os anúncios de venda das unidades publicados nos jornais *Folha da Manhã* e *O Estado de S. Paulo* tinham uma linguagem inusitada: "SUSPENSE no mercado imobiliário", "RUSH! Conforto em 3-D".[4] Por vários anos, o casal morou nesse prédio. A poucos quarteirões dali, na esquina das ruas Sabará e Marquês de Itu, Maria e Ermanno projetaram mais um edifício de luxo, o Domus, que se tornaria um dos mais conhecidos de Higienópolis. Com onze andares e um apartamento (de 499 metros quadrados) por andar, conta com enormes terraços circulares, tal qual a proa de um navio, decorados com pequenos furos que lembram um negativo de filme.

Foi, no entanto, com o investidor romeno Benjamin Citron e o engenheiro russo (mas nascido em Catanduva, no interior de São Paulo) Jacob Lerner, ambos de origem judaica, que a dupla de italianos conseguiu financiamento e apoio profissional para desenvolver vários empreendimentos no centro de São Paulo. Com a expansão de seus negócios no setor têxtil, industriais judeus do Bom Retiro começaram a diversificar seus investimentos e a apostar no mercado imobiliário. Como a inflação brasileira não parava de crescer, o investimento em imóveis parecia o ancoradouro mais seguro. Outro nome se juntou à parceria do casal de arquitetos italianos com Citron e Lerner: o engenheiro e construtor Alfredo Mathias, que já tinha trabalhado com o italiano Giancarlo Palanti. Juntos eles desenvolveriam o novo pãozinho quente da segunda metade dos anos 1950: as galerias comerciais, que, ao contrário da térrea e até pequena Califórnia, de Oscar Niemeyer, teriam vários andares e centenas de lojas.

Em 1957, os sócios lançaram dois projetos quase que simultaneamente. O primeiro a ficar pronto, em 1959, foi o edifício-galeria Sete de Abril, na rua homônima, com um terreno de duas frentes — a outra na rua Bráulio Gomes, no miolo cobiçado entre a São Luís e a Barão de Itapetininga, que começava a sentir a concorrência do crescente eixo Augusta-Conjunto Nacional).

*O casal de arquitetos e incorporadores italianos Maria Bardelli e Ermanno Siffredi, que realizou os principais projetos de galerias do centro, como a Galeria do Rock.*

O outro projeto, muito maior, foi o Centro Comercial do Bom Retiro, desenhado pelo polonês Luciano Korngold — Siffredi-Bardelli foram creditados, nos anúncios classificados, como "consultores imobiliários". Era praticamente uma cidadela, com seis blocos de lojas, escritórios e apartamentos, um edifício de dez andares no meio, todos interligados por três ruas internas. Para os arquitetos italianos, funcionou como um "curso intensivo", antes que fizessem seus projetos no valorizado centro da cidade. Citron e Lerner abordavam o casal com planos para os terrenos recém-adquiridos, confiando no faro imobiliário do marido e no desenho da mulher. Em pouco tempo, várias versões do que fizeram na Sete de Abril e no Bom Retiro seriam replicadas.

O trabalho deles ia muito além da lapiseira e das pranchas em papel vegetal. Ermanno ministrava cursos de treinamento para corretores de imóveis, organizava festas de lançamento dos empreendimentos e saía em busca de clientes. Maria desenhava estandes, criava vitrines de lojas e até posava como modelo em anúncios da dupla. Misto de empreendedor, arquiteto, marqueteiro e incorporador, Ermanno foi até Conrad Hilton, o magnata hoteleiro americano (e bisavô de Paris Hilton), para trazer a bandeira do seu hotel para o Brasil. Entre 1965 e 1966, Ermanno e Maria desenhariam o cilíndrico Supercentro Paulistânia para um terreno na avenida Ipiranga, em frente ao Copan, em sociedade com a família Scuracchio e outros investidores. Conseguiram financiá-lo depois de vender milhares de ações, usando como chamariz a parceria inédita prometida pelo grupo americano, que administraria o hotel. Com paisagismo de Roberto Burle Marx, inaugurou-se, em 1971, o Hilton, o primeiro hotel dirigido por uma grande rede internacional no país.

Foi, porém, com suas galerias que o casal demonstrou versatilidade arquitetônica, numa época em que esse tipo de conjunto de lojas ainda vicejava em São Paulo. Problemas de gestão e de localização desvalorizada podem afundar grandes prédios, mas a boa arquitetura tem o poder de fazer reemergirem as construções. Arquitetos prestigiados como Oscar Niemeyer, Rino Levi, Franz Heep, João Artacho Jurado e Korngold também fizeram seus edifícios-galerias, mas quase todos tiveram seus tropeços, projetando lojas que ficam escondidas, becos sem saída e pontos escuros longe da rua. Seja no edifício Itália, seja no Copan, há cantos comerciais que não funcionaram bem.

Somado à galeria Metrópole, de Candia e Gasperini, o prédio das Grandes Galerias, de Maria e Ermanno — inaugurado em 1963 e posteriormente chamado Galeria do Rock —, é um feliz exemplar desse gênero de construção. Seus sete pavimentos recebem luz natural, que desce do topo do prédio, atravessando os recortes ovalados feitos nas lajes entre os andares, onde ficam as escadas rolantes. Os vãos aumentam de tamanho à medida que subimos os andares, permitindo que a luz chegue até o subsolo.

Do último andar, percebem-se por essas aberturas as variações geométricas usadas no piso desenhado por Bramante Buffoni. Por sugestão de Maria, os pisos em cerâmica cinza, marrom e rosa-clara seriam diferentes em cada pavimento, com retângulos dispostos de forma variada, criando um contraste gráfico quase psicodélico, bem antes dos loucos anos 1970, quando de fato a galeria começaria a receber os roqueiros e as lojas de discos que a rebatizariam. A cor laranja nos guarda-corpos e os lambris de madeira sobre todas as lojas também dão uma calidez rara aos ambientes padronizados de vitrines. Mas é na relação com a cidade que a Galeria do Rock mostra sua superioridade.

É quase ofensivo chamá-la de antecessora dos atuais shoppings. Nada ali remete àqueles caixotões cegos, quase vedados à rua e à calçada, que têm o objetivo de levar os consumidores a ignorar o passar do tempo (estratégia também usada pelos cassinos): a Galeria do Rock é despudoradamente devassável. As lajes recortadas e onduladas criam terraços convidativos para que possamos admirar as duas entradas, uma que deságua na avenida São João e no largo do Paissandu, outra que conduz à rua 24 de Maio. O lugar é um agradável mirante até para quem não quer comprar nada. Para os que o veem da rua, o prédio se assemelha a uma enorme vitrine vertical, quase transparente, que atrai o olhar. Ao invés de invadir o passeio com uma marquise, suas lajes se retraem, permitindo ainda mais iluminação natural.

Para o arquiteto libanês Hashim Sarkis, diretor da Faculdade de Arquitetura do Instituto de Tecnologia de Massachusetts (MIT), as cidades mediterrâneas sempre proporcionaram boa qualidade de vida não só pelo clima e pelo mar, mas pela "porosidade entre interiores e exteriores, público e privado, lojas que se sucedem, lugares para comer e beber, fazendo-nos caminhar".[5] Maria e Ermanno, que viveram entre

*Nas Grandes Galerias (hoje Galeria do Rock), projetadas em 1961 por Siffredi e Bardelli a rua invade o terreno como um calçadão, com espaços para ver e ser visto.*

San Remo e Gênova, claramente trouxeram algo da sabedoria mediterrânea para nosso modernismo.

Comparada aos shoppings com ar condicionado e luz artificial em cada canto, a Galeria do Rock mereceria um ISO sustentável de núme-

*Os guarda-corpos alaranjados da Galeria do Rock são iluminados pela luz natural que desce do último andar, atravessando os cortes ovais nas lajes.*

ro elevado. Nos anos 1960, o espaço ficava aberto 24 horas, sem grades, mesmo com as lojas fechadas. O propósito era de que sempre servisse como passagem para os pedestres entre uma rua e outra. As grades durante o período noturno vieram anos depois.

*Mural de Bramante Buffoni na Galeria do Rock. O artista italiano fez diversos outros painéis para os arquitetos Maria Bardelli e Ermanno Siffredi, como na fachada da Galeria Nova Barão e no edifício Nobel, e foi responsável pelo piso geométrico da galeria.*

Para seus investidores, a galeria foi um sucesso. Quando o centro monopolizava quase todo o comércio de luxo da cidade, em meados dos anos 1950, as fachadas para vitrines começaram a escassear, e os poucos terrenos disponíveis já estavam muito inflacionados. Popula-

*Escadaria espiralada da Galeria do Rock. As cores fortes, incomuns no modernismo brasileiro, são marca do casal Siffredi-Bardelli.*

res na Europa havia mais de quatro séculos e importadas por algumas cidades americanas no século XIX, as galerias ofereciam a possibilidade de transferir a calçada para o interior do lote e da construção, dispondo assim de mais vitrines.

O térreo era certamente o andar mais valorizado para investidores e futuros inquilinos, então, por isso mesmo, Maria e Ermanno criaram na nova galeria dois térreos superpostos, com rampas conduzindo a um subsolo a meio nível da rua e ao térreo elevado, meio nível acima, ambos funcionando como entradas, o que dobrava o metro quadrado mais nobre. Quase todas as galerias da dupla são bastante abertas para a calçada, que acaba se estendendo para dentro do espaço graças ao cuidado com o piso — algo já feito com brilhantismo por David Libeskind, no Conjunto Nacional.

Vizinha à Galeria do Rock, a Presidente (hoje chamada de Galeria do Reggae), na rua 24 de Maio, inverte alguns conceitos. Em vez de fazer a rua avançar para o interior do prédio, ela parece querer invadir o espaço aéreo da calçada com volumes ovalados e envidraçados, transformando as lojas em mirantes para a rua (efeito criado pela ampla abertura do térreo). Se a do Rock é côncava, a do Reggae é convexa. Mas o terreno desta última é menos feliz, e a construção, menos iluminada, embora mantenha o espírito de praça aberta.

A Nova Barão, outra galeria da dupla, até hoje é toda aberta, como se fosse apenas uma via, um corredor público que une as ruas Barão de Itapetininga e Sete de Abril, com lojas nas laterais. Se a fachada tem quarenta metros de largura, a rua interna multiplica o espaço de lojas e vitrines para 240 metros. Além disso, o conjunto é multiúso: de ambos os lados da rua interna, quatro blocos foram erguidos, dois de escritórios, com entrada pela rua Sete de Abril, e dois de apartamentos de um quarto, com entrada pela rua Barão de Itapetininga. O calçamento de pedras portuguesas tem ondas estilizadas, como as de Copacabana, e Buffoni mais uma vez desenhou murais nas fachadas.*

* As ondas originais estão no calçadão da praça do Rossio, em Lisboa. Conhecidas como "mar largo", simbolizam o encontro das águas do rio Tejo com o Atlântico. Nos anos 1970, inspirado nelas, Burle Marx criou as ondas do calçadão de Copacabana, mais curvilíneas e paralelas à calçada.

O casal jamais assinou suas obras no Brasil nem revalidou seus diplomas. Sua arquitetura continuou anônima e ilegal — para satisfazer à burocracia, vários projetos foram "assinados" por Alfredo Mathias ou por Nelson Scuracchio, os engenheiros construtores associados.

*Interior da Galeria Presidente: o enorme vão entre as escadas rolantes permite a chegada da luz até o térreo.*

Por esse motivo, muita gente atribui erroneamente a eles as obras de Maria e Ermanno. Por outro lado, é difícil cravar a autoria de alguns projetos até hoje. O conjunto de edifício de apartamentos, escritórios e lojas lançado como Centro Dom José, mas hoje chamado Boulevard

*Galeria Presidente (hoje Galeria do Reggae), também projetada pelo casal Maria Bardelli e Ermanno Siffredi. Nela, ao contrário da Galeria do Rock, o desenho do prédio se projeta sobre a calçada, numa forma côncava, fazendo com que as lojas pareçam se equilibrar em uma cápsula.*

do Centro — um longo "L" entre as ruas 24 de Maio e Dom José de Barros (em lastimável estado de conservação, depois de algumas reformas desastrosas na galeria) —, é provavelmente do casal. Os prédios, quase idênticos aos da Nova Barão, também são creditados à construtora Nobel, que àquela altura já trocara o nome para Comércio e Engenharia S.A.[6]

Paulina Lerner, viúva de Jacob Lerner, sócio do casal de italianos em todas as galerias no centro, relembra como a dupla trabalhava:

> Ermanno era cheio de ideias, visitava ou descobria terrenos e inventava o produto imobiliário, aquilo que combinava com cada endereço. Enquanto ele falava, Maria ia desenhando. Um precisava muito do outro para executar os projetos. Ela desenhava sem parar, até em reuniões sociais, e desenhava melhor que ele. Em mais de um jantar, vi Maria fazer desenhos com as cinzas do cigarro que fumava. Ele, por sua vez, conseguia até vender dentadura para alguém que não precisasse. Treinava os corretores. Era um arquiteto-vendedor.[7]

Maria e Ermanno projetariam ainda uma das primeiras galerias da rua Augusta, a Le Village, acompanhando a migração do comércio mais sofisticado para essa via. Sem dispor de um terreno vazado para ampliar a visibilidade das lojas, o casal desenhou a vitrine de cada loja um pouco para a frente, formando um ângulo de cerca de trinta graus em relação à rua interna e de maneira que todas fiquem relativamente voltadas para a rua Augusta. Esse foi o último empreendimento deles antes de iniciarem o projeto do Hotel Hilton. As galerias desenhadas pelos dois, ou que tiveram sua participação, abrigam quase 2 mil lojas.

Contemporâneo das galerias do casal italiano, o edifício-galeria Metrópole é quase como um Conjunto Nacional em miniatura, localizado num dos trechos mais valorizados do centro no final dos anos 1950. Um de seus trunfos é a praça de alimentação, bastante concorrida. Se nos shoppings os restaurantes são um espaço de acústica sofrível, cercados de neons, no Metrópole as mesas ficam voltadas para o vão entre os três andares, onde cresce o jardim interno instalado pelos arquitetos Candia e Gasperini. As árvores maiores chegam até a fazer sombra no terceiro andar da galeria, e os corredores são amplos e frescos.

Uma década parece ser tempo suficiente para que muitos prédios paulistanos importantes despenquem da glória para a decadência. No início dos anos 1970, menos de dez anos após a inauguração, a Galeria

*Na última galeria feita pela dupla Siffredi-Bardelli, a Nova Barão (1963), a rua é aberta e apartamentos de um e dois quartos e conjuntos de escritórios são instalados nos andares superiores.*

do Rock começaria a sofrer a primeira debandada de lojas. Êxodo similar ocorreria nas demais galerias da cidade. As vias estreitas de carros e pedestres da região entre o Anhangabaú e a praça da República tinham começado a ficar intransitáveis. O centro perderia apelo para novas incorporações imobiliárias a partir de 1957, quando a legislação

*Fachada da galeria Nova Barão com murais de Buffoni. Em vez das empenas cegas, os arquitetos optaram pelo mural, algo que só se tornou comum muitas décadas depois.*

limitou a quantidade de metros quadrados que podiam ser construídos em terrenos pela cidade. Como a região já estava quase toda verticalizada, os poucos terrenos disponíveis dariam um retorno menor, devido aos novos limites legais. Encalharam. O comércio de luxo acabou migrando para a rua Augusta nos anos 1960 (e, nas décadas seguintes, para os Jardins e os shoppings), e a partir de 1970 as sedes dos bancos se mudaram para a avenida Paulista. Também nos anos 1970, a interrupção do trânsito de automóveis em algumas ruas, criando calçadões interligados — medida que pretendia brecar o êxodo do centro —, não estancou a fuga. Dezenas de quadras ficaram virtualmente sem acesso por carro, ao contrário do que acontece nas Ramblas de Barcelona ou na Times Square, em Nova York, que sempre mantiveram pistas laterais para escoar o tráfego.

O primeiro shopping center de São Paulo, o Iguatemi, mais ao estilo dos construídos nos subúrbios americanos que das galerias italianas, foi inaugurado em 1966, apenas três anos depois da abertura da Galeria do Rock. Seu construtor foi Alfredo Mathias, o mesmo contratado por Siffredi, Citron e Lerner para levantar a galeria mais famosa do centro. Em parceria com o escritório paulistano Aflalo Gasperini, o arquiteto carioca João Henrique da Rocha — que já havia criado no Rio, em 1963, o Shopping do Méier — projetou o Iguatemi como uma construção térrea, que seria ampliada em 1977. O shopping acabaria por atrair o interesse do mercado imobiliário para a pacata avenida Brigadeiro Faria Lima, que apenas nos anos 1980 começaria a se verticalizar de maneira mais acelerada. Desde então, 53 shoppings foram abertos em São Paulo.

Nos Estados Unidos, esse modelo está em crise desde 2006. Cerca de quatrocentos shoppings foram fechados desde então. Em 2017, havia 1090 shoppings no país, mas trezentos correm o risco de verem fechadas suas lojas de departamento e âncoras,[8] um efeito da pouca frequência dos millennials e da concorrência com o comércio on-line.[9]

As praças de alimentação dependentes do fast food sofreram o mesmo declínio.[10] Os shoppings com melhor arquitetura ganharam sobrevida após um retrofit, transformando-se em centros de convenções, campi de universidades e até parques. As construções menos esmeradas estão sendo demolidas.[11] Os shoppings mais modernos do mundo tentam emular a vida urbana, com corredores ao ar livre ou abertos às calçadas, como o The Grove, em Los Angeles, ou o Sanlitun, em Pequim. A Galeria do Rock continua a atrair cerca de 20 mil visitantes diariamente.

No Brasil, quase metade das lojas em shoppings inaugurados a partir de 2012 se encontrava vazia em 2016, segundo uma pesquisa do Ibope Inteligência e da Associação dos Lojistas de Shoppings,[12] em grande parte devido à recessão que atingiu o país. Entre 2000 e 2015, 259 shoppings foram inaugurados no Brasil, totalizando 498 centros de compras. A abertura deles para ruas e praças ainda é raridade. A frequência caiu menos de 5% entre 2014 e 2015,[13] mas as lojas estão fechando em um ritmo maior: o número de lojas em shoppings caiu de 139 mil em 2015 para 121 mil em 2016, segundo a Associação Brasileira de Shoppings.[14]

Apesar de shoppings continuarem a ser abertos por todo o Brasil, mesmo em tempos de crise, pouco se fala na sua arquitetura — aceita-se o caixotão genérico. Para o arquiteto Marcelo Morettin, "fazer compras com proteção contra o sol ou a chuva é algo humano e antigo. As cidades medievais surgiram como entrepostos comerciais. Deveríamos pensar mais em discutir como projetar esses centros de compras e qual a sua relação com a cidade, algo que a Galeria do Rock faz exemplarmente".[15]

# 7. Hollywood para a classe média

*Meus prédios são para a classe média, que não tem acesso a um clube social e precisa de um condomínio barato. Não construo para rico.*[1]

JOÃO ARTACHO JURADO

Em 1952, décadas antes da Lei Rouanet ou de qualquer incentivo fiscal de apoio à cultura, João Artacho Jurado, construtor, incorporador e arquiteto autodidata, pois não chegou a terminar o ensino básico, decidiu patrocinar um programa semanal da TV Tupi, de Assis Chateaubriand. A atração exibia ao vivo (o videotape só chegaria em São Paulo em 1962) apresentações com Procópio Ferreira, sua filha, Bibi, e outros nomes que marcaram o moderno teatro brasileiro.

As peças eram encenadas nas noites de segunda-feira, dia de folga das companhias de teatro, e o programa, inicialmente chamado *Grande Teatro das Segundas*, foi rebatizado como *Grande Teatro Monções*, em referência à construtora criada por Artacho e seu irmão Aurélio — uma foto do arquiteto com Bibi e Procópio Ferreira chegou a ser usada como peça publicitária da construtora. A partir de junho de 1952, a marca Artacho Jurado passou a levar à tela da Tupi peças como *O inspetor geral*, *O noviço* e *A morte do caixeiro-viajante*, ou adaptações cênicas de grandes romances, como *O morro dos ventos uivantes*, trazendo no elenco os jovens atores Leonardo Villar, Fernanda Montenegro, Maria Della Costa, Sérgio Britto, Eva Wilma, Ítalo Rossi, Nicete Bruno e Tônia Carrero, entre outros. Muitas das apresentações eram transmitidas diretamente do Teatro Cultura Artística.

A parceria entre a construtora e a TV duraria até o final de 1954.[2] Artacho Jurado, um empresário de origem humilde, adorava participar dessa ribalta e frequentar as peças que patrocinava. Assim como José Tjurs em relação a Juscelino Kubitschek, David Libeskind com Mies van der Rohe, Orozimbo Roxo Loureiro e Octávio Frias de Oliveira com a nata da sociedade que virou sócia do Copan, ou o casal Siffredi-Bardelli com Conrad Hilton, Artacho também sentia que tinha "chegado lá" ao se relacionar com astros e estrelas — tornou-se, inclusive, amigo de atores e atrizes famosos da época.

O empresário ainda patrocinaria a coluna semanal de arquitetura erudita do respeitado crítico Geraldo Ferraz em um dos jornais de Chateaubriand, o *Diário de S. Paulo*, e seria um anunciante frequente na revista *Habitat*, de Lina e Pietro Maria Bardi. Era um marketing multimídia para públicos variados, como os edifícios que erguia.

Não que seus prédios passassem despercebidos. Sua arquitetura tinha um colorido que não destoaria em cenários dos musicais de Vincente Minnelli (*Sinfonia de Paris*, um de seus maiores sucessos, estreara um ano antes de Artacho lançar o Bretagne, sua obra mais famosa). O sucesso comercial dos lançamentos — às vezes envolvidos em polêmicas — marcaria a indústria imobiliária paulistana dos anos 1950, gerando cópias em diversos bairros da cidade, sempre mais modestas.

Décadas antes do surgimento das redes sociais, Artacho queria que as pessoas "curtissem" sua obra — como se vender todos os apartamentos não bastasse. Em 25 de outubro de 1958, ele organizou a festa de inauguração do edifício Bretagne, seu empreendimento mais luxuoso, que ficou aberto para visitação das cinco da tarde às oito da noite daquele sábado. Uma reportagem laudatória no jornal *O Estado de S. Paulo* resumiu o clima da festa: "Sem paralelo na história da cidade, milhares de pessoas foram visitar o novo edifício da construtora Monções [...], houve interrupção do tráfego pela multidão".[3] Segundo o mesmo texto, o prédio tinha o "objetivo social elevado de embelezar a cidade".

Entre os convidados ouvidos pelo jornal estava a viscondessa Odette Le Mintier de Léhélec, consulesa da França em São Paulo, para quem o Bretagne lembrava seu país, "solo vitalício do seu esposo, o cônsul". Houve corte de fita simbólica por Artacho e pelo presidente da Sociedade Amigos da Cidade, Antônio Longo, além de bênçãos do monsenhor Francisco Bastos. "Nunca vi maravilha melhor", declarou a autoridade eclesiástica. Compareceram ainda o ator e diretor Anselmo Duarte, que três anos depois ganharia a Palma de Ouro do Festival de Cannes pelo filme *O pagador de promessas*, e famosos colunistas sociais, como Alik Kostakis. Não houve economia de glamour para impressionar visitantes e leitores com a abertura de um simples residencial — mas que não era nada simples na cabeça do empreendedor.

Nos meses seguintes, Artacho cavou espaço na agenda de duas celebridades internacionais que visitavam o país para que elas prestigiassem o prédio, já com todas as suas unidades vendidas: a Miss América de 1959, Mary Ann Mobley (que, muitos anos depois, atuaria no seriado *A Ilha da Fantasia*), e o ator e cantor Roy Rogers. Um grupo de arquitetos americanos visitou o Bretagne, o que mereceu outra reportagem elogiosa. A intelligentsia da arquitetura brasileira, já então bastante inclinada à esquerda e mais simpática à União Soviética que aos Estados Unidos, ficava horrorizada com as excentricidades do arquiteto-construtor. Porém, status era o que Artacho e os compradores

*Filho de espanhóis e sem diploma de arquiteto, João Artacho Jurado passou, em uma década, de desenhista de feiras a incorporador de sucesso.*

de seus apartamentos almejavam e, ao que parece, não tinham vergonha de conquistar, mesmo que em muitas prestações.

Nascido três meses antes de Oscar Niemeyer, em 3 de setembro de 1907, Artacho era filho de uma dona de casa e um marceneiro, am-

*A hiperbólica marquise do Bretagne, que se estende além do próprio edifício, protege o terraço-jardim coletivo; o resultado é uma versão multicolorida dos traços de Niemeyer.*

bos espanhóis. Foi registrado à maneira espanhola, com o sobrenome paterno antes do materno, e cresceu entre o proletário bairro do Brás e a cidade de Mogi das Cruzes, no interior de São Paulo. Aos dez anos, largou a escola, porque o pai, que era anarquista, não deixou que o filho jurasse à bandeira do Brasil e cantasse o Hino Nacional. Em casa, Artacho aprendeu marcenaria, mas na adolescência se encantou com publicidade e começou a desenhar letreiros e luminosos com gás neon. O trabalho o levou ao Rio de Janeiro, e certa atmosfera carioca acabaria por influenciar suas construções.

De volta a São Paulo, fez fama como desenhista de estandes de feiras industriais, concorridos eventos onde novos produtos eram apresentados em espaços ao ar livre, antes da existência dos centros de convenções. Como tudo na Pauliceia de então, o negócio se expandiu. Em meados dos anos 1930, Artacho venceu concursos de estandes e de montagem de feiras em Campinas e também em Santos, onde se instalara com a mulher, Mercedes, e a filha pequena, Diva. Nessa indústria, aprendeu as noções de perspectiva para fazer seus estandes se destacarem e ser premiados. Além de projetar, entregava os estandes prontos, sendo responsável por pedreiros, marceneiros e pela compra dos materiais de construção.

Em 1940, outro salto: venceu o concurso para montar e organizar a I Feira Nacional de Indústrias de São Paulo, um evento de celebração da aliança, depois de anos de antagonismo, da ditadura Vargas com os industriais da Federação das Indústrias de São Paulo (Fiesp), presidida por Roberto Simonsen. Dois dias antes da inauguração, em 7 de setembro, Simonsen e o "comissário geral da feira, João Artacho Jurado", como descreveu o jornal *Correio Paulistano*,[4] ciceronearam a imprensa entre os pavilhões.

Com um orçamento generoso, Artacho criou para a feira uma cenografia que lembrava mais um parque de diversões que uma exposição industrial: concha acústica para shows, cinema, churrasqueiras, fontes luminosas, alamedas e postes estilizados. A construção em áreas pertencentes ao Parque Antarctica era um lugar para as famílias se divertirem durante o dia ou a noite, como sugerido nas tirinhas de quadrinhos que o próprio Artacho produziu para divulgar o evento nos jornais.

A segunda edição da feira, também organizada pelo empreendedor, incluiu um salão com obras de Candido Portinari, Tarsila do Amaral, Alfredo Volpi, Cícero Dias, Victor Brecheret e Emiliano Di Cavalcanti, numa época em que São Paulo mal tinha galerias de arte. A agenda de contatos de Artacho se expandiu. Para alguém, como ele, que jamais havia estudado arquitetura ou engenharia, o aprendizado do marketing, do design e do uso de muito neon acabaria servindo de referência quando começasse a construir seus edifícios.

O negócio dessas grandes feiras perdeu força depois da entrada do Brasil na Segunda Guerra Mundial, com os novos obstáculos para o comércio internacional e os mares cada vez mais vulneráveis a ataques. A Lei do Inquilinato, de 1942, que representou um estímulo à oferta de unidades para venda, em detrimento do aluguel, impulsionou Artacho a entrar para o ramo da construção — primeiramente, erguendo sobrados e pequenos prédios nos bairros Água Branca e Pompeia, vizinhos de onde ele reinava em suas feiras, e para a mesma faixa de renda da qual ele provinha, a classe média baixa, migrante e imigrante, de São Paulo.

A partir de 1945, a fim de atender um consumidor que não tinha capital suficiente para comprar casas ou apartamentos em áreas centrais, Artacho criou um loteamento perto do novo aeroporto de Congonhas, região ainda com ruas de terra e então tida como muito distante do centro. Chamou o pequeno bairro de Cidade Monções, e não se limitou a vender os lotes. Construiu cerca de duzentas casas térreas de 76 metros quadrados cada, equipadas com um terraço com arcos — eram pequenas, mas nem por isso precisavam parecer simplezinhas. Como brinde aos compradores, ofereceu um pequeno Ford, uma vez que o automóvel parecia algo indispensável para atrair moradores para aquela lonjura.

Em 1946, Artacho lançou seu primeiro edifício alto, o Duque de Caxias, na esquina da avenida de mesmo nome com a alameda Barão de Campinas, no bairro Campos Elíseos. Com quinze andares e espaços comerciais no térreo, foi construído depois de uma permuta com o dono do terreno, a quem o arquiteto-construtor ofereceu dois apartamentos. O estilo do Duque de Caxias é, por assim dizer, discreto, e não muito diferente do protomodernismo que Rino Levi adotara em seus primeiros projetos, nos anos 1930. Uma parede de vidro ao longo da quina arredondada do edifício deixa ver a escadaria, enchendo-a de luz natural. Os terraços têm um pequeno adorno em metal no guarda-corpo — e só.

Também são discretos seus edifícios seguintes: o Pacaembu, com terraços no topo, lançado meses depois (na avenida General Olímpio da Silveira, no bairro Santa Cecília), e o General Jardim, de 1950 (na esquina das ruas General Jardim e Amaral Gurgel, na Vila Buarque), com terraço e coroamento pergolado — um mero gracejo arquitetônico que o diferenciava dos similares mais modestos, quase um aceno de Artacho ao que ele começaria a fazer quando tivesse fôlego financeiro. Os anúncios desses imóveis falavam diretamente à classe média baixa, sublinhando a "chance de se ter a casa própria", a comodidade de morar vizinho ao centro e estar "a dois passos da Cinelândia", como era chamada a área pontuada por vários cinemas.

Foi em Higienópolis que o estilo de Artacho evoluiu. Ali, antes dele, os raros edifícios tinham apartamentos com medidas entre 150 e quatrocentos metros quadrados, tanto os destinados à venda quanto à locação, pois o tamanho generoso era um modo de convencer a velha elite econômica a se mudar para prédios sem abandonar seu estilo de vida. Artacho chegou sem cerimônias ao reduto quatrocentão, evocando em seus anúncios ideias como nobreza, luxo e conforto, ainda que vendesse unidades de apenas oitenta metros quadrados. Muitos prédios de Higienópolis daquela época eram propriedade de uma única pessoa, que alugava todos os apartamentos. Artacho, por sua vez, oferecia em sistema de condomínio e a preço de custo, em prestações, apartamentos considerados "pequenos". Era a classe média chegando perto da casa própria.

O sistema adotado pelo empresário era o mesmo do BNI: vendia com entradas e prestações fixas, lucrando com uma taxa de administração que variava de 10% a 15%. Construía primeiramente a "casca" do prédio e mudava diversas vezes as plantas dos apartamentos, conforme o gosto do comprador (o que acabou gerando configurações um tanto estranhas).

No edifício Piauí, construído entre 1948 e 1950 na rua do mesmo nome, Artacho não projetou apartamentos no térreo — um ato generoso na época —, ocupando o espaço com bar e salões, inclusive para o chá da tarde. Para as áreas comuns, desenhou os móveis, que foram produzidos pelo Liceu de Artes e Ofícios, a principal escola de design

*Entrada, sem grades, do edifício Piauí. O primeiro prédio de Artacho em Higienópolis tem rampas e até brasão na portaria.*

e ensino técnico-industrial do estado. Rampas sinuosas foram criadas ligando a calçada à entrada do Piauí, que foi elevada mais de um metro acima do nível da rua para dar mais espaço ao estacionamento no subsolo. Um jardim de inverno coletivo foi instalado na cobertura, logo acima do décimo andar, onde o próprio arquiteto-construtor morou com a mulher e a filha. Artacho se mudaria outras vezes para outros prédios de sua autoria, usufruindo dos luxos que aumentavam com o sucesso do negócio. Como um joão-de-barro anabolizado, ele construía sua própria casa com capricho — repetindo o feito de diversos outros incorporadores, como Tjurs, que viveu no Conjunto Nacional; o casal Siffredi-Bardelli, no Noblesse; ou Aizik Helcer, no Lausanne. Um controle de qualidade da obra personalizado e feito de muito perto.

Artacho, que por sua origem fora recusado em clubes sociais grã-finos, também levou as amenidades desses lugares a seus prédios despudoradamente classe média. No Bretagne, na avenida Higienópolis, espalhou no térreo uma piscina ondulada que parecia extraída de um filme de Esther Williams, uma sala de música (com piano), um bar (com garçom, bebidas e toca-discos) e um salão infantil de paredes decoradas com personagens de *Alice no país das maravilhas*. Fez ainda um salão de festas, em rosa e azul, suspenso por sinuosas colunas revestidas de pedra canjiquinha (como muitas colunas dos edifícios da Luz-Ar, de Alfredo Duntuch) e com luminárias que caprichosamente repetem o formato das colunas. Na cobertura, no 19º andar, criou um jardim de inverno enfeitado com uma marquise ondulada niemeyeresca e multicolorida. Toda essa infraestrutura atendia 173 apartamentos, de oitenta a 230 metros quadrados — sem contar a cobertura do primeiro bloco, de seiscentos metros quadrados, que Artacho desenhou para si mesmo e onde morou pouco menos de dois anos. Polivalente, ele foi precursor dessas amenidades.

A poucas quadras do Bretagne, na avenida Angélica, o Parque das Hortênsias, inaugurado em 1959 com imponentes colunas amarelas na entrada, é composto também de apartamentos de diversos tamanhos (a maioria com metragem econômica), mas evocando o clima de glamour e com espaços generosos nas áreas comuns. Como o Bretagne, foi um dos primeiros condomínios da cidade a ter piscina.

Artacho, todavia, não abandonou por completo o centro da cidade. Era ali que, ao mesmo tempo que construía seus prédios em Higienópolis, incorporava e erguia seus maiores edifícios populares, sempre em terrenos estrategicamente bem localizados, como estandes de feira buscando holofotes, sem medo de interferir na paisagem. Lança-

*No topo do edifício Parque das Hortênsias, os arcos remetem aos da igreja São Francisco de Assis, desenhada por Oscar Niemeyer, no bairro da Pampulha, Belo Horizonte. Com colunas revestidas de pastilhas amarelas, que permitem uma boa altura entre o primeiro andar e o térreo, e jardineiras com pastilhas cor-de-rosa, o prédio conta com 160 apartamentos.*

dos em 1950, os prédios Viadutos e Planalto, ambos na rua Maria Paula, e o Louvre, na avenida São Luis, têm em comum as lojas no térreo, os apartamentos de diversos tamanhos (inclusive quitinetes) e o número de andares (25). Nos dois primeiros, Artacho ainda acrescentou salões de festas e outdoors luminosos no topo. Mesmo as quitinetes tinham janelões, que iam quase do chão ao teto, e espaçosos terraços.

*O Viadutos, de 1950, com vista desimpedida para a avenida São Luís, revela como o autodidata João Artacho Jurado tinha olho apurado para terrenos bem posicionados.*

O arquiteto argumentava com seus clientes que, para reduzir os custos do condomínio, os salões de festas e os anúncios luminosos poderiam ser alugados — o oposto do marketing do "quanto mais caro, mais VIP" de hoje em dia. Ao vender os apartamentos do Bretagne, Artacho dizia que as quase trezentas vagas de garagem também poderiam "ser alugadas aos moradores dos prédios vizinhos que não têm estacionamento". Assim, ele trazia questões ainda pouco exploradas pelos arquitetos eruditos, que trabalhavam muito mais para a elite do que para a nova classe média. Uma rara exceção foi o Jardim Ana Rosa, do Banco Hipotecário Lar Brasileiro, que também previu já na prancheta um condomínio barato, economizando em portarias e elevadores.

Vendendo rapidamente e se capitalizando, o arquiteto-empresário estenderia seus negócios para Santos, uma das praias favoritas das classes alta e média paulistanas, em momento de verticalização sobre a areia. Diversos arquitetos, de João Batista Vilanova Artigas e Zenon Lotufo a Lauro da Costa Lima, construíram na cidade na década de 1950. Até hoje, os dois grandes prédios de Artacho naquela cidade, Verde Mar (no Boqueirão) e Enseada (na Ponta da Praia), atraem a atenção dos turistas. Como em São Paulo, as amenidades e a decoração fazem com que pareçam edifícios de luxo, mas ambos têm apartamentos simples, de quitinetes e um quarto.

Mais que as amenidades de clube ou a publicidade agressiva, o que distingue até hoje as obras de Artacho é seu estilo, que poderia ser classificado como modernista kitsch. Alguns elementos introduzidos pelo modernismo arquitetônico, como terraço-jardim, pilotis, janelas de ponta a ponta, são decorados com uma profusão de elementos cromáticos que parecem saídos dos primeiros filmes em cores. Artacho não temia o contraste das pastilhas de cores rosa e azul, ou amarela e roxa, com as quais revestiu a fachada de seus principais edifícios.

Não é difícil imaginar que o cinema talvez tenha influenciado tanto Artacho quanto as revistas de arquitetura que ele lia. Em 1950, quando projetou suas torres cenográficas, a cidade de São Paulo tinha 119 salas de cinema, a maioria com mais de 1500 lugares. Nessa época em que quase ninguém possuía um televisor em casa, os cinemas se espalhavam pelos bairros, e os ingressos tinham preços populares. Em 25 de janeiro de 1951, aniversário de São Paulo, foi inaugurado o Cine Marrocos, "o maior e mais luxuoso da América do Sul", como anunciava sua publicidade. Com decoração orientalista, obra do engenheiro-construtor Nelson Scuracchio (o mesmo que se associaria aos modernistas mediterrâneos Siffredi-Bardelli), o cinema demonstrou que o kitsch hollywoodiano estava ganhando espaço no território dos modernos.

Em 1952, Artacho lançou em Higienópolis, na esquina das ruas Maranhão e Sabará, um edifício residencial cujo nome estimulava a fantasia infantil dos consumidores: Cinderela. Para reforçar a associação com o imaginário do conto de fadas, ele empregou pilotis revestidos de pastilhas cor-de-rosa — que servem meramente como elemento de decoração, pois as colunas não criam um vão livre. Ao contrário,

*O Cinderela, projeto de 1952 cujo nome remete a um mundo de fantasia, com suas colunas revestidas de pastilhas cor-de-rosa, um adorno a mais na já enfeitada fachada.*

apenas enfeitam as paredes do térreo, adornadas por arabescos, que lembram o cenário marroquino de *O homem que sabia demais*, de Alfred Hitchcock, lançado no Brasil no mesmo ano em que o prédio ficaria pronto: espírito da época, de Hollywood para Higienópolis. Ao batizar seu prédio de Cinderela, Artacho parecia não levar as coisas tão a sério, como ocorria com os modernistas que o precederam.

"Os adultos torciam o nariz, mas a criançada adorava", relembra o jornalista Roberto Pompeu de Toledo sobre o Bretagne, que ainda pequeno o visitou com os pais, na semana de inauguração.⁵ Para a jornalista britânica Laura Houseley, da revista *Wallpaper*, se a "Mattel contratasse Niemeyer para fazer o edifício da [boneca] Barbie, o resultado não seria diferente do Bretagne"⁶ — e trata-se de um elogio, como se Artacho fosse um Niemeyer pop.

À austeridade dos modernistas influenciados pela Bauhaus ou pelo calvinista Le Corbusier Artacho contrapôs suas cores vibrantes e uma abundância de elementos decorativos, de arabescos a cobogós

*Entrada do Viadutos (à esq.). Pilotis altíssimos também foram usados por Artacho no Parque das Hortênsias. O aluguel do salão de festas do edifício (acima) e o espaço para luminoso de publicidade que ele possuía foram pensados para baratear o condomínio.*

(elementos vazados). No Cinderela, uma parede no saguão é decorada com ventosas. O salão de festas do prédio Viadutos parece um disco voador revestido de pastilhas amarelas e cor-de-rosa que pousou no topo do prédio, sobre colunas azul-turquesa. Esses excessos eram apenas um aperitivo para a ressaca contra o racionalismo das décadas passadas. O pêndulo do gosto voltava a oscilar.

Artacho não foi o único a não se deixar censurar pela patrulha modernista. O polonês Bernardo Rzezak (pronuncia-se "Ge-zak") também obteve sucesso comercial com edifícios mais coloridos e adornados que o comum. Prédios como o Washington, na avenida São João, o Tulipa e o Corina, em Higienópolis, chamam a atenção pela corajosa mescla de referências e pela identidade de cada um. Como na obra de Israel Galman, nenhum prédio parece obra do mesmo arquiteto. Tal qual Artacho, Rzezak não tinha diploma. Quando seus pais emigraram da Polônia para o Brasil, o jovem Bernardo ficou estudando arquitetura na Universidade Técnica de Brunswick, na Alemanha. Em seu terceiro ano na faculdade, o nazismo chegou ao poder, e a família trouxe Bernardo às pressas para o Brasil. Ele nunca se formou, mas seu escritório técnico foi responsável por cerca de vinte prédios, fábricas e lojas.

Vários críticos tentaram justificar as cores, os adornos e os excessos pós-modernos, que dominariam a arquitetura mundial nos anos 1970 e 1980, como resposta à cultura purista do modernismo. Ada Louise Huxtable, a maior crítica de arquitetura americana do século xx, dizia que

> um dos instintos humanos mais básicos é a necessidade de decorar. Nada é isento: o corpo, os objetos que usamos, do íntimo ao monumental, e todo espaço pessoal e cerimonial. É um instinto que responde à urgência profunda do horror ao vazio e à necessidade de colocarmos nossa marca em pelo menos um pequeno segmento do mundo.[7]

É provável que Artacho nunca tenha pensado no pós-modernismo enquanto embalava suas criações, mais interessado na resposta do cliente do que no debate acadêmico, mas sua linguagem foi posteriormente abraçada por gente que queria uma modernidade menos sisuda e que sentia falta de cores e ornamentos, talvez imbuída de uma cultura mais cinematográfica e cenográfica que arquitetônica. As fantasias coloridas liberadas com o otimismo dos Estados Unidos e da Europa ao fim da Segunda Guerra e com a bonança econômica subsequente ao conflito já não eram reprimidas pelos slogans "menos é mais" ou "a forma segue a função". Segundo o crítico britânico Alan Powers, o modernismo puro se via desafiado por uma nova rota de escape para "a fantasia e a frivolidade que eram necessárias para os interiores de bares, restaurantes e mesmo igrejas, e satisfaziam a fraqueza humana pelo kitsch e o exagero que o modernismo afetava desdenhar".[8]

Artacho, o antiminimalista paulistano, adorava uma vista. Sempre morou na cobertura de seus prédios ou em andares altos (até quando vivia em apartamentos alugados). Achava que as pessoas deviam desfrutar do horizonte, mesmo se estivessem sentadas — além de janelas do chão ao teto, seus edifícios ganharam outras, inclinadas, a fim de facilitar essa função de "mirante". Gostava de receber: tinha um enorme aparelho de TV no apartamento no último andar do edifício Piauí e um quarto de música, onde reunia amigos para ouvir os cerca de 2 mil discos de música clássica que colecionou ao longo da vida. Não perdia uma temporada lírica no Theatro Municipal. Meses antes de inaugurar o Bretagne, vibrou com a primeira apresentação da Orquestra Filarmônica de Nova York no Brasil. A orquestra foi dirigida por Leonard Bernstein, então com quarenta anos, que ousou colocar o popular jazz no programa de música clássica, o qual incluía Heitor Villa-Lobos, de quem o maestro era fã.

A modernidade encantava Artacho, ainda que os arquitetos modernos não o considerassem parte do clube. Ele não parecia se importar. Em sua única entrevista conhecida, dada ao jornal *Diário de S. Paulo*, afirmou que seus projetos "não tinham nada de excepcionais [...], a não ser a preocupação de proporcionar aos moradores um conforto igual ou superior ao das luxuosas mansões".[9]

O sucesso popular não seria acompanhado por reconhecimento da crítica. Muito pelo contrário. Os arquitetos com diploma amavam odiar Artacho. Os prédios da Monções eram chamados de "monstrões".

Para o engenheiro Mauris Warchavchik, "todo arquiteto adorava desprezar o Artacho, mas sabíamos que os apartamentos dele eram um sucesso de vendas". Os generosos terraços do Cícero Prado, na avenida Rio Branco, último grande prédio desenhado por seu pai, Gregori Warchavchik, como incorporador-arquiteto, parecem competir com os de Artacho.

Eduardo Corona, autor do prédio da Faculdade de História e Geografia da USP e colunista da revista *Acrópole*, escreveu dois longos artigos para explicar por que os prédios de Artacho eram "errados de cima a baixo". Além de criticá-lo por não ser arquiteto, qualificou o edifício Bretagne como uma "aberração na forma, na cor, no tratamento, no equilíbrio, na proporção. É o avesso da arquitetura contemporânea, o joio do nosso trigo".[10] As críticas não foram tão violentas no caso dos edifícios de Adolpho Lindenberg, os quais, a partir dos anos 1960, criaram uma nova gramática (superconservadora) de luxo, misturada a um neocolonial afrancesado, tendência que se proliferaria nas décadas seguintes. Ou mesmo em relação ao surto do neomediterrâneo no mercado da década de 1970. Parece que irritou muito mais os colegas arquitetos a vontade de Artacho de ser moderno e de chamar a atenção no grêmio, algo que Lindenberg jamais buscou, ou de faturar em cima de um clube no qual certamente levaria bola preta.

O Crea multaria Artacho diversas vezes, por tentar registrar os prédios em seu nome e até colocar plaquinhas na entrada com os dizeres: "Projeto de J. Artacho Jurado" — em 1953, por exemplo, foi multado em 32 mil cruzeiros (cerca de 30 mil reais em valores de 2023) em dois processos por infrações diferentes.[11]

Diva Artacho Jurado, filha do construtor, garante que ele não se incomodava com as críticas. "'Desenhei do meu jeito'", o pai dizia, segundo ela. Mas o desenho nunca foi tudo na história da arquitetura. Sem financiamento, os projetos nunca sairiam da prancheta ou das folhas de papel vegetal. E a típica montanha-russa que é a vida de quem abre um negócio no Brasil e tenta mantê-lo, enfrentando crises sucessivas, regras sempre novas e obstáculos imprevistos, faria Artacho descarrilar.

O sucesso esfuziante desbotou em poucos anos, quando a inflação, combinada com a escassez de materiais — no período em que

Brasília estava sendo construída em velocidade recorde, com muita emissão de moeda —, colocou os compradores e o incorporador em trincheiras distintas. Sem poder reajustar as mensalidades dos condôminos como queria, Artacho começou a atrasar suas obras, e os contratos foram parar nos tribunais.

Como a arquitetura comercial foi sacudida pela instabilidade econômica, chegamos ao ponto em que é preciso falar de inflação e contas públicas, esses assuntos que em geral ficam de fora no currículo das faculdades de arquitetura, mas que são vitais para que as obras saiam do papel. Como brincam arquitetos americanos, mais que a função, a forma segue o dinheiro. Será necessário voltar no tempo para saber como a debacle foi sendo gerada. Os anos de ouro do casamento entre a arquitetura moderna e os pioneiros do mercado imobiliário de massas chegavam ao fim.

## Parte II

# A FORMA SEGUE AS FINANÇAS

## 8. Os reis dos condomínios saem de cena

*Já se disse que todo arquiteto, de um jeito ou outro, sobrevive a renúncias constantes, conformado com alterações, às vezes drásticas, em seus projetos. Foi o nosso caso. O Copan de hoje é apenas um fragmento do sensacional maciço turístico, o Rockefeller Center paulistano que todos admirariam.*[1]

CARLOS LEMOS

No topo do Copan, haveria um restaurante e um sinuoso belvedere sob uma marquise, parecida com a que Niemeyer desenharia para o Ibirapuera. Seria o mirante mais espaçoso da cidade, serpenteando pela longa cobertura. O mezanino, do qual pouca gente se dá conta hoje, seria aberto, com um grande jardim elevado acima das lojas e dos restaurantes do térreo. Ligando o térreo a esse jardim, haveria uma rampa em espiral (como a reprodução do movimento de uma hélice) de oito metros, sem colunas, apoiada unicamente no solo e na laje do terraço. Quem conhece a célebre escada de Oscar Niemeyer para o Palácio Itamaraty, em Brasília, pode imaginar o seu devaneio ao criar essa área do edifício em São Paulo. Nesse terraço público, ajardinado, haveria cafés, bancos para descanso e lojinhas de flores. O edifício também teria um teatro de setecentos lugares, além do cinema com 3500 poltronas.

O resultado final do Copan, último prédio da era do milagre arquitetônico paulistano a ser inaugurado, ficou bastante aquém do que havia sido prometido — e ainda assim a construção deslumbra quem a vê e a visita. Sem contar a área aberta das esplanadas, como os prédios niemeyerianos de Brasília, o Copan se contorce em um terreno limitado, abraçando seus vizinhos e se destacando entre eles. A construção desse maciço paulistano foi cheia de percalços e pontuada de espasmos, uma vez que as políticas econômicas erráticas frequentemente se sobrepuseram a qualquer escola de arquitetura. Acompanhar as idas e vindas do prédio ajuda a entender as várias razões do início da derrocada do mais fulgurante momento da arquitetura em São Paulo.

Um cabo de guerra marcou as convulsões político-financeiras dos anos Vargas-JK. De um lado, diferentes ministros da Fazenda tentavam promover ajustes nas contas públicas; do outro, o Banco do Brasil praticava uma política camarada de créditos e de impressão desenfreada de moeda. Os primeiros queriam fechar, e o segundo, abrir a torneira oficial, disparando crédito subsidiado a empresas e setores com boas conexões com o governo federal, ainda instalado no Rio de Janeiro. Alguma dúvida sobre quem ganhou, ao final, a disputa? O Banco do Brasil tinha naturalmente o apoio de governadores e prefeitos, da indústria nacional e de cafeicultores com acesso direto ao Palácio do Catete, sede do poder executivo.

Nos meses conturbados depois do suicídio de Getúlio, foi um plano de ajuste no governo provisório de João Fernandes Campos Café Filho (1954-5) que nocauteou o BNI de Orozimbo Roxo Loureiro e Octávio Frias de Oliveira, promotores do Copan. O que aconteceu com o banco foi um ensaio do que ocorreria com todo o setor imobiliário no fim da década de 1950 — pioneiros no sucesso, os dois empresários também o foram no infortúnio.

O governo Vargas tinha criado várias estatais, como a Petrobras e a Companhia Siderúrgica Paulista, muitas vezes se endividando ou imprimindo mais moeda — participação privada ou externa era proibida. Em 1952, fundara também o Banco Nacional de Desenvolvimento Econômico (BNDE, hoje BNDES), que concedia empréstimos subsidiados a grandes empresas. No ano da morte de Getúlio, a inflação nacional chegou a 24%, o dobro da média dos anos 1950 a 1953. O presidente havia aumentado o salário mínimo em mais de 200% em 1952 e em 100% em 1954, e ainda assim greves se repetiam (em época de grande informalidade no mercado de trabalho, como no Brasil da época, o salário mínimo era direito de uma pequena mas influente parte dos trabalhadores).

Após o suicídio de Vargas, Café Filho decidiu adotar um programa de ajuste para tentar controlar o déficit público em alta e a inflação. O dinheiro disponível para o crédito na praça seria reduzido. Para isso, o governo federal determinou um aumento de 4% para 14% dos recursos

*Mezanino do Copan. No projeto original, haveria um terraço, mas com a compra pelo Bradesco decidiu-se monetizar a área e instalar escritórios.*

retidos, chamados de depósito compulsório — aquele que os bancos precisam manter reservados.

O governo provisório considerava que o BNI tinha dívidas demais e recursos disponíveis de menos em caso de sofrer uma corrida bancária — possuía muitos imóveis, mas pouco dinheiro em caixa. Não haveria liquidez (transformar em dinheiro vivo todos esses apartamentos ainda em construção) caso os depositantes, assustados, duvidassem da saúde do banco e corressem para sacar seu dinheiro. Foi assim que, em 1º de dezembro de 1954, o BNI sofreu intervenção da Superintendência da Moeda e do Crédito (Sumoc), autoridade monetária do Brasil de 1945 a 1965, antes da criação do Banco Central.

O transatlântico do BNI parecia estar sem comandante. Roxo Loureiro, além do banco e da construtora, tinha criado um banco de investimentos, que também apostava em arte. Pretendia patrocinar uma Casa do Brasil em Nova York para promover as empresas e a "marca" do país na maior cidade americana, onde almejava também abrir uma filial do BNI.

Aparentando ter não só ambição, mas tempo de sobra, Roxo Loureiro decidiu entrar na política e se licenciou da presidência do banco, colocando um amigo (e sócio na instituição) em seu lugar, o cirurgião Benedito Montenegro. Em sua autobiografia, Roxo Loureiro admite ter usado diretores e funcionários de suas empresas — gerentes e corretores — na organização eleitoral.[2] Com uma campanha esbanjadora, acabou sendo o deputado federal mais votado de São Paulo, em outubro de 1954, por uma coligação do Partido Republicano com o Partido Social Democrata. Dois meses depois, seu banco sofreria a intervenção. Vendeta política, má gestão ou difícil sobrevivência sob uma política econômica cheia de lombadas? Uma pitada dos três, provavelmente.

Frias, o segundo maior sócio do BNI, ensaiava seu desembarque, temendo os efeitos contábeis da megalomania do sócio majoritário. Para poder deixar o banco, ele tinha até sugerido que Roxo Loureiro comprasse suas ações, mas este implorou que Frias mantivesse seu nome como diretor. "Não sai já, você é a segunda pessoa do banco. Se sair agora, pode despertar uma onda, uma corrida. Sai, mas não tira o nome da diretoria, vamos esperar uns dois ou três meses."[3] Um dia depois dessa conversa, Frias sofreria uma queda de cavalo na Hípica que o deixaria, literalmente, imobilizado por meses. No segundo semestre de 1954, ficou engessado da altura do quadril ao pescoço, "só com o rosto para fora".[4] "O banco não devia um tostão à Sumoc antes de eu sair", disse Frias a respeito de sua licença forçada. "Estava com a vida inteiramente regularizada." Ele diz que as contas degringolaram "pelos custos da campanha e pelos boatos consequentes".[5]

A confiança entre os dois sócios já não era das melhores. Roxo Loureiro "se perdeu com o sucesso, tirou os pés do chão, e o banco foi sentindo isso tudo. [...] Diziam que o Loureiro era o Dom Quixote, eu era o Sancho Pança que ia atrás arrumando as coisas ou evitando o pior".[6] Antes mesmo de cair do cavalo, Frias também havia decidido diversificar seu portfólio. Em 1953, criou a corretora Transaco, de compra e venda direta de ações ao público, cujo primeiro cliente foi o jornal *Folha da Manhã*, que enfrentava dificuldades e buscava vender assinaturas permanentes.

Em novembro de 1954, o banco ainda pagou alguns anúncios em jornais para dizer que sua situação financeira era saudável, um mau presságio para qualquer correntista mais atento. Nos bastidores, o banqueiro-deputado acompanhou o sócio Montenegro ao Rio para pedir um empréstimo ao governo que garantisse o novo depósito compulsório mínimo. Sem sucesso. Frias então procurou Amador Aguiar como possível comprador do banco. O criador do Bradesco aceitou a proposta, mas Loureiro vetou. "Preferia se ajeitar com o governo", relembra Frias. "Tirei o gesso e o banco fechou", resumiu.[7] Assim começou o fim da carreira imobiliária dos incorporadores que lançaram quase 4 mil imóveis, entre apartamentos, escritórios, lojas, cinemas e teatro, em pouco mais de cinco anos, projetados por arquitetos como Niemeyer, Heep, Carlos Lemos e Abelardo de Souza.

O Copan já tinha perdido o financiamento dos americanos — evaporou-se o projeto do hotel da Intercontinental e da Pan Am concebido por Henrique Mindlin. Sob intervenção, o BNI teve seus recursos usados para acabar de pagar as construções, e foi também organizada uma devolução dos depósitos dos antigos clientes.

A partir de dezembro de 1954, as obras do Copan começaram a se arrastar — quando aconteceu a intervenção no BNI, haviam sido instaladas apenas as fundações e a concretagem das primeiras lajes do subsolo, depois de quase um ano de exame e aprovação do projeto e estudos sobre a qualidade do solo. O interventor passou a se reunir com acionistas e compradores para desenvolver um plano de obras com as prestações, que continuavam a ser cobradas naquele regime de "sistema a preço de custo". No entanto, vários condôminos, especialmente os dos apartamentos mais caros, deixaram de pagar suas mensalidades, achando que o barco afundaria. A inadimplência disparou, interrompendo a construção diversas vezes. Anúncios se repetiam nos classificados dos jornais: tanto do conselho do BNI explicando a intervenção como dos condôminos convocando assembleias para discutir a continuidade da obra, talvez por conta própria.

No início de 1956, tinham sido construídos apenas dois dos 32 andares do edifício. O terremoto responsável por derrubar o BNI produziu tremores no mercado imobiliário que foram sentidos por todos os outros incorporadores. As complicações da empreitada e a crescente inflação afetavam a reputação do setor. O edifício Itália, com obras recém-iniciadas, enfrentou interrupções semelhantes, confirmando o ceticismo. Nesse mesmo ano, Artacho Jurado começou a anunciar nos jornais "assembleias extraordinárias" com os compradores de seus apartamentos, tentando negociar diretamente com eles reajustes mais realistas das mensalidades (que a lei limitava a 12% ao ano) e tentando combater a inadimplência. Os demais incorporadores começariam a brecar novos projetos e lançamentos.

Com seu banco sob intervenção federal, Roxo Loureiro se mudou para o Rio e se dedicou à função de deputado. Fez vários discursos na Câmara para explicar a intervenção no banco e defender sua honra, mas não aparecia nas assembleias de acionistas do BNI nem do Copan.

Para Frias, o pior ainda estava por vir. Três meses após a intervenção no banco, em março de 1955, o carro que dirigia se chocou com um caminhão na via Dutra, entrando na traseira do veículo. No acidente, morreram Zuleika, sua mulher, e José, seu irmão. Frias sofreu apenas um corte na testa. "Me vi sem emprego, sem mulher, sem dinheiro, literalmente a zero. Eu tive um trauma da maior violência [...]. Fui o rei do condomínio em São Paulo, mas nessa hora não apareceu ninguém para me ajudar", contou o empresário décadas depois. "Ninguém me dava emprego. O pessoal virava a esquina para não me ver, porque, com a quebra do banco, eu era suspeito. Até meus bens estavam indisponíveis."[8] Ele então vendeu o apartamento no elegante edifício São Luiz, na praça da República, e se mudou para a casa que tinha sido do pai, na Pompeia.

A fim de tentar se reerguer, Frias continuou na pequena Transaco, onde vendia títulos e assinaturas da *Folha de S.Paulo*. Aos poucos, foi reconstruindo sua vida. Em 1956, casou-se outra vez, e no ano seguinte, aos 44 anos, teve seu primeiro filho. O Bradesco adquiriu o espólio da liquidação extrajudicial do BNI no mesmo ano. Em 1961, Frias inaugurou a primeira estação rodoviária de São Paulo, na avenida Duque de Caxias, construída em parceria com Carlos Caldeira Filho. Foi sua última obra. No ano seguinte, deu uma guinada radical nos negócios. Ao saber que o amigo José Nabantino Ramos queria se desfazer da *Folha de S.Paulo*, Frias foi persuadido por Caldeira a comprar o jornal. Nas décadas seguintes, abraçaria inteiramente a carreira de publisher e editor, levando a *Folha* a se tornar o diário de maior circulação do país na década de 1980. Nas duas ocasiões, recorreu ao antigo parceiro de arquitetura, Carlos Lemos, que deu consultoria para a construção da cúpula da rodoviária e decorou os dois andares da diretoria do jornal.

No comando da *Folha*, Frias pouco falava dos prédios que construíra. Seu primogênito, Otávio Frias Filho, contou que, embora tenha passado várias vezes em frente ao Nações Unidas com o pai, ele "nunca comentou ter construído aquele prédio".[9] O passado de construtor tinha virado "uma mancha na sua vida, o problema do BNI", como descreveu um amigo, o empresário Gastão Vidigal. Num depoimento citado em sua biografia, Frias descreveu o desenlace da história do BNI: "A liquidação judicial encontrou tudo em absoluta ordem, não constatou nenhuma fraude. O ativo do banco pagou tudo, e o Amador Aguiar [fundador e presidente do Bradesco] ficou com o banco, liquidou todos os débitos junto aos correntistas e ainda sobrou muito dinheiro".[10]

Frias atuou na *Folha de S.Paulo* até a sua morte, em 2007, aos 94 anos. Nunca mais retornou ao mercado imobiliário.

Roxo Loureiro também tentou contornar a nódoa da falência. Em sua autobiografia, publicada em 1976, quase metade das 317 páginas é ocupada por explicações para o fracasso do BNI. No livro, o empresário

*Rua interna do Copan, em foto de 2017, com os fundos do prédio do Bradesco, que não seguiu a ideia original de ter lojas viradas para o edifício de Niemeyer.*

afirma que foi "alvo de emboscadas [...], pequenez, inveja e cobiça e por políticas equivocadas do governo federal".[11] Apesar disso, continuou na carreira de empreendedor. Após a intervenção no banco, transformou a mansão em que morava no Pacaembu, de 2,5 mil metros quadrados de área construída, em um dos primeiros clubes sociais para empresários e executivos da cidade, o Nacional Club, inaugurado no final de 1958. Com projeto do arquiteto Jacques Pilon, paisagismo de Roberto Burle Marx e mural de Emiliano Di Cavalcanti, o espaçoso imóvel da rua Angatuba fora construído, segundo Roxo Loureiro, para receber (e impressionar) os empresários americanos, seus potenciais sócios. Depois da falência do BNI, o palacete acabou se tornando um luxo dispendioso.[12]

Em 1962, Roxo Loureiro lançou na via Dutra, ao lado de seu Clube dos 500, o Internacional Golf Club, que dirigiu até 1974, quando tinha duzentos sócios. O quixotesco empresário passou seus últimos quinze anos de vida recolhido em Guaratinguetá, no interior de São Paulo, longe das colunas sociais e do convívio com a elite paulistana. Morreu em 1979, aos 66 anos.

Em 20 de outubro de 1956, Niemeyer entregou uma procuração a Lemos, delegando ao seu braço direito em São Paulo a responsabilidade de terminar o Copan.[13] O arquiteto carioca tinha sido convidado pelo presidente Juscelino Kubitschek a se dedicar aos múltiplos projetos para a futura nova capital do país. Pouco depois, Niemeyer declararia que se arrependera de trabalhar para a "especulação imobiliária"[14] (nas suas palavras) e que não reconhecia suas obras para o BNI.

Até o início de 1958, as obras do Copan não deslancharam, e muitos até imaginavam que aquele esqueleto de poucos andares serpenteando pela avenida Ipiranga ficaria naquele estado para sempre. O novo dono do empreendimento, o Bradesco, anunciou a retomada das obras em março de 1958,[15] mas decidiu otimizar e baratear o que já parecia um mau negócio bem antes de ficar pronto. Assim, por decisão do Bradesco, os blocos E e F, que teriam apartamentos de quatro dormitórios (e onde a inadimplência era maior), foram fatiados em apartamentos de um quarto (de 59 a 69 metros quadrados) e quitinetes (de

28 a 38 metros quadrados). O cinema, que teria 3500 lugares, foi reduzido a quase um terço disso — por fim, em 1986, fechou as portas e durante dez anos abrigou um templo neopentecostal; está desocupado desde 2009. O terraço-jardim em cima da galeria de lojas, que seria aberto, por onde passariam os pilares do prédio, deixou de ser uma área comum. O Bradesco alugou o espaço para a Companhia Telefônica Brasileira, que fechou e envidraçou a área. O restaurante e a pérgula na cobertura nunca foram executados. Tampouco o teatro.

Amador Aguiar decidiu manter Lemos à frente da operação. No terreno em frente ao grande "S", onde originalmente ficaria a torre do Hotel Intercontinental, o banqueiro teve a ideia de instalar a agência central paulistana do Bradesco. Queria, porém, um edifício pequeno, de três andares, inspirado na sede do Bank of England, em Londres. "Havia o risco de surgir um predinho neoclássico de três andares em frente ao Copan", confidencia Lemos.[16] O arquiteto acabou persuadindo o banqueiro a construí-la na mesma escala prevista para o hotel, com 23 andares. A obra, projetada por Lemos, começou em 1963 e ficou pronta em 1968. Infelizmente, o arquiteto não conseguiu convencer a diretoria do banco a fazer um térreo aberto, com lojas voltadas para a rua interna entre o banco e o Copan. Criou-se, assim, um paredão para uma viela que prometia ter vida nos dois lados.

O primeiro habite-se do Copan saiu em 1966, catorze anos após o lançamento oficial do prédio. O definitivo só foi dado em 1974. Ao todo, a construção levou 22 anos para ficar pronta — uma eternidade para um projeto comercial de apartamentos. Entre um habite-se e outro, deu tempo para lançar o vizinho Hilton, que foi projetado, construído e inaugurado em menos de quatro anos.

Depois do Copan, Lemos não trabalhou mais para o mercado imobiliário. Dedicou-se à atividade de professor e pesquisador, tornando-se um dos principais historiadores da arquitetura e do urbanismo no país. Em 2022, recebeu da FAU-USP o título de professor emérito.

Quando o Copan foi finalmente inaugurado, o Brasil vivia sob uma ditadura militar, e o modernismo brasileiro já tinha perdido a atenção da crítica internacional. A onda gigante de concreto na avenida Ipiranga passou quase despercebida pelas publicações estrangeiras. Elas não sabem o que perderam. "Quem mora no Copan é rei", disse Paulo Mendes da Rocha, que, ao lado de Niemeyer, foi o arquiteto brasileiro mais premiado da história. Rocha viveu no prédio em dois diferentes períodos de sua vida:

> Morar lá foi uma maravilha. Você põe uma sandália qualquer, veste uma capa de chuva por cima do pijama e vai comprar jornal na avenida São Luís, no domingo, numa boa. Há uns cinquenta restaurantes e comércios ao redor. Tinha o Hilton, em frente, onde eu usava a sauna e a piscina. Você tem a cidade à mão.[17]

O prédio rapidamente redesenharia o conceito de arranha-céu. Seus 32 andares não se assemelham a um grande caixotão ou a um bolo de noiva, nem remetem ao formato fálico de tantas torres de Dubai. Sólido, mas com movimento de bailarino, o "S" espichado do Copan seria o equivalente para a arquitetura paulistana da tecnologia CinemaScope, que dobrou a largura das imagens do cinema nos anos 1950, deslumbrando as pupilas na sala escura. Visto de alguns quarteirões de distância, parece uma longa bandeira de concreto tremulando.

Como descreveu o crítico de arquitetura Michael Kimmelman, do jornal *The New York Times*, até o século XVIII, espanto, terror e entusiasmo eram provocados pela presença de Deus e seus desígnios, e evocados nas artes e arquitetura sacras. Quase que um monopólio divino. Depois, esses sentimentos começaram a ser também reservados a fenômenos geológicos como montanhas e a conquista de seus cumes. O filósofo Immanuel Kant chamava a experiência de "o sublime aterrador". A partir do século XIX, com as novas tecnologias da engenharia e o crescimento das cidades, as obras feitas pela mão humana começaram a rivalizar com as da natureza. "O sublime se tornou alcançável escalando-se o topo de um edifício alto", escreveu Kimmelman. Para ele, os arranha-céus se tornaram, ao mesmo tempo, o cartão-postal e a imagem cinematográfica do século americano. "Em décadas recentes, outras cidades aspirantes construíram prédios mais altos que os nova-iorquinos, mas sem jamais suplantar Manhattan, em parte porque esses *skylines* são apenas cenários de urbanismo, não se erguem de vizinhanças reais ou vibrantes."

Em uma São Paulo desprovida de grandes ícones naturais ou arquitetônicos (o mais próximo desse status era o Martinelli), a visão do Copan produziria esse impacto cinematográfico nos paulistanos.

*A escada pensada por Niemeyer foi vetada pelos engenheiros; a atual foi desenhada por Carlos Lemos e gradeada décadas depois.*

\* \* \*

Como seria se o Copan tivesse sido entregue no prazo, com todas as soluções e os ricos detalhes definidos em seu projeto original? Que impacto teria em compradores satisfeitos — e em imóveis que se valorizariam rapidamente? O que teria ocorrido se os investidores americanos tivessem sentido firmeza na empreitada e o primeiro hotel com bandeira internacional tivesse sido erguido em São Paulo naqueles anos 1950?

O Copan exemplifica as vantagens do conjunto multiúso, além de permitir a coexistência de moradores de rendas diversas. Seu desenho é poroso à rua, não é isolado da calçada. Imagine se as leis de ocupação do solo e de zoneamento paulistano tivessem aprendido a lição e estimulado projetos como o Copan e o Conjunto Nacional, dois complexos que tinham tudo para se tornar o modelo a ser seguido — ou melhorado — pelos demais incorporadores. Mas nada disso aconteceu. À obra tumultuada, atrasada e adulterada, seguiriam rasteiras diversas na construção de vários outros grandes imóveis, parentes modernos do Copan em São Paulo.

## 9. O fim do milagre arquitetônico

*Brasília é, portanto, uma síntese do Brasil, com seus aspectos positivos e negativos, mas é também testemunho de nossa força viva latente. Do ponto de vista do tesoureiro, do ministro da Fazenda, a construção da cidade pode ter sido mesmo insensatez, mas do ponto de vista do estadista foi um gesto de lúcida coragem e confiança no Brasil definitivo.*[1]

LÚCIO COSTA

Quando a Companhia Municipal de Transportes Coletivos (CMTC) aumentou a passagem de ônibus de 3,50 para cinco cruzeiros, em 29 de outubro de 1958, um quebra-quebra varreu o centro de São Paulo. Três pessoas morreram, e cem feridos deram entrada no Hospital das Clínicas. Vinte policiais foram hospitalizados. Vários ônibus da empresa controlada pela prefeitura foram depredados e viraram sucata. Não eram apenas vinte centavos: a tarifa havia subido 43%. A manifestação — chamada pelos organizadores de "São Paulo contra a carestia" — foi descrita pela imprensa como uma consequência do "desespero popular". O Departamento Intersindical de Estatística e Estudos Socioeconômicos (Dieese) apontava que, em 1958, o custo de vida do trabalhador aumentara 50%. O litro de leite havia dobrado de preço, de nove para dezoito cruzeiros, em um ano. Em menos de quatro meses, de dezembro de 1958 a março de 1959, o quilo de açúcar subira de treze para dezoito cruzeiros, e o litro de óleo diesel, de 4,88 para 6,54 cruzeiros.

O governo de Juscelino Kubitschek tinha perdido o controle sobre a inflação. Nem mesmo durante a escassez da Segunda Guerra Mundial os brasileiros haviam experimentado uma aceleração de preços similar. O famoso Plano de Metas do presidente, cujo esmerado slogan era

"Cinquenta anos em cinco", havia deixado de fora a construção de Brasília — ela nem sequer estava orçada. Ninguém sabia ao certo quanto custaria aquela empreitada.

Em 1957, quando as obras começaram de vez, 84% dos custos de construção da nova capital foram financiados com empréstimos externos. O governo se endividava com fornecedores da infraestrutura, desde a sueca Ericsson até as americanas General Electric e General Motors. Bancos e fornecedores europeus e americanos bancariam quase metade do gasto em 1958. No ano seguinte, o endividamento externo representaria um terço dos custos — durante todo o mandato de JK, a dívida externa brasileira cresceria 40%. Quando os credores internacionais reduziram os empréstimos, talvez temendo o pior, o governo recorreu a uma solução doméstica e começou a imprimir dinheiro (16 bilhões de cruzeiros em 1957, 18 bilhões em 1958 e 39,5 bilhões em 1959).[2] A ordem era acelerar e inventar o financiamento de qualquer jeito. Diversas empreiteiras ganharam o bilhete premiado ao serem convidadas a trabalhar para a Companhia Urbanizadora da Nova Capital, a Novacap, estatal responsável por erguer o sonho de JK no Planalto Central.

A sorte não foi compartilhada pelos protagonistas dos primórdios do mercado imobiliário de massas paulistano. Uma reportagem publicada em 1961 pela *Acrópole*, revista editada e lida pelos arquitetos paulistas, revelou que, em um ano apenas, o preço do quilo de cimento tinha aumentado 63,3%, o da pedra britada, 89,4%, o da telha cerâmica, 98%, e o da louça branca, 87,5%. A alta média dos materiais de construção fora de 42% em doze meses. As construtoras-incorporadoras, que então ainda vendiam apartamentos a preço de custo, rateando os gastos mensais com os condôminos, não podiam reajustar acima de 12% ao ano — de acordo com a Lei da Usura, decretada em 1933 pela ditadura Vargas. Como ainda não havia sido estabelecida a correção monetária (leis desatualizadas costumam ter longa sobrevida), as construtoras tinham de entregar as obras com um reajuste menor.

Brasília crescia "no peito e na canelada", como se vangloriou Juscelino, dizendo que o "impossível acontece".[3] Enquanto isso, suas obras consumiam boa parte do material de construção produzido pela indústria nacional. As armações de aço necessárias para os edifícios públicos brasilienses "tiveram que ser importadas dos Estados Unidos porque Volta Redonda estava superabarrotada de trabalho e Brasília não ficaria pronta em 1960 se fôssemos esperar",[4] justificou Israel Pinheiro, diretor da Novacap. O construtor David Stuhlberger lembra que "havia gente importando material de construção até do Japão para conseguir terminar prédios em São Paulo" e que "às vezes [isso] era até mais barato do que depender dos fornecedores nacionais, que estavam ganhando muito com Brasília".[5]

Juscelino estimava que a construção da cidade iria custar 6 bilhões de cruzeiros, mas que o governo arrecadaria 24 bilhões de cruzeiros com a venda de 80 mil lotes. Despesas e receitas teimaram em desmentir as contas do presidente. Um estudo da revista *Conjuntura Econômica*, da Fundação Getulio Vargas, feito no final de 1962, quando as obras ainda estavam longe de ser finalizadas, explicitava o descontrole financeiro. O custo parcial da empreitada já tinha devorado 300 bilhões de cruzeiros (cerca de 42 bilhões de reais em valores de 2023), cinquenta vezes mais que a previsão inicial. A venda de lotes de Brasília, que supostamente financiaria a construção, representava apenas 7% dos gastos. Além dos prédios públicos, da terraplenagem e da logística necessária para levar operários e materiais, havia os gastos com novas estradas e a construção de dezenas de novas sedes para estatais, autarquias e instituições federais. Com isso, a inauguração, em 21 de abril de 1960, foi, naturalmente, incompleta. A Catedral Metropolitana de Brasília e o Ministério das Relações Exteriores (o Palácio Itamaraty) só ficariam prontos em 1970, e o Teatro Nacional, em 1981.

Naqueles anos acelerados, entre 1957 e 1962, o equivalente a 0,6% do PIB brasileiro — em cada um desses seis anos — foi consumido pelas obras da capital,[6] segundo dados revelados no governo de João Goulart, que brecou a construção de diversos prédios já projetados por Niemeyer.

As metas macroeconômicas de JK não foram cumpridas. Ele prometeu uma inflação anual de 13,5%, a mesma de seu primeiro ano no cargo. Deixou o Alvorada com inflação de 40% ao ano. "Desequilíbrio recorde nas contas do tesouro", dizia a capa da *Conjuntura Econômica* de novembro de 1960. À distância, não se deve reduzir o governo de

Juscelino ao balanço fiscal. Décadas depois, ainda seriam valorizados e elogiados o crescimento e a industrialização sob seu mandato, o fato de ele possuir um Plano de Metas, além do otimismo do presidente, que não perseguia adversários. No entanto, para o mercado imobiliário paulistano com arquitetura de qualidade, as consequências de Brasília foram acachapantes.

A primeira grande vítima imobiliária dos anos de desequilíbrio nos gastos do governo JK foi Otto Meinberg. Sua construtora, depois de ter feito quinze edifícios de quitinetes e de apartamentos de luxo, no centro e em Higienópolis, além do Teatro Sérgio Cardoso, teve de paralisar as obras do edifício Itália em 1958. As vendas das unidades tinham sido feitas a preço de custo por sua própria incorporadora, em permuta com o Circolo Italiano. Sem poder reajustar as mensalidades e com casos de inadimplência, era impossível continuar a comprar materiais de construção, alugar equipamentos, pagar os salários e seguir com o arranha-céu. Meinberg "teve que devolver integralmente os investimentos de vários compradores, enquanto procurava financiamento. Conseguiu um grande empréstimo do Banco Ítalo-Suíço para continuar as obras", conta seu filho, José Frederico Meinberg. Para garantir a continuidade do projeto, o mesmo banco convocou outras construtoras, bem como uma junta de condôminos. Meinberg ofereceu como garantia para o banco seu Hotel Comodoro, na avenida Duque de Caxias, fazendas no interior de São Paulo e de Mato Grosso e diversos imóveis na capital. Durante o processo, ele caiu doente. Em 1963, quando a torre ovalada finalmente chegava às alturas, Otto morreu, aos 44 anos, de câncer. O Itália só foi finalizado em 1965, após ser tocado por um consórcio de construtoras chefiadas pelo engenheiro Renato Cecchi, que se tornou o primeiro síndico do prédio. Pouco depois, Paulo Mendes da Rocha foi contratado para desenhar, no topo do edifício, o volume que abriga o restaurante Terraço Itália.

Curiosamente, o irmão de Otto, Iris Meinberg, era um dos diretores da Novacap. Por isso, Otto se recusou a atuar nas obras de Brasília, a fim de evitar "conflito de interesses", nas palavras de seu filho.

A decisão é um atestado de sua integridade. No Brasil daquela época, tão semelhante ao Brasil de hoje em algumas coisas, o fechamento da empresa Imobiliária e Incorporadora Otto Meinberg S.A. se arrastou por quatro anos após sua morte — só aconteceria em 1967.

Meses depois de a junta de condôminos do Itália tomar as rédeas da construção do arranha-céu, foi a vez de Artacho Jurado, que havia pouco inaugurara seu Bretagne na presença de artistas e colunistas, migrar das colunas sociais para as páginas de escândalos financeiros.

Artacho tentou reajustar as parcelas de seus edifícios Louvre, Acácias e Dona Veridiana bem acima do teto de 12% determinado pela lei, o que provocou rebeliões entre os compradores. Começaram os protestos, com anúncios pagos em jornais. O autointitulado "Clube das vítimas da [construtora] Monções" abriu 112 processos contra o construtor e seu irmão.[7] Um anúncio de página inteira no jornal *O Estado de S. Paulo* exibe os altos decibéis da conflagração entre compradores e a empresa de Artacho: "MONÇÕES NA POLÍCIA", exclamam alguns clientes no topo de página, em letras garrafais, pedindo a abertura de um inquérito policial. Diz uma das acusações:

> Houve uma previsão propositadamente baixa para o custo da construção, com o objetivo de atrair interessados na compra dos apartamentos; atingindo o número suficiente, a ré, sem capital para os compromissos assumidos, sob o pretexto do aumento do custo de vida, passou a exigir novas entradas dos compradores, antes da entrega dos apartamentos. [...] O polvo criminoso começava a distender seus tentáculos.[8]

Os reajustes são chamados de "estelionato", e dois políticos — um vereador da capital e um deputado estadual — apoiam a abertura de inquérito policial para "salvar 2600 famílias paulistas e brasileiras". A implosão dos negócios imobiliários se alastrava.

A aflição dos clientes era tão compreensível quanto o desespero de João Artacho Jurado por não conseguir finalizar as construções. Os compradores esperavam ter seus imóveis em cerca de quatro anos — mas vários prédios da Monções levaram oito anos em obras que eram interrompidas quando o caixa esvaziava. Em menos de dois anos, entre 1960 e 1962, acossado por acusações e processos, Artacho praticamente passou adiante todos os seus prédios inacabados. Vendeu para a família Scarpa o edifício Acácias, na avenida Higienópolis, que foi rebatizado como Apracs (anagrama do nome Scarpa). O condomínio Dona Veridiana foi redesenhado pelo escritório de Alberto Botti e Marc Rubin, com acabamento bem inferior ao previsto, e rebatizado como Tradições Brasileiras. O Saint Honoré acabou entregue aos moradores como um prédio de Artacho desidratado, sem o característico revestimento em pastilhas. O Louvre também foi terminado por uma junta de condôminos, que passou a administrar o edifício — cujo habite-se só foi concedido em 1970, dezessete anos após seu lançamento.

Artacho sofreu um infarto em 1965 e nunca se recuperou por completo. Desapareceu da agenda social de São Paulo. Segundo a filha única, a decoradora Diva, os edifícios coloridos tornaram-se um tema tabu nas conversas da família. Passados quase dez anos, pai e filha construíram juntos alguns sobrados coloridos em São Bernardo do Campo, onde apenas detalhes de janelas e terraços fazem lembrar seu velho estilo — quase como um retorno ao início de sua carreira, quando erguia casinhas simples. Artacho morreu em 1983, aos 76 anos, praticamente no anonimato. Morava em um apartamento alugado em um prédio que não construíra, na rua Visconde de Ouro Preto, perto da igreja da Consolação.

Promotor do Jardim Ana Rosa e de um conjunto de edifícios em Perdizes, o Banco Hipotecário Lar Brasileiro abandonou os grandes projetos no final dos anos 1950, em razão da inadimplência em alta e da inflação. Já tinha reduzido bastante a ambição do Jardim Ana Rosa e cancelado o lançamento de alguns prédios. Limitou-se a finalizar obras e inaugurar alguns poucos edifícios no interior de São Paulo. Antes que o banco quebrasse, o presidente Jânio Quadros autorizou, em 1961, que fosse adquirido pelo banco americano Chase Manhattan, e o negócio foi selado no ano seguinte, já no governo de João Goulart. A carteira imobiliária foi extinta em 1964. Abelardo de Souza, o arquiteto favorito do Lar Brasileiro e autor dos projetos do BNI na avenida Paulista, teve várias de suas ideias engavetadas nas décadas seguin-

*Edifício Saint Honoré, projeto de 1952 de Artacho Jurado, possui 25 andares e formato em L, com apartamentos com vista para a avenida Paulista e para a alameda Santos.*

tes. Por quase vinte anos, um de seus raros trabalhos foi o Mercado Municipal de Pirituba, construído durante a gestão do prefeito Paulo Maluf. Em 1978, aposentou-se como professor da USP. Morreu em 1981, aos 73 anos.

O arquiteto do Conjunto Nacional, David Libeskind, e seu sócio, o engenheiro Simão Schaimberg, ainda que mirassem um mercado de maior poder aquisitivo, também desaceleraram a produção naqueles anos inflacionários. Entre 1962 e 1963, lançaram apenas dois empreendimentos antes de desfazer a construtora.

Em 1963, Libeskind foi contratado pela companhia Cedro do Líbano, dos empresários José Saad, Karim Eid Mansour e William Daud, para desenhar um empreendimento de uso misto em um terreno na

*A cobertura ondulada do Mercado Municipal de Pirituba, apoiada por um pilar central de vinte metros de altura, se assemelha a pétalas de concreto.*

esquina das ruas Augusta e Caio Prado, onde funcionava o colégio Des Oiseaux, das filhas da elite paulista. O conjunto abrigaria hotel, salão de convenções, lojas e escritórios, com terraços abertos, como os da galeria Metrópole, e um grande corredor com cobertura transparente recebendo luz natural. O projeto, contudo, nem chegou à maquete. Depois da demolição do Des Oiseaux, o terreno ficou vazio por décadas, até a abertura do parque Augusta, em 2021.

Como vários outros arquitetos nos anos 1970, Libeskind se tornou funcionário público: foi diretor da Companhia Metropolitana de Habitação de São Paulo (Cohab) durante o governo Maluf. Chegou a sugerir à prefeitura uma remodelagem da praça Princesa Isabel, perto da estação Júlio Prestes, propondo a criação de um teatro de arena ao ar livre com 5 mil lugares que se chamaria Auditório Rino Levi. O projeto também nunca saiu da gaveta. Até o início dos anos 1980, chegou a incorporar alguns poucos edifícios, mas deixou de trabalhar nas duas últimas décadas de vida, acometido pelo mal de Parkinson. Morreu em 2014, aos 85 anos.

*Projeto de David Libeskind para o terreno do antigo colégio Des Oiseaux, onde hoje há o parque Augusta.*

\* \* \*

Depois de construir treze grandes prédios nos anos 1950 — vários desenhados por Franz Heep, como Lausanne, Lugano e Locarno —, a construtora Auxiliar, de Leon Gorenstein e dos irmãos Aizik e Elias Helcer, lançou apenas um prédio entre 1962 e 1964. Com a crise enfrentada por seu parceiro, o construtor Otto Meinberg, e a desaceleração da construtora Auxiliar, Heep viu minguarem as encomendas para seu escritório. Tocou apenas a obra do edifício Itália e fez seu último prédio de quitinetes, o Arlinda, no largo do Arouche. Nesse período de vacas esquálidas, tornou-se professor no Mackenzie. Em 1965, seu último ano na escola, aceitou um convite para trabalhar como consultor de programas de moradia popular em Lima, no Peru, onde ficou até 1968 — chegou a desenhar um conjunto habitacional para 1500 pessoas que só engordou o escaninho de boas intenções da ONU.

Heep também planejou uma cidade-satélite para a capital paraguaia, Assunção, que tampouco foi executada. Foi seu último grande projeto. De frustração em frustração, doente e deprimido, instalou-se no Guarujá, em 1972. Sua esposa decidiu que seria melhor que eles voltassem definitivamente a Paris, onde possuíam um pequeno apartamento. Pouco antes da mudança, em agosto de 1977, seu amigo e colega Salvador Candia decidiu organizar no IAB uma homenagem a Heep, que compareceu de terno e gravata-borboleta. Mal entendia o que estava acontecendo ao seu redor, pois sofria de arteriosclerose cerebral. Morreu em março de 1978, aos 75 anos, poucos meses depois de desembarcar na França.

Donos de suas próprias construtoras, ao contrário de Heep, os poloneses Luciano Korngold e Alfredo Duntuch tiveram trabalho por alguns anos a mais, mas sempre sentindo na pele a desaceleração nos condomínios "a preço de custo". Ambos diversificaram os portfólios. O primeiro fez edifícios de escritórios e escolas. O segundo desenhou fábricas, propriedades em Campos do Jordão e alguns poucos residenciais, e chegou a criar uma empresa de importação e exportação e de corretagem de imóveis, a Stel, em 1960.

Os dois conterrâneos morreram antes que se configurasse o novo formato do mercado de imóveis. Ambos faleceram por infarto: Korngold, aos 65 anos, em 1963, e Duntuch, aos 64, em 1967 — ano do advento da ponte de safena —, enquanto dançava valsa com a mulher,

*O edifício Charrier, de 1965, foi a única experiência de Franz Heep como incorporador.*

Antonina, durante as férias na Europa. Pouco tempo depois da morte de Korngold, seu escritório foi fechado pelo filho, o engenheiro Jan Jakob, que trocou de área, passando a se dedicar ao mercado de autopeças. A construtora Luz-Ar continuou na ativa depois da morte de Duntuch, comandada por seu sócio, Cluny Rocha.

Victor Reif, outro importante arquiteto polonês de origem judaica, teve seu escritório na avenida Paulista destruído por um incêndio, em 1969. Depois disso, tornou-se professor de projeto no Mackenzie e passou a se concentrar nessa atividade, construindo poucos imóveis. Nos anos 1970 e 1980, dedicou-se mais à pintura e chegou a expor suas aquarelas. Morreu em 2000, aos noventa anos. Nos jornais paulistanos, seu obituário resumiu-se a pequenas notas, como ocorrera com seus colegas poloneses.

O casamento de Ermanno Siffredi e Maria Bardelli acabou nos anos 1960, mas os dois continuaram trabalhando juntos, como no projeto do Hotel Hilton, na avenida Ipiranga. O prédio, que hoje abriga o Tribunal de Justiça do estado de São Paulo, foi assinado pelo irmão caçula da arquiteta, Mario Bardelli, que estudou arquitetura na FAU-USP. A partir dos anos 1970, construíram pouco e viveram da renda de imóveis que guardaram para si. Em 1974, desenharam um conjunto residencial para o banco Safra na rua dos Franceses, na Bela Vista, chamado Praça dos Franceses, com sete torres ao redor de um jardim com fontes e alamedas, além de uma escultura de influência asteca do artista Domenico Calabrone. Na década de 1980, projetaram apenas alguns empreendimentos de luxo no Real Parque, no Morumbi e no Campo Limpo, e um flat na região da Paulista, mas com detalhamento e materiais bem menos sofisticados que seus residenciais dos anos áureos, em Higienópolis. Segundo parentes e amigos, porém, não deixaram de desenhar e pensar em projetos, que nunca se viabilizaram.

Ermanno voltou a se casar, com Sonia Mello Siffredi, e já passara dos sessenta anos quando teve seus dois filhos. Gostou de saber que sua construção fora rebatizada de "Galeria do Rock". "Sempre fui moderno", brincava. Nunca abandonou os ternos de linho claro, os

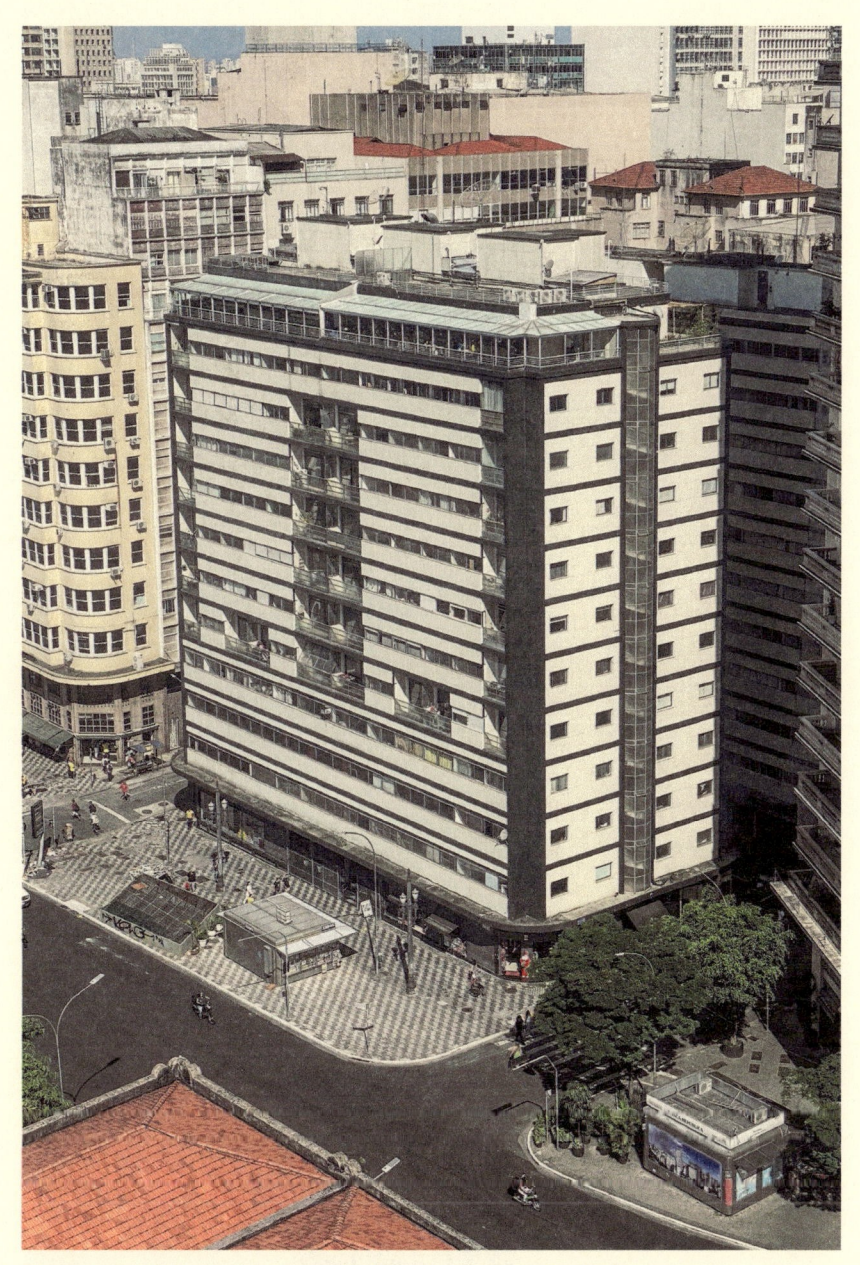

Pioneiro edifício modernista do Brasil, o Esther, de 1938, surgiu de um concurso de projetos. Álvaro Vital Brazil, um dos coautores, fez diversos prédios no Rio e em Belo Horizonte. Di Cavalcanti morou no Esther, que também abrigava o escritório de Rino Levi.

Painel de pastilhas feito por Di Cavalcanti atravessa toda a entrada do edifício Montreal, de 1954, projetado por Oscar Niemeyer. O saguão fica no subsolo para liberar o térreo para estabelecimentos comerciais.

O Lausanne, de 1955, foi projetado para a construtora Auxiliar por Franz Heep, que, a partir de 1960, viu os convites de trabalho começarem pouco a pouco a minguar.

O edifício Guarany, maior condomínio residencial da cidade nos anos 1930, com projeto de Rino Levi, tinha a vista desimpedida para o parque Dom Pedro II, então endereço nobre de São Paulo.

Os edifícios Hicatu e Guapira, dentro do conjunto Jardim Ana Rosa, com projeto de Eduardo Kneese de Mello, contam com unidades dúplex e rampas para prescindir de elevador e portaria.

O Gaspar Lourenço, projetado pelo arquiteto Salvador Candia, foi um dos últimos edifícios do Jardim Ana Rosa.

Pioneiro residencial na avenida Paulista, o Três Marias, de 1952, com projeto de Abelardo de Souza, tem tratamento sofisticado de cores e terraços em balanço.

O edifício Pauliceia-São Carlos do Pinhal, de 1956, com projeto de Jacques Pilon e Gian Carlo Gasperini, tem apartamentos de quatro tamanhos diferentes e três grandes jardins internos.

Uma cooperativa de funcionários públicos bancou a construção do edifício São Vicente, de 1949, com projeto de Luciano Korngold. A fachada tem placas de Eternit e tijolos laminados.

A dupla de arquitetos e incorporadores Victor Reif e Jorge Zalszupin é responsável por este saguão dramático do edifício Inajá, de 1964. A marcenaria é de Zalszupin e o drapeado em gesso do também artista Reif.

Consumidoras retratadas em painel de Bramante Buffoni sobre os elevadores da Galeria do Rock, projetada pelos arquitetos e incorporadores Maria Bardelli e Ermanno Siffredi em 1961.

Recortes nas lajes da Galeria do Rock: a abertura dos andares cria ainda mais luz para os corredores do empreendimento.

Saguão de entrada do edifício Nobel, de 1954. O casal Bardelli-Siffredi criou um ambiente de fantasia em seu primeiro prédio de luxo, em Higienópolis.

A dupla Bardelli-Siffredi ocupou um terreno de esquina com a torre do Domus, de 1958, que tem um apartamento por andar e inusitadas plantas em V.

Entrada do edifício Piauí, construído entre 1948 e 1950. O arquiteto autodidata e construtor João Artacho Jurado morou na cobertura deste que foi seu primeiro prédio em Higienópolis.

Topo do Viadutos, de 1950. Com pilares no terraço-jardim, típicos do modernismo, pastilhas coloridas e adornos no salão de festas, a construção é digna de um cenário de filme musical.

Corredor do edifício Bretagne, de 1951, com o bar do condomínio à esquerda, que funciona até hoje.

Caixa da escadaria do edifício Cinderela, de 1952, obra de Artacho Jurado: ela é toda vazada por cobogós.

Pastiche neoclássico na rua Haddock Lobo, nos Jardins: o luxo barato que fez sucesso no início dos anos 2000.

Memorial da América Latina, projeto de Oscar Niemeyer e Darcy Ribeiro para o então governador Orestes Quércia. Por muito tempo, Niemeyer teve mais orgulho desta obra do que do Copan.

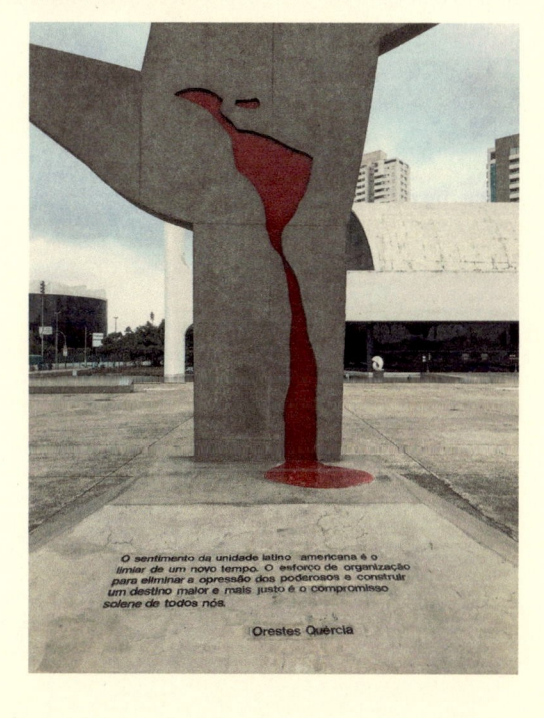

Bairro dos Campos Elíseos, no centro de São Paulo: espraiamento da cidade acelerado nos 1960 esvaziou bairros como este.

Parque Dom Pedro, entre o centro e o Brás, desfigurado por sete viadutos erguidos entre os anos 1960-70. O rio Tamanduateí agoniza no meio.

Torre de vidro espelhado no largo da Batata, em Pinheiros. Janelas que não abrem e inexistência de cobertura, terraços ou qualquer abertura: ar condicionado e iluminação artificial 24 horas.

Edifício Santos Augusta, projeto de Isay Weinfeld para Reud:
raro corporativo com bancos públicos, café, restaurante, acesso ao teatro
pelo térreo e embarque e desembarque de veículos em segundo plano.

sapatos sem meia ou as calças estilo Saint Tropez. Maria morou muitos anos na cobertura do edifício Noblesse, contíguo ao Nobel, e voltou a se casar no final dos anos 1980, quando se mudou com o marido inglês para os Estados Unidos. Morreu de câncer em 1994, em Miami. Suas cinzas foram depositadas no Cemitério da Paz, em São Paulo, conforme seu desejo. Ermanno morreu quase uma década depois, em 2003.

Bernardo Rzezak fez poucos prédios nos anos 1960 e apenas um na década de 1970, além de poucas casas. Fechou a construtora em 1981 e morreu em 1995, aos 84 anos.

Arão Sahm e Guido Gregorini também assinaram poucos edifícios, juntando forças, a partir de 1963, para desenvolver um grande loteamento em Atibaia, a Estância Parque Atibaia, para onde ambos se mudariam com a família. Ali também surgiria uma das filiais da rede Eldorado de hotéis, que Sahm criaria nos anos 1970, aproveitando os incentivos federais após a criação da Embratur. Os últimos prédios projetados por Gregorini foram o Sienna-Amalfi-Ravenna e o Palácio Imperial, ambos na avenida Higienópolis, ainda nos anos 1960. Ele morreu em 1996, dez anos após a morte de Sahm.

O romeno Israel Galman não quis abandonar a arquitetura, mesmo quando sua construtora, a Rio Branco, começou a ter problemas de caixa nos anos 1960. Foi tentar a sorte em Manaus, "numa época que nenhum arquiteto paulista se aventuraria a trabalhar na Amazônia", relembra sua esposa, Melanie Galman.[9] Lá, fez prédios comerciais e residenciais durante dez anos. Mas brigas com parceiros e o calote de alguns clientes, que nunca pagaram projetos entregues, fizeram com que ele fosse buscar trabalho ainda mais longe. Desafiando a aposentadoria e deprimido, ele convenceu a mulher a emigrarem para Israel.

Os possíveis clientes com que sonhava na terra prometida não o procuraram. Era o auge do pós-moderno, de onde saíram diversos hotéis coloridos e espalhafatosos que sobrevivem em Tel Aviv. O modernismo de Galman era coisa do passado. "Ficou ainda mais deprimido, fumando muito, e voltamos para o Brasil um ano depois." Imigrar aos sessenta anos foi uma experiência brutal, e o arquiteto não tinha trabalho nem lá, nem cá.

Um ano depois de seu retorno a São Paulo, foi diagnosticado com câncer de pulmão. Debilitado, não podia mais desenhar. Melanie conta o que ocorreu no apartamento do casal, no edifício Tradições Brasileiras, na avenida Higienópolis: "Meu Isa foi para aquele banheiro ali, com um revólver, e se matou. Não queria mais viver". Morreu aos 63 anos, em 17 de agosto de 1986.

*Edifício Manaus, na alameda Barão de Limeira, projetado por Israel Galman, que foi atrás de trabalho na Amazônia e em Israel quando o mercado prescindiu da arquitetura.*

A crise engendrada nos anos JK demorou para entrar no radar da elite intelectual do país. Apesar da inflação e dos números estraga-prazeres das contas públicas, nada ameaçava a euforia que a construção de Brasília gerara na intelligentsia e na própria mídia.

O projeto moderno tinha alcançado o mainstream — a raridade de ter uma capital projetada do zero seguindo diretrizes da arquitetura moderna nublou o distanciamento crítico da categoria. As 130 páginas da edição da revista *Acrópole* de fevereiro de 1960, dedicada à nova capital, traziam textos (em português e inglês) com loas à empreitada (inclusive um artigo do próprio presidente Kubitschek). Não havia na publicação um único artigo sobre as extravagâncias orçamentárias e seus eventuais impactos na economia. Mesmo nas fichas técnicas dos surpreendentes prédios de Niemeyer, jamais se fazia menção ao custo de cada obra. Seu urbanismo era elogiado também. Ao falar sobre o Plano Piloto em longo ensaio, o arquiteto Jorge Wilheim assim descreveu o futuro de Brasília: "Neste centro, haverá vielas em que se distri-

*O casal Melanie e Israel Galman: terreno que ganharam ao se casar virou espaço para o primeiro empreendimento de Galman.*

buirão as casas de espetáculos, espaços íntimos que lembrarão a rua do Ouvidor do Rio ou o antigo largo da Misericórdia de São Paulo. [...] As lojas e os restaurantes anexos à estação rodoviária serão certamente um dos importantes pontos de encontro".[10]

Os sinais de que aquele crescimento do PIB era insustentável foram sufocados pela propaganda oficial — as más notícias da irresponsabilidade fiscal ficavam relegadas às páginas de economia dos jornais. Ninguém podia com aquele Brasil vitorioso e confiante. O país crescia acima de 9% ao ano, em média; as metas de JK eram atingidas — geração de energia, indústrias de base e transportes, especialmente rodovias, absorviam 93% do orçamento do Plano de Metas —; e o Brasil celebrava diversos feitos inéditos nos esportes e na cultura que pareciam confirmar a nova civilização que a cidade do Planalto Central simbolizava. As vitórias sucessivas de Maria Esther Bueno nas quadras internacionais de tênis, o sucesso do boxeador Éder Jofre nos ringues, o Oscar de melhor filme estrangeiro de 1960 a *Orfeu negro* (de produção francesa, mas ambientado no Rio), a difusão da Bossa Nova e a primeira conquista da Copa do Mundo, em 1958, incentivavam o êxtase que obscureceu a visão da realidade.

O dramaturgo Nelson Rodrigues assim descreveu o impacto psicológico da conquista da Copa na Suécia:

> O brasileiro por dentro era um humilde, um vencido, cheio de farrapos e sarnas interiores. E, de repente, em noventa minutos, a última vitória agiu sobre nós como dez anos de psicanálise profunda. Estamos vestidos de novo por dentro. Cada um de nós era um narciso às avessas, que tinha vontade de cuspir na própria imagem. Hoje a gente se olha no espelho e vê lá um campeão do mundo.

No orçamento do Plano de Metas de JK, porém, a educação mereceu apenas 3,4% dos recursos. Em 1960, 82% das crianças entre cinco e nove anos não sabiam ler nem escrever, segundo o IBGE. A questão habitacional nem foi citada entre as trinta metas do governo federal.[11] O Estado passou a controlar a produção de aço, energia e infraestrutura, com a criação ou expansão de estatais como a Companhia Siderúrgica Nacional (CSN), a Companhia Siderúrgica Paulista (Cosipa), as Usinas Siderúrgicas de Minas Gerais (Usiminas), a Petrobras, a Companhia Vale do Rio Doce, a Companhia Hidroelétrica do São Francisco (Chesf), a Usina Hidrelétrica de Furnas, a Rede Ferroviária Federal (RFF), a Companhia de Navegação Lloyd-Brasileiro e o Departamento Nacional de Estradas de Rodagem (DNER). O nacional-desenvolvimentismo não via como paradoxo o fato de o governo vetar a participação privada e estrangeira na Petrobras, deixando todas as despesas na conta do Tesouro Nacional, enquanto tentava passar o chapéu no FMI, em Washington, atrás de novos empréstimos.

A ressaca do ufanismo derrubaria elefantes. Os protestos violentos contra o aumento da passagem de ônibus aconteceram exatamente quatro meses após a conquista da Copa do Mundo. Dois anos depois, o país elegeu um presidente populista, Jânio Quadros, ex-governador de São Paulo, que prometia varrer a corrupção e era crítico zombeteiro de JK. O eleitor brasileiro não parecia estar tão embriagado com o ufanismo da intelligentsia desenvolvimentista.

Jânio, que assumiu com um déficit recorde nas contas públicas, de 440 bilhões de cruzeiros, ficou apenas sete meses no poder. Com sua renúncia, a instabilidade política veio se juntar à inflação e ao caos fiscal. Mais construtoras quebraram, mais prédios deixaram de ser feitos, mais arquitetos ficaram desempregados.

No final dos anos 1950, São Paulo viveu um verdadeiro outono da construção civil. Uma reportagem da *Folha da Manhã* de 4 de novembro de 1959 (menos de seis meses antes da inauguração de Brasília) chama de "recessão" a queda no número de lançamentos imobiliários.[12] Números da Divisão de Aprovação de Plantas da prefeitura, citados pela *Folha*, mostram a queda abrupta: entre janeiro e setembro de 1958, haviam sido lançados 5 mil apartamentos na cidade. No mesmo período em 1959, não chegaram a 2 mil. "O setor da construção que experimenta maior recessão é o de edifícios de apartamentos e mistos", diz o texto.

Um estudo conduzido pela arquiteta Nadia Somekh sobre a verticalização da capital paulista[13] mostra como a quantidade de edifícios com elevadores aprovados pela prefeitura caiu a partir de 1955 (o equipamento precisava de uma licença específica). Depois de anos de crescimento exponencial — 176 prédios com elevadores em 1950; 225 em 1952; 237 em 1953; e 315 em 1954 —, o número de novos prédios com elevadores em 1959 e 1960 passou a 193 e 233, respectivamente, apesar de a população da cidade continuar crescendo 5% ao ano e de a economia expandir-se a 9% ao ano. A quantidade de elevadores só voltaria a subir em um novo ciclo permanente na década de 1970, em consequência dos estímulos do Banco Nacional da Habitação (BNH), criado pela ditadura para incentivar a construção imobiliária.

O início dos anos 1960 traria mais instabilidades além da inflação. Entre 31 de janeiro de 1961, data da posse de Jânio Quadros, e 31 de março de 1964, quando ocorreu o golpe militar, o Brasil teve três presidentes, cinco chefes de governo, seis ministros da Fazenda e um experimento parlamentarista imposto pelos militares para tirar poder do vice que havia chegado à presidência, João Goulart.

Apenas graças ao Plano de Ação do Governo do Estado (Page), desenvolvido em São Paulo pelo governador Carlos Alberto Alves de Carvalho Pinto (1959-63), os arquitetos paulistas puderam ter um amortecedor naquele tempo de quebradeiras ou paralisações de obras privadas. Conservador da coligação entre o Partido Democrata Cristão e a União Democrática Nacional (UDN) e ex-secretário da Fazenda estadual no governo de Jânio Quadros, Carvalho Pinto estabeleceu seu próprio "cinquenta anos em cinco", com um Plano de Metas mais enxuto, sem criar estatais nem instâncias burocráticas e, sobretudo, respeitando um planejamento orçamentário.

Auxiliado por uma equipe de jovens técnicos de ideologias variadas — como Delfim Netto, Fernando Henrique Cardoso, José Olímpio, Paulo Vanzolini, Plínio de Arruda Sampaio e Hélio Bicudo, além do veterano professor da Politécnica da USP Paulo Menezes Mendes da Rocha, pai do arquiteto Paulo Mendes da Rocha —, o governador conseguiu construir e reformar cerca de quinhentas escolas e criou a Fundação de Amparo à Pesquisa do Estado de São Paulo (Fapesp), o aeroporto de Viracopos, o prédio do Centro Estadual de Abastecimento (Ceasa, atual Ceagesp), a primeira escola da futura Unicamp e diversas usinas hidrelétricas.

Várias das obras que marcariam a consagração da chamada Escola Paulista de arquitetura — a versão local do estilo conhecido como brutalista (o nome vinha de *béton brute*, "concreto bruto", a linguagem adotada por Le Corbusier a partir de 1947) — foram financiadas pelas iniciativas de Carvalho Pinto, como os ginásios (escolas estaduais) de Itanhaém e Guarulhos, projetados por João Batista Vilanova Artigas, além do edifício-sede da FAU-USP (a Cidade Universitária tinha um fundo próprio contemplado pelo Plano de Ação).

Sobretudo para as obras das centenas de escolas, o governo estadual convocou os arquitetos modernos. De Carlos Lemos a Libeskind, de Jorge Zalszupin a Jon Maitrejean, arquitetos de todas as correntes políticas e idades tiveram sua pequena encomenda no interior do estado de São Paulo, graças ao Plano de Ação. "Todo mundo teve muito trabalho por conta do Carvalho Pinto. O escritório que mantínhamos com o Korngold fez umas vinte escolas", relembra Abelardo Gomes de Abreu, sócio do arquiteto polonês. O também polonês Majer Botkowski fez nove escolas no interior, como em Jacareí, Araçatuba e Tupã, e Salvador Candia projetou seis. Rino Levi desenhou o Centro Cívico de Santo André. Apenas em 1960, o Plano de Ação contratou mais de quatrocentos projetos de arquitetura, distribuídos entre a classe — para os profissionais paulistas, foi como uma versão menos opulenta, mas com um time mais variado, de Brasília.

O Plano de Ação agradou especialmente à Escola Paulista, pois muitos de seus integrantes eram ligados ao Partido Comunista e queriam se dedicar com exclusividade ao Estado, em obras de interesse social, resistindo a atuar para o mercado imobiliário. Foi bom enquanto durou. Esse afastamento, porém, deixou os arquitetos longe, muito longe, da nova geração de incorporadores do mercado imobiliário que surgiria poucos anos depois e em condições muito diferentes das dos heroicos e um tanto amadores protagonistas dos anos 1950. Eles praticamente não participariam da fase seguinte de produção em massa de milhões de apartamentos, sob a égide da ditadura e à margem de qualquer escola de arquitetura.

## 10. Mercado e arquitetura se divorciam

*O arquiteto, cuja atividade depende de terceiros, mais do que qualquer outro artista, é vítima dessa situação, com a qual está perfeitamente habituado. Não é raro que, antes mesmo de receber as informações básicas sobre o tema, lhe sejam feitas exigências de ordem plástica. Resulta daí uma situação ambígua, da qual só pode sair dignamente desde que saiba vencer tais imposições.*[1]

RINO LEVI

*Um imperativo inadiável: a industrialização da construção. Desperdício de tempo, baixo rendimento da mão de obra, classe sacrificada, deslocada de seu habitat natural. Desperdício de materiais: fornecimentos irregulares, projetos deficientes, improviso, intervenção de leigos, transportes inadequados, estocagem imprópria. Precisamos de padronização de tipologia, dimensional, normativa do produto e do projeto.*[2]

TEODORO ROSSO*

A herança maldita de JK na economia pesaria sobre o governo de João Goulart. A inflação de 40% em 1960 foi catapultada a 86% ao ano em 1963, a mais alta registrada na história do país até então. O desespero contagiou vários setores. Centenas de construtoras estavam quebradas ou não conseguiam entregar os apartamentos devidos. Havia tam-

---

\* Engenheiro e diretor técnico do Centro Brasileiro da Construção durante a criação do Banco Nacional da Habitação (BNH).

bém milhares de condôminos inadimplentes. O sonho da casa própria se esboroava justamente na década em que a população urbana superava a rural no Brasil. A inflação e a instabilidade política tinham desacelerado o setor da construção, um dos principais motores da economia. Com tantos desarranjos, a questão imobiliária se impôs na agenda da junta militar que chegou ao poder com o golpe de 31 de março de 1964.

Menos de cinco meses após o golpe, em agosto, foi instituída a correção monetária nos contratos imobiliários (lei n. 4380), para evitar que a inflação continuasse inviabilizando negócios de prazo mais longo. No mesmo mês, foi criado o BNH (Banco Nacional da Habitação). Para dar uma fonte estável de financiamento à instituição, seria criada dois anos depois uma poupança compulsória, descontada de cada trabalhador registrado, o FGTS (Fundo de Garantia por Tempo de Serviço). A partir de então, a gestão desses recursos bilionários passou a ser controlada pelo BNH.

Nos anos 1940 e 1950, muitos incorporadores nem constavam nos contratos dos futuros condomínios. Em dezembro de 1964, foi decretada a lei n. 4591, dedicada ao condomínio e à incorporação imobiliária, implantando no direito brasileiro, depois de vinte anos de atividades, a figura do incorporador, assim descrita no artigo 29:

> A pessoa física ou jurídica, comerciante ou não, que embora não efetuando a construção, compromisse ou efetive a venda de frações ideais de terreno objetivando a vinculação de tais frações a unidades autônomas, em edificações a serem construídas ou em construção sob regime condominial, ou que meramente aceite propostas para efetivação de tais transações, coordenando e levando a termo a incorporação e responsabilizando-se, conforme o caso, pela entrega, a certo prazo, preço e determinadas condições, das obras concluídas.

O BNH do período militar fermentaria uma área negligenciada pelos governos populistas de Vargas, JK e Jango. Entre 1937 e 1964, os Institutos de Aposentadorias e Pensões e a Fundação da Casa Popular, responsáveis pela política habitacional, haviam financiado somente 175 mil unidades de moradia social (um total que equivalia a menos de 6 mil moradias por ano para todo o país), 85% delas fomentadas por meio dos fundos de pensões dos principais sindicatos — ou seja, favorecendo a então nascente classe média urbana, em vez de focar nos mais necessitados. Esses conjuntos habitacionais pioneiros, muitos feitos em linguagem modernista, com bons materiais, terrenos espaçosos e metragem digna da classe média, eram, afinal, para poucos, o mesmo que acontecia com a educação pública. Oferecia-se pouca água para muita sede.

Essas 175 mil unidades erguidas durante 27 anos de políticas habitacionais de Vargas, Dutra, JK e Jango foram superadas rapidamente nos governos do marechal Humberto Castello Branco (1964-7) e do general Arthur da Costa e Silva (1967-9). Em apenas cinco anos, 425 mil unidades foram produzidas com os financiamentos do BNH e das várias Cohab (Companhia Metropolitana de Habitação), criados por Castello Branco.

O BNH não era construtor nem agente imobiliário, mas servia de financiador de crédito imobiliário a incorporadores e futuros proprietários de imóveis. A função do banco era anabolizar a construção civil — setor que gera absorção imediata de mão de obra —, emprestando às construtoras para a produção de moradia. A classe média foi a mais beneficiada — apenas 33% das unidades financiadas pelo BNH foram feitas para as classes de menor renda, chamadas pelo banco de "setores populares", que já tinham sido praticamente ignoradas pelos programas habitacionais de Vargas e JK. Quando foi extinto, em 1986, tendo sido substituído em suas funções pela Caixa Econômica Federal, o BNH havia financiado 4 271 562 unidades, ou seja, quase 25 vezes mais que os governos do Estado Novo a João Goulart.[3]

O impacto do BNH logo após o solavanco econômico de Brasília é facilmente medido. A taxa anual de crescimento da construção civil passou de 1,9% ao ano entre 1959 e 1965, o período da quebradeira dos protagonistas deste livro, para 10,6% de crescimento ao ano entre 1965 e 1970 — um verdadeiro milagre da multiplicação de apartamentos.[4] As empresas que conseguiram sobreviver à turbulência dos anos pré-ditatoriais usufruíram de seu próprio milagre econômico com o crédito abundante do BNH. Centenas de outras empresas surgiram, e seguiu-se uma autêntica corrida ao ouro.

Quanta diferença de uma década para a outra. As incorporadoras pioneiras da década de 1950, em uma época de escasso crédito ou poupança, assentavam o financiamento na criação de sociedades anônimas ou cooperativas formadas por compradores. Esperavam até que todas as unidades fossem vendidas para poder começar a construir um prédio a cada vez, em um ritmo quase artesanal (nenhuma das empresas de que tratamos neste livro construiu sozinha mais de trinta prédios).

O BNH, por sua vez, podia financiar prédios inteiros, dezenas até, de uma só vez. Se, nos anos 1950, passavam-se cerca de cinco anos entre o lançamento do prédio e sua inauguração, nas décadas de 1960 e 1970 esse prazo foi reduzido a dois anos. Como recorda o arquiteto Gregório Zolko, que projetou a sede da TV Tupi no bairro Perdizes, em São Paulo, e trabalhou por vários anos para a construtora Luz-Ar, de Duntuch, "a produção em série estimulada pelo BNH fez com que as incorporadoras já não solicitassem o trabalho dos arquitetos como antes. Pedia-se um projetinho e faziam-se dezenas de cópias do mesmo".[5] Entre 1969 e 1973, a economia brasileira deslanchou: cresceu entre 9% e 15% ao ano, enquanto a inflação ficou entre 15% e 19%, bem abaixo do verificado durante os governos JK e João Goulart. Em um artigo sobre o décimo aniversário de Brasília, o urbanista Lúcio Costa sustentava que a falta de uma política habitacional para misturar classes sociais na nova capital poderia ser sanada com "a feliz criação do BNH, a iniciativa apropriada para corrigir esse defeito".[6]

Os novos atores do mercado imobiliário criaram linhas de montagem particulares. O incorporador e construtor Anuar Hindi produziu 63 prédios entre 1967 e 1972.[7] Seus colegas Romeu Chap Chap e Yojiro Takaoka fizeram mais de cem edifícios cada um na década de 1970. Porém, o incorporador mais produtivo dessa nova fase foi, sem dúvida, Adolpho Lindenberg. Depois de passar boa parte dos anos 1950 construindo casas em estilo neocolonial — bem comum nas primeiras décadas do século XX, antes do desembarque do art déco e do modernismo —, ele levaria essa linguagem (que restringe ao desenho das janelas a referência às formas do período colonial) ao seu primeiro edifício incorporado, o Palma de Majorca (1960), na rua da Consolação.

O "estilo Lindenberg" só ganhou mais constância a partir de 1965, com o lançamento do Dom João V, na avenida Higienópolis. São vistas ali duas grandes marcas da produção do incorporador: uma combinação de fachadas classicistas com nomes evocando a nobreza brasileira e portuguesa — ao longo da década seriam erguidos os prédios Príncipe do Grão-Pará, Casa de Avis, Imperatriz Tereza Cristina, Conde dos Arcos, Príncipe de Ceuta, Dom Luís de Orleans e Bragança, entre outros. Lindenberg também seria o precursor do chamado "estilo mediterrâneo", um pastiche das casas gregas em escala de prédios de vinte andares. Por essas e outras, a construtora se tornaria a mais bem-sucedida de São Paulo: entre 1970 e 1975, ergueu cem prédios simultaneamente. Nas cinco décadas seguintes, seriam 450. E até hoje está em atividade — um fenômeno, levando-se em consideração que poucas construtoras conseguem passar dos dez anos de vida no mercado brasileiro.

O sucesso cria discípulos instantâneos. A Hindi, que começara produzindo edifícios revestidos de pastilhas e grandes janelões com venezianas de madeira, como as utilizadas nos anos 1950, também passou a construir prédios de fachada "neoclássica", afrancesada, na década de 1970. Nesse período, surgiriam os departamentos de marketing das incorporadoras, dedicados a investir em pesquisa de mercado para descobrir o que o comprador queria. Como ocorrera em décadas passadas (basta lembrar do sucesso do São Luiz e das três torres São Thomaz, Santa Rita e Santa Virgilia, na praça da República com a avenida São Luís), o classicismo estava de volta. Era o espírito da época atacando mais uma vez: o modernismo já deixara de ser novidade havia muito e, com a construção de Brasília, tinha se tornado establishment, perdendo qualquer ar de vanguarda.

Como o sucesso de João Artacho Jurado já revelara nos anos 1950, em pleno auge do modernismo, havia nos consumidores um apetite por ornamentos e referências que tinham sido descartados pelos modernos — capitéis, arcos, frontões e outros adornos. Com o esgotamento do modernismo, esse fenômeno se deu na arquitetura mundial, não só no Brasil. "Depois de uma longa, austera dieta de racionalismo, arquitetos mais jovens estão se deliciando nos excessos exuberantes e exóticos", escreveu a crítica americana Ada Louise Huxtable, em ensaio publicado em 1982.[8]

Sobretudo nos anos 1970, o vocabulário estabelecido e facilmente reconhecível de cornijas, mansardas, arcos e colunas gregas que o modernismo sem sucesso tentara apagar voltou. O americano Robert Venturi, o principal teórico do pós-modernismo, escreveu em *Learning from Las Vegas* [Aprendendo com Las Vegas], de 1972, que o "simbolismo da forma arquitetônica tinha sido esquecido" pelo modernismo. Como antídoto, ele dizia que o novo movimento evocaria da terra dos cassinos, sem pudores, estilos passados, apelidados por Venturi de "Bauhaus do Havaí", "marroquino de Miami", "Bernini de Yamasaki", entre outros.[9]

Nas décadas de 1970 e 1980, Philip Johnson, o mesmo que tinha trabalhado com o minimalista Mies van der Rohe no edifício Seagram, projetou seus característicos edifícios bolo de noiva. Para a nova sede da companhia de telecomunicações AT&T, em 1978, Johnson criou um prédio neoclássico, com colunas greco-romanas na entrada e um arco bizantino. No frontão do topo, um ornamento inspirado na mobília britânica no século XVIII, com dois ângulos em elevação, quebrados no vértice por uma larga abertura. Se nos anos 1950 os arquitetos brasileiros miravam sua lupa na direção de edifícios racionalistas nova-iorquinos e franceses, e na década de 1960 São Paulo adotou o brutalismo que Le Corbusier tinha inaugurado, nos anos 1970 e 1980 o mercado imobiliário seguiria as tendências de adereços que empetecaram as construções em Nova York, Miami e na Califórnia.

No Brasil, não faltariam pastiches de outras geografias e épocas. O já citado neomediterrâneo se popularizaria nos anos 1970, e a década de 1980 traria os prédios espelhados azuis, verdes e até roxos, confirmando a vitória da estética de Las Vegas. Como explica Carlos Lemos, décadas depois de terminar o Copan, "o neoclássico era um estilo próprio para casas. Essa reinvenção em prédios é muito conservadora, mas aconteceu por economia. Prédios modernos, com grandes vãos e janelões, custam muito mais caro".[10] Mesmo os neoclássicos de luxo economizavam em ícones modernos, como o vidro, o revestimento de pastilhas e as obras de arte. "Somem as pastilhas, que preservavam as fachadas e eram fáceis de trocar, e adota-se a massa pintada, com imitação de pedra. Rebaixa-se a massa para criar uns arcos, tudo vulgar, barato", lamentou o arquiteto Jon Maitrejean.

Se as classes médias emergentes dos anos 1950 compraram as quitinetes modernas, e os imigrantes judeus do Bom Retiro abraçaram o racionalismo então em voga, as classes médias emergentes (e em número muito maior) do milagre econômico da ditadura militar abraçaram o modismo revisionista dos anos 1970. Seria arriscado dizer que as últimas classes médias que vicejaram sob a ditadura civil-militar eram menos sofisticadas ou informadas que as dos chamados anos dourados — o dinheiro mudou de mãos em São Paulo praticamente a cada década do século passado, e mesmo as elites mais antigas não primavam pelo vanguardismo estético. O mais provável é que apenas tenham se rendido à tendência que os incorporadores ofereciam — e ao que cheirava a status na época. Curiosamente, as novidades contraculturais que marcavam as artes e a música brasileira naquele início da década de 1970 não tiveram equivalente na arquitetura.

As construtoras surgidas na década de 1960 valorizaram sobretudo seus engenheiros — muito deles fundadores da segunda geração de grandes incorporadoras. O arquiteto, que antes sentava à mesma mesa com o incorporador, foi relegado à posição de um funcionário que desenhava prédios em série.

Sem os obstáculos dos primórdios do mercado imobiliário, quando a arquitetura foi usada para vencer as resistências contra a "vida em condomínio", muitos dos novos protagonistas do mercado começaram a sacrificar a qualidade dos projetos e a fazer dezenas de genéricos, independentemente da latitude ou da topografia do local onde eram erguidos. "A urgência do crescimento econômico e populacional e a vontade da ditadura de se legitimar, oferecendo moradia para uma classe média emergente, justificavam essa aceleração de todas as etapas de construção", descreve Valter Caldana, ex-diretor da Faculdade de Arquitetura do Mackenzie.[11]

Esses prédios também começaram a sacrificar a qualidade das plantas. Apartamento de três quartos foram espremidos em setenta metros quadrados. As janelas que iam do chão ao teto, presentes até nas modestas quitinetes de Franz Heep, desapareceram. A qualidade de esquadrias, revestimentos, portas e janelas piorou. Assim o arquiteto Paulo Mendes da Rocha descreveu a transformação do mercado, em texto nos anos 1980:

Hoje em dia no mercado imobiliário só há apartamentos que parecem um castelo medieval em miniatura, todo compartimentado. Conheço as virtudes da espacialidade, de um salão grande, porque posso tocar piano, ou jogar bilhar, ou ter uma biblioteca. Acho que há uma luta surda entre os arquitetos e esses empreendedores porque eles querem uma fórmula, assim qualquer um faz uma planta com sala em "L".[12]

Os avançados sistemas de conforto térmico dos modernistas, que combinavam quebra-sóis, paredes duplas e varandas de sombreamento, foram substituídos por aparelhos de ar condicionado, que arruínam as fachadas mais artísticas. O pé-direito baixo dos imóveis faz com que o desafortunado morador de 1,9 metro de altura sofra de claustrofobia.

Com o fim da imigração em massa para o país, os mestres de obras europeus e os artesãos que tinham vindo ao Brasil aos milhares, antes e depois da Segunda Guerra Mundial, escasseariam, e a mão de obra nacional não tinha o grau de especialização que era regra na Europa.

O crédito que jorrava do BNH e a economia sob o impacto do milagre econômico dos militares, bem como a memória ainda muito recente da bancarrota anterior das construtoras, estavam entre as razões para se produzir aceleradamente, de maneira mais econômica e com menor qualidade nessa nova fase. Com crises econômicas sucessivas e períodos de crescimento cada vez mais curtos, o mercado imobiliário se tornara avesso ao risco. Entretanto, a bonança não duraria muito tempo. Quebradeiras de construtoras se repetiriam após a primeira crise do petróleo, em 1973, e a alta da inflação no Brasil. Outro período de euforia chegava a um brusco fim.

O outrora celebrado Alfredo Mathias, construtor das galerias do centro e do shopping Iguatemi, teve de revender, em 1979, o conjunto residencial Portal do Morumbi, iniciado em 1974, com oitocentos apartamentos espalhados em doze prédios. Em 1980, pediu concordata.

Incorporadoras fechariam novamente as portas, atingidas pela hiperinflação dos anos 1986-92 e pela recessão ocorrida de 2014 a 2017 — muitas construtoras que abriram capital na Bolsa de Valores na segunda década deste século XXI quebraram ou ficaram muito endividadas.

\* \* \*

Com a falência das incorporadoras pioneiras, que investiam bastante na qualidade dos projetos, a separação entre os arquitetos e o mercado foi se ampliando até atingir o virtual divórcio. Mas as rusgas na relação tinham começado bem antes, em pleno boom. É de 1952, um dos anos mais produtivos do mercado (o Copan tinha acabado de ser lançado, Artacho anunciava oito de seus novos prédios e Heep e Meinberg começavam sua parceria), a seguinte declaração do influente João Batista Vilanova Artigas:

> Hoje a arquitetura moderna brasileira progride no sentido de servir de cartaz de propaganda para tudo quanto é malandragem comercialesca do tipo vendas em condomínio e hotéis em praias desertas, ao mesmo tempo que concorre para reforçar a penetração do imperialismo, dando-lhe cobertura para entrar despercebido pelas portas dos movimentos culturais do tipo Bienal de São Paulo ou União Cultural Brasil-Estados Unidos.[13]

Sob o impacto da Guerra Fria e doze anos antes do início da ditadura militar, Artigas manifestava seu mal-estar com a indústria imobiliária — naturalmente capitalista e sujeita à "especulação", ainda que a existência de prédios ou terrenos vazios por causa da expectativa de um aumento futuro dos preços não fosse a tônica daqueles anos de alta demanda por moradia. Mas para quem tinha afinidades com o stalinismo soviético ou com a Revolução Chinesa (ocorrida em 1949) era difícil digerir a arquitetura como mercadoria. Ainda mais para Artigas, que, em um texto de 1951, pouco depois de trabalhar para Assis Chateaubriand na sede dos Diários Associados, havia qualificado Le Corbusier como "agente do imperialismo": "Para os arquitetos progressistas do Brasil, a linguagem de Le Corbusier é a linguagem pior dos inimigos do nosso povo, o imperialismo americano. Cumpre-nos repudiá-la".[14]

Oscar Niemeyer, que era filiado ao Partido Comunista, assim como Artigas, levaria alguns anos para concordar com a posição do colega paulista. Em 1958, o arquiteto carioca escreveu um depoimento em tom de mea-culpa na *Módulo*, revista que tinha acabado de lançar no Rio:

> Descuidei de certos problemas e adotei uma tendência excessiva para a originalidade, no que era incentivado pelos próprios interessados, desejosos de dar a seus prédios maior repercussão e realce.
> [...] Algumas [dessas obras] talvez tivesse sido melhor não haver projetado, pelas modificações inevitáveis que teriam de sofrer durante a execução, destinadas que eram à pura especulação imobiliária.
> [...] Optei pela redução de trabalhos no escritório e pela recusa sistemática daqueles que visem apenas a interesses comerciais, a fim de melhor me dedicar aos restantes, dando-lhes assistência contínua adequada.[15]

Em 1956, assim que Juscelino chegou à presidência, Niemeyer acabou fechando seus dois escritórios-satélites, em São Paulo e Belo Horizonte. Optou, pouco depois, por se mudar para o canteiro de obras em Brasília, a fim de acompanhar de perto o maior projeto de sua vida. Ao desenhar a nova capital, decidiu não utilizar uma tabela de honorários nem pedir comissão por projeto, como sugerido pelo Instituto dos Arquitetos do Brasil, que lutava havia anos para que tal tabela fosse respeitada. Niemeyer dizia ter horror à palavra "comissão" e preferiu tornar-se funcionário da Novacap, a empresa responsável por edificar a capital, com salário público e em regime de exclusividade. A luta da categoria ficou de lado.

Ele próprio contribuiu para que a sua temporada arquitetônica paulistana, com exceção do Ibirapuera, começasse a ser esquecida. Nas dezenas de livros sobre sua obra, não publicava aquelas realizadas para a iniciativa privada em São Paulo. Até o projeto do Memorial da América Latina, um dos menos afortunados do arquiteto, mereceria maior apreço. Quando o entrevistei longamente em março de 2011, Niemeyer, aos 103 anos, disse: "Só fiz porcaria em São Paulo". Ria ao falar dos edifícios Califórnia, Triângulo, Eiffel e Montreal, dizendo que tinha sido "irresponsável" e os desenhara às pressas. Preferia contar das festas que fazia nas viagens a São Paulo e da longa amizade que o uniu a Octávio Frias de Oliveira e a Carlos Lemos. Reconheceu, porém, que o Copan "virou um símbolo": "Parece que os paulistanos gostam muito dele".

Em *As curvas do tempo*, seu livro de memórias publicado em 1998, o arquiteto carioca comenta bastante sobre criações como a Pampu-

*Salão de Atos Tiradentes, de Oscar Niemeyer, no Memorial da América Latina. Pouco depois da inauguração, uma reforma foi necessária para proteger os murais de Portinari, Poty e Carybé da insolação excessiva.*

lha, a sede da ONU, Brasília, o Memorial da América Latina e os projetos para a Argélia e para a França. Nas 320 páginas da obra, dedica apenas um solitário parágrafo aos "projetos de arquitetura para o meu amigo Octávio Frias",[16] limitando-se a elogiar o incorporador e relembrar as vezes em que almoçaram juntos. Não faz nem sequer uma breve menção ao Copan. Em oito décadas de trabalho ininterrupto, com mais altos que baixos, o mais inventivo arquiteto brasileiro se destacou realmente pela sua obra pública. Mas o tratamento que dispensou à sua produção privada influenciaria gerações futuras de arquitetos, que a consideram trabalho inferior.

Salvo o edifício Louveira, em Higienópolis, que desenhou para Alfredo Mesquita, um dos herdeiros do jornal *O Estado de S. Paulo*, e dezenas de casas em bairros nobres da cidade, sobretudo nos anos 1940, Artigas não projetou nenhuma grande obra para o mercado imobiliário. Seu percurso escancara as contradições dos militantes políticos em um país periférico durante a Guerra Fria.

Pouco tempo após se filiar ao Partido Comunista, em 1945, Artigas recebeu uma bolsa da Fundação Guggenheim e passou um ano inteiro percorrendo os Estados Unidos, entre 1946 e 1947. Chegou a trazer para o Brasil, de navio, um carro americano. Em 1953, fez uma viagem de cinquenta dias a Moscou, onde teria se desencantado com a arquitetura soviética, mas não com a política. Nesse mesmo ano, morreu Ióssif Stálin. Para a revista *Fundamentos*, do Partido Comunista do Brasil, Artigas declarou: "A humanidade perde sua maior figura. [...] Vivemos o século de Stálin, o grande construtor de povos, cuja contribuição genial tem a característica de ser baseada na paz universal, ideia básica do pensamento stalinista".[17] Dez anos mais tarde, conseguiria que um navio soviético transportasse dezenas de estudantes brasileiros até Havana para o congresso da União Internacional dos Arquitetos em Cuba. As atrocidades da era Stálin já tinham sido então divulgadas.

Na década de 1950, Artigas teria uma única grande obra, o estádio do São Paulo Futebol Clube, no Morumbi, encomendado por um grupo de são-paulinos que reunia nomes como Amador Aguiar, fundador do Bradesco, e Laudo Natel, diretor financeiro da mesma instituição. O estádio foi erguido em terreno da Construtora Aricanduva, que pertencia aos também são-paulinos João Jorge Saad, empresário, e Adhemar de Barros, ex-governador do estado. Houve um pequeno concurso fechado, com apenas três convidados. Ironicamente, Artigas acabou derrotando os companheiros soviéticos da empresa estatal Antonov & Zolnerkevic, autores de um projeto futurista que comportava um número menor de torcedores.

Depois do Morumbi, passaria a se dedicar a projetos públicos. Em 1959, Artigas faria uma escola estadual em Itanhaém para o governo conservador de Carvalho Pinto. Dois anos depois, projetaria sua obra mais famosa, a sede da FAU-USP, que seria o ícone máximo da Escola Paulista de arquitetura. Marcada pela adoção de concreto armado aparente e supervalorização da estrutura, bem como pela ênfase na técnica construtiva (afinal, Artigas era engenheiro-arquiteto de formação, egresso da Politécnica da USP, de uma época anterior à criação das primeiras faculdades de arquitetura) e pelo forte discurso ideológico, a Escola Paulista defendia a industrialização como única forma de superar o subdesenvolvimento.

O arquiteto Fábio Penteado, um dos mais influentes à época, vencedor do concurso para projetar a Sociedade Harmonia de Tênis (1958), assim explica o sucesso inicial dessa corrente arquitetônica: "Ela aconteceu dessa maneira devido a uma explosão da demanda de obras por parte do governo estadual [no Plano de Ação de Carvalho Pinto]. Tudo era concreto aparente, que virou um dogma, até coisas medíocres e medonhas".[18]

O brutalismo da Escola Paulista não se popularizaria como o modernismo da geração anterior, ficando associado a prédios públicos (e à manutenção precária dos mesmos) com problemas de conforto térmico — frios no inverno, quentes como estufas no verão. "A obra de profissionais importantíssimos como Artigas e mesmo Paulo Mendes da Rocha não teve a recepção popular de Niemeyer", diz o embaixador e crítico André Corrêa do Lago, que fez parte do conselho de arquitetura do MoMA de 2005 a 2016. "Quando boas linguagens não se firmam, abre-se terreno para manifestações inferiores, como neoclássicos e outros neos, que surgiram no vácuo da não aceitação de linguagens arquitetônicas mais sofisticadas."[19]

Uma das vitrines do brutalismo paulista seria o trecho de sete quilômetros entre Jabaquara e Vila Mariana na primeira linha do metrô de São Paulo. O sistema começou a operar em 14 de setembro de 1974, dia do aniversário do governador biônico Laudo Natel. As estações eram destacadas na paisagem apenas por suas torres de ventilação e sua estrutura de concreto aparente. "Até hoje, são marcantes pela qualidade da arquitetura", diz a arquiteta Regina Meyer.[20]

As professoras Heliana Comin Vargas e Cristina Pereira de Araújo, respectivamente da FAU-USP e da Universidade Federal de Pernambuco (UFPE), explicam, em um livro escrito a quatro mãos, como a Escola Paulista se desenvolveu a partir dos anos 1960:

> O espaço para os arquitetos modernos estará centrado nas obras públicas das áreas de infraestrutura, transporte, comunicações e burocracia estatal, privilegiando as estruturas de concreto, os pilares esculturais, o exibicionismo dos maiores vãos e os panos de vidro. Participando de um projeto político de integração nacional, adentraram espaços geográficos até então inexplorados, como os grandes projetos desenvolvimentistas liderados por grandes empresas de projeto e consultoria, que entre 60 e 70 monopolizaram o planejamento de grandes obras.[21]

As críticas ao mercado imobiliário encabeçadas por Niemeyer e Artigas — e ecoadas por centenas de discípulos atentos a esses dois faróis da classe dos arquitetos — não demoraram a implodir o status dos projetos comerciais. Os prédios residenciais e de escritórios foram desaparecendo até das páginas da própria revista *Acrópole*, que costumava se interessar por eles entre 1945 e 1960. Obras públicas tomaram o lugar de honra. O interesse acadêmico por estudos a respeito do mercado da arquitetura também minguou. A intelligentsia da arquitetura começou a rejeitar qualquer obra que visasse ao lucro. "O Partidão mandou os arquitetos caírem fora e muitos obedeceram. Era a atitude comum à época", diz o professor e crítico Alberto Xavier, autor de *Depoimentos de uma geração: Arquitetura moderna brasileira*, em que entrevista muitos dos protagonistas da época.[22]

Durante a ditadura militar, com o Brasil dentro da esfera de influência americana da Guerra Fria, inflaram-se os ânimos pró-comunista e contra o capitalismo imobiliário. A geração posterior à de Artigas, ainda mais à esquerda que ele e liderada pelos arquitetos Sérgio Ferro e Rodrigo Lefèvre, de uma corrente chamada Grupo Arquitetura Nova, passou a desprezar a ideia de projeto arquitetônico e a defender mutirões de autoconstrução, qualificados por eles de "poética da economia".[23] O movimento acabou rompendo até com seus ilustres antecessores, Niemeyer e o próprio Artigas, pondo em xeque suas ideias nacional-desenvolvimentistas. Ferro chegou a chamar a Escola Paulista de "brutalismo caboclo" e criticar o que lhe parecia exibicionismo estrutural.

Revoltados com as condições de vida dos trabalhadores dos canteiros de obras da construção de Brasília, com os quais tiveram contato quando eram recém-formados, Ferro e Lefèvre atacaram a desigualdade entre arquitetos e operários. Tanto o projeto como a prancheta seriam concessões burguesas e alienadas, sobretudo diante da gravidade do momento político — contra isso eles defendiam, além da autoconstrução, a resistência armada. Ambos se filiaram à Aliança Libertadora Nacional, do guerrilheiro Carlos Marighella, e foram detidos depois de colocar bombas no subsolo do Conjunto Nacional, perto de onde funcionava o Consulado dos Estados Unidos, e num avião ornamental da Força Expedicionária Brasileira (FEB) exposto na praça 14 Bis. O primeiro atentado dilacerou a perna esquerda do estudante Orlando Lovecchio Filho, de 22 anos, que saía do prédio justamente no momento da explosão, naquele março de 1968.

Ferro e Lefèvre ficaram presos por um ano, entre dezembro de 1970 e dezembro de 1971. Após a soltura, Ferro se exilou na França e Lefèvre passou a trabalhar em uma grande empresa de engenharia, a paulistana Hidroservice, voltando a lecionar na FAU-USP. Em entrevista à *Folha de S.Paulo* em 1992, Ferro disse que colocou a bomba em protesto "contra o horror no Vietnã".[24]

Depois que Artigas, Jon Maitrejean e Mendes da Rocha foram impedidos de lecionar na USP pela ditadura militar, a Faculdade de Arquitetura e Urbanismo "distanciou-se do projeto de arquitetura, formando fotógrafos, cenógrafos, cineastas, escritores, enfim, tudo, mas poucos arquitetos naqueles anos 1970", descreve o crítico Fernando Serapião, editor da revista *Monolito*.[25] Não demoraria para surgir outra corrente de arquitetos, também à esquerda, que criticaria a turma da Arquitetura Nova e sua defesa da autoconstrução, que em geral significava produzir casas de má qualidade em áreas irregulares, sem escritura, com desperdício de material e prejuízos à economia formal. Os rachas entre as esquerdas eram replicados no ambiente arquitetônico paulistano. Entre algumas facções, não havia sequer diálogo. A polarização tinha deixado para trás cenas que encantavam os jovens arquitetos nos anos 1950, como Rino Levi e Artigas almoçando em papos animados na sede do IAB. A distância ideológica não impedia o diálogo permanente nem o afeto entre os dois gigantes da arquitetura paulista.

As fissuras ideológicas e o surgimento de grupos e subgrupos que disputavam uns com os outros durante a ditadura fragmentaram as associações de classe. Já em 1963, opuseram-se chapas "de direita" e "de esquerda" no IAB: o grupo liderado pelo pró-mercado Alberto Botti (do escritório Botti-Rubin) venceu as eleições, em meio à crise econômica do governo de João Goulart. Novas organizações surgiram, ligadas sobretudo ao mercado imobiliário, como a Associação Brasileira dos Escritórios de Arquitetura (Asbea), em 1973. Para Serapião, "a cisão ideológica entre os arquitetos de São Paulo criou dois grupos antagônicos de trabalho nas décadas seguintes. O grupo pró-americano desenvolveu sedes de multinacionais, fábricas, centros de compras; o segundo, pró-soviético, criou escolas e também casas unifamiliares".[26] A Escola Paulista, dominante na universidade, tinha impacto limitado no ambiente construído da cidade.

Apenas a resistência aos militares unia a esquerda. "Lina Bo Bardi deu apoio logístico a guerrilheiros antiditadura nos anos 1960. Ela ofereceu sua Casa de Vidro para encontros de Carlos Marighella e Carlos Lamarca", escreve o biógrafo do primeiro, Mário Magalhães.[27] Dez anos após a morte do revolucionário, em dezembro de 1979, a urna com seus restos mortais foi levada à sede do IAB-SP para uma homenagem antes de ser transferida para a Bahia, seu estado natal. Na cerimônia em São Paulo, o secretário-geral do Partido Comunista Brasileiro, Luís Carlos Prestes, criticou a atuação de Marighella depois do golpe militar. "Chamar naquele momento a classe operária a empunhar armas era nos separar dos trabalhadores e mal conseguir uma minoria combativa e desligada das massas. Acaba-se por dar argumento à ditadura para justificar uma repressão cada vez maior", discursou.[28] Ainda assim, o comunista Oscar Niemeyer foi quem desenhou a lápide do guerrilheiro.

Daquele final da década de 1950 até os anos 1990, pelo menos, arquitetura "importante" para a turma da prancheta continuaria sendo aquela bancada pelo Estado, mesmo se patrocinada por ditaduras ou por políticos de má fama. Até quartéis passariam a ser destaque entre os projetos abordados pela revista *Acrópole*.[29] Para esses grupos, a arquitetura privada, aquela que compõe 99% das cidades, do portfólio residencial ao comercial, era "subarquitetura", como o arquiteto e incorporador João Kon ouvia colegas se referirem a sua esnobada obra.[30]

Entretanto, seja porque todo mundo precisa pagar as contas ou porque o desenvolvimentismo estatista-industrial da ditadura militar era bem-visto pelo nacionalismo estatista da esquerda, o fato é que diversos arquitetos, à esquerda e à direita, aceitaram encomendas dos governos da Arena (Aliança Renovadora Nacional, partido da situação). Continuavam militantes apaixonados de suas causas, mas com certa dose de pragmatismo e flexibilidade. Artigas fez várias obras em Jaú, no interior de São Paulo, a convite do prefeito local, que era da Arena. Também assinou diversos projetos para o governo federal no então território do Amapá, como o quartel da Guarda Territorial, a Divisão de Obras e o ginásio Presidente Costa e Silva, todos para o mesmo regime que cassara seu posto na USP.

Ao lado de Fábio Penteado e Paulo Mendes da Rocha, Artigas desenhou, entre 1967 e 1972, um grande conjunto habitacional em Guarulhos para o governo de Abreu Sodré, nomeado pelos militares — o projeto surgiu por indicação de amigos cartolas do São Paulo Futebol

Clube, que haviam trabalhado com Artigas no estádio do Morumbi. Em 1975, Mendes da Rocha projetaria o estádio Serra Dourada, em Goiânia, para Leonino Caiado, o governador arenista de Goiás, e, no final da década de 1970, integraria o grupo de trabalho selecionado pelo governador Paulo Maluf para a criação de uma nova capital para São Paulo, localizada no interior do estado.

Inaugurado em 1968 e com custo de 5,5 milhões de cruzeiros novos, o Masp, de Lina Bo Bardi, foi financiado por um prefeito militar, o brigadeiro Faria Lima, da Arena (antes a arquiteta tinha feito lobby junto ao prefeito Adhemar de Barros pelo terreno do Belvedere Trianon). Na ocasião, a prefeitura falava apenas em "cessão" dos dois andares superiores.[31] Lina àquela altura já havia trabalhado por um ano para o governador do recém-criado estado da Guanabara, o conservador Carlos Lacerda, para criar o parque do Povo (atual parque Lage). Ela chegara a Lacerda por uma amiga em comum, a urbanista autodidata Lota de Macedo Soares, responsável pelo projeto do aterro (hoje parque) do Flamengo para seu amigo governador. Até mesmo Lefèvre, que criticava os colegas nacional-desenvolvimentistas, participou do projeto da sede do Departamento Nacional de Estradas de Rodagem (DNER), atual Departamento Nacional de Infraestrutura de Transportes (DNIT), em Brasília, em 1973.

Ali na nova capital federal, depois de um hiato de três anos durante os governos de Jânio Quadros e João Goulart, que paralisaram quase todos os projetos de Niemeyer, o marechal Castello Branco construiu o Palácio dos Arcos, sede do Itamaraty. Ainda durante a ditadura, o arquiteto carioca jantou algumas vezes com Costa e Silva e desenhou, em 1967, a ponte que ganhou o nome desse general (a via mudou de nome definitivamente em 2022, passando a ser chamada Honestino Guimarães, em homenagem ao líder estudantil desaparecido durante a ditadura). Em 1969, começou a projetar mais de dez prédios para o complexo militar na capital, entre eles os prédios dos ministérios da Marinha, da Guerra e da Aeronáutica. Em 1970, durante o governo Médici, projetou o Aeroporto de Brasília e o Estádio Olímpico, nunca construídos. No mesmo ano, participou do projeto do Centro Comercial Barra da Tijuca para o plano piloto de Lúcio Costa, encomendado pelas autoridades do estado da Guanabara. Nos anos 1970, faria os anexos do Congresso Nacional, o palácio do Jaburu e as novas sedes da Telebras, da Novacap e da Embratur. Em seu livro de memórias, Niemeyer deixa a pureza ideológica de lado e elogia "meu amigo Marco Maciel", citando os projetos para Jânio Quadros e Orestes Quércia. O discurso antimercado parecia poupar o poder político.

Os promotores imobiliários surgidos a partir da ditadura militar não quiseram distância apenas dos arquitetos comunistas. Houve escassez de convites nos anos 1960 e 1970 até para profissionais que nunca tiveram o menor problema em trabalhar para o mercado, como Franz Heep e Majer Botkowski.

*Projeto de 1972 de Rodrigo Lefèvre para abrigar a sede do Departamento Nacional de Estradas de Rodagem (DNER), o atual DNIT, em Brasília.*

Outros arquitetos ditos "conservadores" (não nas formas, mas politicamente distantes do Partido Comunista ou abertamente pró-Estados Unidos), que continuavam a trabalhar para o mercado — como Plínio Croce, Gian Carlo Gasperini, Roberto Aflalo e a dupla Alberto Botti-Marc Rubin —, acabaram projetando fábricas, shoppings e sedes de multinacionais, mas pouquíssimos prédios residenciais. Talvez, como sugere Serapião, tenha havido uma convergência entre as prevenções contra o mercado, por parte de um grupo de arquitetos, e o menosprezo pela arquitetura, por parte dos agentes do mercado. Além

*Vista do Senado a partir do Palácio dos Arcos, o Itamaraty. O edifício de Oscar Niemeyer que abriga a sede do Ministério das Relações Exteriores é rodeado por um grande espelho de água, tem paisagismo de Roberto Burle Marx e conta com murais de Athos Bulcão.*

disso, é provável que os arquitetos não tenham lutado o suficiente para estar presentes na incorporação imobiliária.

Poucas construtoras e incorporadoras durante a ditadura convidaram arquitetos de primeiro time para desenhar seus prédios. Na metrópole, as construtoras que valorizavam um bom projeto se tornaram exceções. Entre elas estavam a Formaespaço, que no final das décadas de 1960 e 1970 trabalhou com arquitetos como Abrahão Sanovicz, Eduardo de Almeida e Paulo Mendes da Rocha, e a Yazigi, com Mendes da Rocha, Botti-Rubin e Aflalo Gasperini. David Libeskind in-

*Edifício Antônio Augusto Corrêa Galvão, projeto de Alberto Botti e Marc Rubin, com a Torre do Espigão ao fundo, projeto de Jorge Wilheim com José Magalhães Junior e paisagismo de Roberto Burle Marx.*

corporaria e projetaria alguns poucos edifícios nos anos 1970, enquanto João Kon, turbinado pelo crédito do BNH, faria muitos prédios em série e com materiais industrializados para sua incorporadora, a Diâmetro. Botti-Rubin e Siffredi-Bardelli fariam alguns poucos empreendimentos residenciais. E só.

O resultado é que diversos grandes nomes da arquitetura paulistana passariam quase ao largo de décadas de verticalização permanente da cidade. Em mais de seis décadas de trabalho, saíram da prancheta de Mendes da Rocha apenas cinco edifícios residenciais — Guaimbê (1962), Clermont (1973), Jaraguá (1984), Golden Hill (1985) e Aspen (1986). Lina Bo Bardi criou um único grande complexo multiúso, encomendado em 1951 por seu mecenas, Assis Chateaubriand. O projeto, chamado Taba Guaianases, seria erguido junto ao viaduto Major Quedinho, com 1500 apartamentos, especialmente quitinetes, além de um teatro e da sede para uma emissora de rádio. A construção, porém, nunca saiu do papel. Lina dizia: "Só projeto casas para pessoas com quem tenho relação afetiva, tenho horror a projetar casa de madame, com a insípida conversa sobre piscinas e cortinas".[32] A arquiteta não parecia ter o menor interesse nesse campo. E o edifício Louveira foi o único da carreira de Artigas.

Muitos anos depois, Mendes da Rocha, do grupo antimercado, sinalizou que a ideia de reconciliação era bem-vinda. Em texto para um catálogo, elogiou a construtora Yazigi, do engenheiro filho de libaneses Walid Yazigi: "Os arquitetos devem saudar estas obras enquanto uma notícia rara da produção técnica e artística da arquitetura, no nosso meio, magistralmente amparada pelo capital privado".[33] Em entrevistas em 2016, ano em que amealhou alguns dos maiores prêmios mundiais na área (Leão de Ouro em Veneza, Imperial do Japão, Medalha do Royal Institute of British Architects), Mendes da Rocha até falou que teria gostado de fazer mais prédios que casas. "Não faz sentido em uma cidade deste tamanho, com a necessidade de alta densidade para os transportes e os serviços públicos, ainda construir uma única casa no meio de um lote para uma só família." Zombeteiramente, desculpou-se por ter desenhado muitas casas: "por corrupção, me corromperam". Mas ainda falou que foi bom "não ter feito mais prédios, evitei algumas burradas".³⁴ Como o humor sempre revela subterrâneos mais sérios, nota-se que, mesmo neste século, o veterano arquiteto via "corrupção" no dinheiro recebido por fazer algumas casas — o que às vezes soava mais como culpa católica que como marxismo.

*Concreto aparente do Guaimbê, projeto de 1962 de Paulo Mendes da Rocha; a Escola Paulista teve mais sucesso na realização de casas e obras públicas do que de grandes edifícios.*

Infelizmente, ainda hoje prossegue, nas universidades, o estranhamento com quem trabalha para o mercado e lucra com ele. Na pesquisa para este livro, foi impossível encontrar trabalhos, pesquisas ou qualquer registro de aula sobre profissionais como Duntuch, Siffredi,

*O edifício Jaraguá, projetado por Paulo Mendes da Rocha em 1984, possui fachada aberta, sem muro ou grades.*

Bardelli, Galman, Rzezak, Gregorini. Sobre Heep, Candia, Abelardo e Korngold, autores de dezenas de projetos, só alguns poucos estudos. Até o pioneiro Rino Levi, duas vezes presidente do IAB e alguém que militou pelo reconhecimento profissional e salarial da categoria nos anos 1950, com dezenas de obras construídas, costuma ser ignorado nas salas de aula.

As relações entre quem paga pela arquitetura e quem a cria nunca deixaram de ser conturbadas — por mais idealistas que fossem os modernos, a arquitetura e o poder sempre caminharam juntos. Os mecenas, ao longo da história, foram pessoas das mais variadas reputações, de papas a grandes contrabandistas, de magnatas iluminados e herdeiros filantropos a ditadores ou sultões, quase todos eles com uma dose superlativa de ego que os levava a desejar a eternização em pedra, metal, vidro ou concreto. Do Vaticano a Washington, dos príncipes de Florença ao atual Partido Comunista chinês, o poder sempre usou a arquitetura para demarcar território. Dinheiro, terrenos de impacto, poder sobre leis, vizinhança, materiais, operários, tudo isso sempre custou caro.

Edgar Kaufmann, dono da Casa da Cascata (Fallingwater, ou "água em queda"), projetada por Frank Lloyd Wright, apelidou a construção de *rising mildew* ("mofo em alta"), pela falta de proteção contra umidade. Os proprietários da Villa Savoye, obra-prima de Le Corbusier, processaram o arquiteto por diversas falhas e abandonaram o imóvel, que acabou se tornando cocheira de cavalos durante a ocupação nazista da França. O edifício La Pedrera, de Antoni Gaudí, um dos cartões-postais de Barcelona, desrespeitou o código de obras ao avançar o limite da calçada e foi repetidamente multado e ameaçado de demolição. Seu infeliz proprietário, Pedro Milá i Camps, moveu por sete anos um processo contra o arquiteto. A construção do Museu Guggenheim levou três anos para ser autorizada pela prefeitura de Nova York, mesmo depois de ajustes no projeto feitos a contragosto pelo genioso Frank Lloyd Wright. A história absolveu todos esses arquitetos, que riram por último.

Mas certa arrogância muito comum aos modernos — assumida por vários dos veteranos entrevistados para este livro — também obstruiu o diálogo com os clientes. Dez anos depois da inauguração de Brasília, era assim que Niemeyer rebatia críticas ao conforto e à funcionalidade de suas obras, acusando os "donos da terra, do dinheiro e dos privilégios": "Já não eram as críticas iniciais que se repetiam, a palavra de ordem da oposição, mas o desabafo da burguesia decadente, reclamando de erros e desconfortos, os desconfortos que uma vida de futilidades não pode conceber".[35]

Há um acordo tácito entre clientes que recorrem a grandes arquitetos: a obra não será fácil, mas, (se) finalizada, será impactante, bela ou transformadora. Não é uma garantia: várias obras dos chamados *starchitects* (os "arquitetos-estrela") podem decepcionar, assim como filmes que, no papel, tinham tudo para dar certo, mas que resultam em fracasso nas telas. Porém, é melhor se aventurar do que nem sequer tentar. Nos anos 1950, o Brasil tentou. O divórcio entre mercado e arquitetos significou que não tentaríamos mais por muitos anos.

Mas essa conversa interrompida não seria a única razão do declínio da arquitetura privada na cidade. O poder público criaria leis e regras, aparentemente com as melhores intenções, que provocariam o espraiamento da cidade e tolheriam até os melhores projetos. A partir de 1957, quem diria, o lançamento de prédios multifuncionais e de alta densidade, como o Nações Unidas ou o Copan, seria inviabilizado por lei.

## 11. Quando São Paulo degringolou

*A primeira medida útil seria separar radicalmente, nas artérias congestionadas, o caminho dos pedestres e dos veículos mecânicos. [...] Os veículos em trânsito não deveriam ser submetidos ao regime de paradas obrigatórias a cada cruzamento, que torna inutilmente lento seu percurso.*[1]

"CARTA DE ATENAS"*

*[Entre as referências usadas para o Plano Piloto de Brasília está] a circunstância de ter sido convidado a participar dos festejos comemorativos da Parsons School of Design de Nova York e de poder então percorrer de [ônibus interestaduais] Greyhound as autoestradas e os belos viadutos-padrão de travessia nos arredores da cidade.*[2]

LÚCIO COSTA

"Aqui você tem a cidade a seus pés." Assim o jornal *O Estado de S. Paulo* apresentou aos seus leitores o restaurante mais próximo das nuvens na capital: o Terraço Itália, inaugurado em 30 de setembro de 1967. O edifício homônimo de 46 andares ainda cheirava a novo. Apesar de desenhado entre 1954 e 1955 por Franz Heep, só foi aberto em 1965, depois de paralisações nas obras por razões econômicas. Na reportagem sobre a novidade gastronômica nas alturas, o dono do empreendimento, Evaristo Comolatti, fazia um paralelo com o mirante do edifício mais alto do mundo, o Empire State, em Nova York, com

* Texto final de 1933, redigido por Le Corbusier.

102 andares. "Não basta a imponência de uma cidade. É preciso saber mostrá-la", disse o empresário. O jornal também lembrava que a torre do Circolo Italiano fora "dos últimos edifícios de expressão verticalista permitidos pelo código de obras".[3]

Os mais altos espigões da Pauliceia ainda são aqueles inaugurados na década de 1960, como o Itália e o Mirante do Vale (antigo Palácio Zarzur Kogan, com 45 andares, em frente ao viaduto Santa Ifigênia). Este último, mais feioso e com suspeitas de falhas de segurança levantadas logo após sua abertura, em 1966, nunca virou um ícone querido como o Itália. Esses dois edifícios cinquentões ainda são altos para os padrões paulistanos, mas têm um terço da altura de congêneres em Xangai, Dubai ou Nova York. Nossos arranha-céus são idosos atarracados, apesar dos avanços da tecnologia construtiva pelo mundo. Cidade do Panamá, Cidade do México, Caracas, Santiago do Chile, Bogotá, Medellín e até Balneário Camboriú possuem edifícios mais altos.

Foi justamente no final dos anos 1950, quando esses dois arranha-céus paulistanos de altura mediana já tinham sido aprovados, que as leis da cidade passaram a dificultar o padrão de Nova York (vertical, denso, mais compacto e de bairros de uso misto), adotado nas áreas centrais paulistanas nas duas décadas anteriores. A nova legislação abraçava o modelo de Los Angeles — de uma cidade espraiada, de baixa densidade, onde se depende bastante do carro. É importante notar que foi o próprio poder público que ajudou a encarecer o metro quadrado da cidade, espalhando-a por áreas sem infraestrutura adequada e complicando a relação dos prédios com a calçada.

Em 1957, entrou em vigor em São Paulo a lei n. 5261, que buscava desadensar a cidade. Proposta pelo primeiro diretor da Faculdade de Arquitetura da USP (e fundador do IAB-SP), o ex-prefeito e ex-secretário de Obras Luís Inácio de Anhaia Mello, líder da Comissão Orientadora do Plano Diretor do Município, a lei introduziu o conceito de "coeficiente de aproveitamento", um limite de metros quadrados que podiam ser edificados em cada terreno. Ela determinou que o incorporador de um edifício residencial só poderia construir até quatro vezes o número de metros quadrados do tamanho do terreno. No caso de um prédio comercial, até seis vezes.

Caso essa lei tivesse vigorado antes, prédios como o Copan ou o Conjunto Nacional jamais seriam construídos. Ambos multiplicavam por doze o número de metros quadrados de seus terrenos. Quando o Conjunto Nacional teve sua construção aprovada, permitiu-se que, em um terreno de mil metros quadrados, fossem erguidos 12 mil metros quadrados de área construída, somando-se todos os andares edificados. Com a lei de 1957, nesse mesmo lote só poderiam ser construídos 4 mil metros quadrados.

Antes, a altura de um edifício dependia da largura da rua. Quanto mais recuado o prédio, mais poderia ser verticalizado — o que se vê no próprio Conjunto Nacional, com a torre afastada da avenida Paulista.

Ao limitar a construção, a lei encareceu o valor do metro quadrado nas áreas centrais, empurrando o mercado imobiliário para bairros de metros quadrados mais baratos, sem infraestrutura de transporte público, onde se poderia construir de forma menos densa. A medida também inutilizou terrenos menores para a verticalização nessas áreas centrais, convertidos em garagens e estacionamentos improvisados. Um lote pequeno, que antes poderia abrigar dez ou vinte apartamentos, passou a ter um teto limitado de unidades e um retorno financeiro mais limitado ainda, o que na prática afugentou os investidores.

A mesma lei estipulava ainda a "área mínima por unidade": para cada apartamento previsto deveriam existir 35 metros quadrados de terreno. Isto é, independentemente do tamanho de cada unidade, fosse ela pequena ou espaçosa, para a construção de vinte apartamentos, o terreno precisaria ter setecentos metros quadrados; para cem, 3500 metros quadrados. O objetivo era limitar a densidade a seiscentos habitantes por hectare (ou 10 mil metros quadrados). A crítica aos edifícios de quitinetes era ideológica e, digamos, moralista. Anhaia Mello, o autor da lei, dizia que esses prédios eram "absurdos e antifamiliares" e que a função da família "é ter filhos e criá-los bem. [...] Como fazer isso nas quitinetes?".[4]

Ora, com terrenos não muito espaçosos por verticalizar, em geral pertencentes a antigas casas, o mercado imobiliário preferiu construir unidades grandes, para se manter dentro da lei. Se no hipotético terreno de setecentos metros quadrados poderiam ser lançados no máximo vinte apartamentos, eles precisariam ser maiores (e mais caros) para que a conta fechasse. E havia ainda outra economia provocada por essa nova regra. Depois das centenas e centenas de quitinetes produzidas nos anos 1950, prédios com menos unidades significavam também menos gastos com hidráulica, que é a parte mais cara em qualquer construção, atrás apenas dos elevadores. É mais caro construir duzentos banheiros e cozinhas do que apenas vinte.

E assim se repetiu a sina da Lei do Inquilinato, de 1942, aquela que desestimulou a produção de unidades para aluguel, encarecendo esse mercado. A lei de 1957 reduzia a oferta de apartamentos pequenos e a possibilidade de maior número de unidades em áreas centrais. Pela segunda vez, legislações repletas de boas intenções, mas que desconheciam o básico da lei da oferta e da demanda, encareceram o metro quadrado nas áreas centrais, empurrando as classes de renda mais baixa para as periferias paulistanas.

Por que espraiar a cidade estava em alta em meados dos anos 1950, a ponto de se aprovar tal lei? Muitos dos prédios geminados de então possuíam fossos centrais subdimensionados, que mal levavam luz e ventilação às unidades. Os quarteirões paulistanos, ao contrário dos de Barcelona ou Paris, por exemplo, não têm em seu miolo jardins ou áreas abertas que ofereçam esse respiro. O afastamento de um edifício em relação ao outro, mesmo que criando áreas inúteis, era bem-visto.

O centro de São Paulo, verticalizado em poucos anos, sofria as sequelas dessa explosão. Havia uma descrença premonitória de que o transporte público na capital jamais se expandiria a contento. As ruas estreitas do centro tinham tráfego pesado de carros, o projeto de construção do metrô foi engavetado diversas vezes, e as filas nos pontos dos ônibus e dos bondes eram mais sinuosas e longas que o Copan. Os passageiros se espremiam como seus congêneres de Tóquio na hora de pico, mas sem a organização oriental. Deixar a cidade deslizar como líquido supostamente reduziria os engarrafamentos e as calçadas lotadas e permitiria a chegada de luz e ar entre os prédios. Assim, o concreto e o asfalto passaram a cobrir mais e mais áreas que até então eram campo.

A indústria automobilística adorava essa política, que nenhum governo nacional posteriormente contrariou. Juscelino Kubitschek criou o Grupo Executivo da Indústria Automobilística, e a meta de 30 mil veículos por ano em 1956 saltou para 130 mil em 1960.

Arquitetos e urbanistas faziam parte das milícias contra a alta densidade — um dos dogmas do modernismo. O IAB divulgou um manifesto apoiando as leis que limitavam o "aproveitamento imoderado do solo urbano". O maior nome da arquitetura americana do século XX, Frank Lloyd Wright, foi cristalino ao se posicionar sobre o que achava da hiperdensidade de Manhattan:

> Se eu tivesse mais quinze anos de trabalho, poderia reconstruir este país inteiro, mudar tudo. [...] Teríamos de construir dois arranha-céus de 1600 metros de altura no Central Park e colocar toda Nova York dentro deles. Aí você poderia destruir todo o resto e colocar verde, grama em tudo. Finalmente teríamos uma cidade bonita. Terminaria essa agonia.[5]

Além de reforçar o clichê do arquiteto megalomaníaco, que esvazia os cofres de clientes e governos, Lloyd Wright criticava as calçadas cheias e sujas, as multidões, os congestionamentos, o caos. Sonhava com cidades pequenas ou agrárias, conectadas por carros — algo que os subúrbios americanos concretizariam. Seu projeto para reurbanizar Bagdá, no Iraque, de 1957, tinha uma grande ópera no coração da cidade, cercada por estacionamentos, jardins e vias expressas. Não foi além dos primeiros rascunhos.

Também Le Corbusier, nos projetos que fez para o Rio de Janeiro e para Paris — duas cidades que não deviam parecer suficientemente belas para o arquiteto franco-suíço —, compartilhava essa visão demole-quarteirão da cidade tradicional. Destruir a cidade "antiga" e substituí-la por outra, menos densa, com mais jardins e parques, e com conjuntos residenciais distantes uns dos outros, conectados por dezenas de vias expressas e viadutos, era um sonho quase padronizado que ele ofereceu como consultor caixeiro-viajante a autoridades da Europa ou da África.

Em 1936, Le Corbusier passou 35 dias no Rio de Janeiro, convidado para dar consultoria ao governo brasileiro para a nova sede do Ministério da Educação e Saúde, que seria construída em um quarteirão inteiro no centro da cidade. Há diversas versões sobre como ele gastou o tempo na cidade, mas quase todas sugerem que deixou para o último minuto o estudo do terreno proposto. "Isso ilustra com nitidez o paradoxo da arquitetura moderna: a suposta incompatibilidade entre projetos do espaço moderno e a cidade tradicional", diz o professor Rodrigo Queiroz, da FAU-USP.[6] Do complexo da Pampulha à Universidade de São Paulo, os modernistas preferiam enclaves bucólicos a interagir com a cidade.

Nos Estados Unidos do pós-Segunda Guerra, governado por um ex-general vitorioso, Dwight Eisenhower, o espraiamento das cidades seria diretriz nacional. Um sistema de estradas interestaduais facilitaria a mobilidade cara aos militares, sempre preocupados com as ameaças de uma nova guerra ou com ataques nucleares. O governo também precisou dar moradia para centenas de milhares de americanos que haviam lutado na guerra — muitos subúrbios nasceram assim, como compensação aos serviços prestados nos campos de batalha. Eram lugares servidos de boas estradas, o que deu outro impulso à indústria automobilística de Detroit.

Um editorial de 1953 da revista *Acrópole*, sob a rubrica "Urbanismo", apresenta as sugestões para a Câmara Municipal da comissão formada pelo IAB e pelo Instituto de Engenharia: "É reconhecido o fundamento demográfico da lei de zoneamento, que deverá estabelecer para cada zona a densidade demográfica máxima a ser estabelecida". Em outro trecho, diz que "ficam estabelecidos para cada zona a taxa de ocupação dos lotes edificáveis, o índice de aproveitamento dos mesmos".[7] Um editorial dois meses depois criticava os "prédios cada vez mais altos que estamos construindo, compactando sempre mais a área central da cidade".[8]

No final da década de 1950, quando o Fundo de Construção da USP ganhou incentivo do governo Carvalho Pinto, a elite da arquitetura paulistana sugeriu um "corredor das [ciências] humanas" no isolado futuro campus, com prédios desenhados por Artigas, Eduardo Corona, Paulo Mendes da Rocha, Pedro Paulo de Mello Saraiva, Joaquim Guedes e Carlos Milan (apenas os dois primeiros, o da FAU e o edifício das faculdades de história e geografia, foram de fato construídos).

Eduardo Corona, um dos mais prolíficos editorialistas da revista *Acrópole*, defendeu em 1963 a saída da Universidade de São Paulo do centro da cidade, "de ruas congestionadas, de acesso e transporte difíceis, de prédios velhos e imprestáveis. Temos que lutar por uma cidade universitária, principalmente nós, arquitetos, que estamos participando da enorme equipe que elabora projetos e dirige sua pesquisa para levar avante a grande ideia".[9]

Outros arquitetos participaram do programa: Hélio Duarte desenhou a Politécnica e Eduardo Kneese de Mello, o Crusp (Conjunto Residencial da USP). A aposta que os encantava era abrir grandes vãos livres entre os prédios, ideia cara à Escola Paulista, formando um "corredor" entre eles. Conforme essa visão se concretizava, a USP ficava mais parecida com os campi de universidades americanas, situados em pequenas cidades e um tanto afastados da vida urbana. Décadas depois, mesmo quem está no campus precisa pegar um carro para ir de qualquer das faculdades ao restaurante dos professores.

Arquitetos dessa época, tanto aqueles próximos da esquerda como os que eram associados à direita, em geral abraçaram o fordismo e não negavam sua paixão por carros (e subúrbios) americanos. Essa produção em massa dos automóveis e o direito facilitado de ir e vir pareciam democratizantes. Dessa crença, surgiu Brasília, por exemplo, espalhada e com bairros (setores) divididos claramente por funções, quase sem mistura entre moradia, comércio, trabalho e lazer, com calçadas exíguas ou inexistentes em boa parte do Plano Piloto, fazendo de seus habitantes seres dependentes do automóvel. Em artigo para a revista *Acrópole*, Lúcio Costa compara a praça dos Três Poderes à parisiense Place de la Concorde. "É a única praça contemporânea digna das praças tradicionais", exulta.[10] Em longo texto crítico de 1999, às vésperas dos quarenta anos de Brasília, a revista *The Economist*, em uma edição especial dedicada ao milênio que chegava ao fim, escreveu que a cidade foi, "mais do que um hino à era dos motores, [...] a glória e o túmulo da ideia modernista. Aquela utopia igualitária nunca se realizou".[11]

Lúcio Costa vislumbrou uma cidade funcional só para quem tinha automóvel, à época um bem reservado a pouca gente. A revista *Quatro Rodas* estimava em 374 mil o número de carros no país inteiro em 1956, "mas a metade composta por carros velhos e calhambeques".[12] Quase todos os carros eram importados, e era necessária uma "licença-prévia" emitida pelo governo, com cotas e fila de espera, para trazer um automóvel de fora. Outros poucos eram montados aqui, com peças vindas dos Estados Unidos e da Europa, e os americanos custavam mais que uma quitinete. No ano seguinte, em 1957, o primeiro em que carros totalmente *made in Brazil* foram produzidos em escala industrial, menos de 10 mil unidades foram vendidas[13] para uma população de 65 milhões de habitantes.

O Plano Piloto, concebido naquele mesmo ano em que menos de 1% da população estava motorizada, não foi exatamente pensado para o "povo". No texto em que Lúcio Costa apresenta seu projeto para o júri do concurso de Brasília, há duas menções à passagem de ônibus pelos eixos, sem nenhuma especificidade (bonde ou metrô não aparecem na candidatura). No entanto, vários trechos tratam dos automóveis, que tão poucos pilotavam: "Não se deve esquecer que o automóvel, hoje em dia, deixou de ser o inimigo inconciliável do homem, domesticou-se, já faz, por assim dizer, parte da família", ele escreve, no tópico 8. Decerto não falava da família operária, que já se apinhava no transporte coletivo nas grandes cidades.

No mesmo texto, o arquiteto descreve a proposta "gregária" que surgiria ao redor da rodoviária para ônibus interurbanos e interestaduais, onde seriam construídas "uma eventual casa de chá e uma ópera" — ainda mais raras que os automóveis. Décadas mais tarde, em várias faculdades de arquitetura no Brasil, a poética do Plano Piloto ainda ganha estudo mais detalhado que seu elitismo e sua pouca funcionalidade. Os defensores do projeto argumentam que o maior problema da cidade foi o crescimento sem planejamento — como se fosse normal e sustentável uma cidade planejada de apenas 500 mil habitantes depender quase totalmente do carro. Foi só em 1994, 37 anos depois do Plano Piloto, que o Brasil ultrapassou a marca de 1 milhão de carros licenciados por ano, quando a população já era de 159 milhões.

Um reconhecido crítico do urbanismo modernista, o arquiteto dinamarquês Jan Gehl, gosta de dizer que "falta à arquitetura e ao urbanismo mais pesquisa, mais dados, mais checagem do que funcionou ou não". Ele acusa muitos profissionais de jamais visitarem suas obras finalizadas para medir o impacto positivo ou negativo que tiveram em seu entorno e como são usadas cinco, dez ou vinte anos depois. Sem isso, muitas ideias já vencidas se repetem.

Em 1970, quando apresentou ao governador Negrão de Lima seu plano piloto para o novo bairro da Barra da Tijuca, no Rio de Janeiro, Lúcio Costa previu "agrupamentos espaçados" de conjuntos de torres com 25 a trinta andares. "Esses conjuntos de torres, muito afastados, além de favorecer os moradores com o desafogo e a vista, teriam o dom de balizar e dar ritmo especial à paisagem, compensando ainda, por outro lado, o uso rarefeito do chão mantido agreste", escreveu na revista *Acrópole*.[14]

Costa descrevia o novo bairro como um "arquipélago" de quadras, com diversos vazios entre elas. Ele até previa lojas e serviços nos térreos, mas a mentalidade continuava a das superquadras, fechadas em si mesmas. Com Oscar Niemeyer, projetaria um "setor de comércio e diversões" na Barra — "um local cheio de vida e movimento, contrastando favoravelmente com a tranquilidade e o sossego das áreas habitacionais", escreve Niemeyer na mesma revista.[15] Esse "setor" diz tudo — quase quarenta anos depois do manifesto "Carta de Atenas", redigido por Le Corbusier, esse urbanismo segregado parecia não ter sofrido uma única revisão. Na nova capital do Brasil, foram criados um setor hoteleiro e um setor bancário — imagine a surpresa do turista que sai do seu hotel e descobre que só há outros hotéis ao seu redor.

Dez anos depois do plano piloto, Vilanova Artigas, Mendes da Rocha e Fábio Penteado projetariam um centro habitacional em Guarulhos com dezenas de prédios desenhados em superquadras — os vãos entre os pilares do térreo viraram estacionamento, em uma área em que o carro seria fundamental. O Brasil continuaria a fazer capitais e cidades planejadas do zero (como as já finalizadas Belo Horizonte e Goiânia ou, futuramente, Palmas), até em estados com cidades maduras que podiam ter feito mais com igual investimento.

Mesmo na segunda década do século XXI, diversos arquitetos veteranos entrevistados para este livro ainda insistiam nas vantagens da "arquitetura arejada e de baixa densidade" e criticavam em conversas privadas a ênfase dada em recentes administrações municipais às ciclovias e à "demonização do carro". Le Corbusier segue vivo neles. Não se trata aqui de apenas usar o dedo acusador, já que eles apenas encarnavam o espírito de uma época. Todo o poder foi conferido ao carro por arquitetos e urbanistas, democratas e militares, sociedade civil e empresariado. Mas há verdades inconvenientes quando exumamos esse passado — que ainda é ensinado, de forma acrítica, algumas gerações depois.

Densidade e relação com o entorno. Muitos dos arquitetos modernos engajados ignoravam essas duas variáveis quando tinham a palavra final na prancheta. Sem a dose de vitamina necessária que só se consegue com gente na rua, com usos mistos, com uma calçada ativa, nenhuma obra-prima arquitetônica consegue esbanjar saúde.

Com a capacidade de revisar conceitos que a experiência proporciona (e a inteligência de mudar de opinião), Mendes da Rocha contrariava alguns discípulos mais puristas. "Foi um erro a construção da Cidade Universitária. Você tinha a Politécnica, tinha a faculdade de Direito, a FAU, todas circundando o centro da cidade, dando vida a ele. Todo arquiteto sabe que a cidade é a escola primordial. Portanto, não se pode levar a escola para fora da cidade, como foi feito", declarou, em 2003.[16]

Assim, naquele final dos anos 1950, uma nova cisão ocorreu entre o pensamento dos arquitetos e o do mercado imobiliário — um lado quis desadensar a cidade, o outro achou que perderia muito dinheiro sem poder otimizar suas parcelas de terra.

Diversos artigos, editoriais e reportagens nos jornais demonstravam a contrariedade dos incorporadores com a lei que os obrigava a otimizar muito menos seus terrenos. Um editorial de *O Estado de S. Paulo* de novembro de 1958 critica a lei n. 5261, acusa os urbanistas de "não serem realistas" e afirma que o planejamento urbano virou "fundamentalmente a rejeição da grande cidade e de tudo que ela significa. A ideia de cidade-jardim, a maior força do planejamento urbano atual, é, por origem, planejamento suburbano".[17] O texto continua dizendo que, se Londres fosse desmembrada em uma série de cidades-jardins de 50 mil habitantes cada, seriam necessárias duzentas novas mini-Londres nessas condições.

Na *Folha da Manhã* de 8 de março de 1959, a manchete da edição dominical previa os danos: "Redução no licenciamento de grandes edifícios poderá tornar-se sensível a partir deste ano".[18] Uma reportagem publicada em agosto de 1960, também na *Folha*, trata da crise que atingia o

*Baixa densidade com formato de subúrbio e condomínios fechados no bairro do Morumbi.*

setor da construção civil na cidade — não apenas em razão da inflação de Brasília, mas dos projetos cancelados após a decisão de se limitar o uso intensivo do solo: "São Paulo foi a extremos no terreno imobiliário quando, a uma cidade que ostentava recorde de construções, aplicou-se uma das mais severas disposições urbanísticas de que se tem notícia".

O texto traz dados do mercado em 1959. O número de metros quadrados licenciados na cidade tinha caído a 2,5 milhões, o menor em toda a década. Por outro lado, a quantidade de casas térreas e edifícios de apenas dois e três andares tinha se multiplicado, com crescimento de 30% e 64%, respectivamente. Essa cidade com casas para uma única família ocupando todo o terreno se espalhava depressa também por conta da escalada inflacionária dos anos JK:

> A corrida para o imóvel é altamente estimulada pelo galope inflacionário da atual conjuntura. Aparecendo o bem de raiz como o meio geralmente indicado para resguardo do patrimônio e o consequente meio de fuga à crescente desvalorização da moeda, explica-se facilmente nos períodos de inflação muito acentuada o aumento das inversões imobiliárias.[19]

*Cidade Universitária da USP: urbanismo espraiado e carrocêntrico de Brasília teve sua versão paulistana.*

A reportagem ainda apontava "novos filões" do mercado em prédios com funções que não estavam limitadas pela nova lei: os edifícios-garagem e os edifícios-galerias (eis a razão de o casal Ermanno Siffredi-Maria Bardelli ter se concentrado neles entre 1958 e 1963). Confirmando os efeitos da política defendida por arquitetos, a revista *Acrópole* de julho de 1961 trouxe os números de construções licenciadas por subdistritos paulistanos: uma maior quantidade delas havia sido iniciada em Santana, Saúde, Indianópolis, Tatuapé, Butantã, Lapa e Tucuruvi. No início, o mercado imobiliário tentou contornar a lei, pedindo alvarás para a construção de prédios de "consultórios" que, na verdade, seriam vendidos depois como quitinetes, mas esse jeitinho durou pouco. Os incorporadores logo perceberam a vantagem de explorar áreas distantes com metro quadrado muito mais barato. A capital onde tudo podia ficar mais longe, sob determinação do poder público, propiciou o lucro de muitos.

A partir da era JK, a ênfase no carro seria suprapartidária. O prefeito Francisco Prestes Maia, em seu segundo mandato (1961-5), tomou em São Paulo o mesmo rumo da política federal, rasgando com obras viárias bairros inteiros, nos quais o pedestre foi deixado às margens. A ditadura aceleraria o rodoviarismo abraçado por Juscelino e mesmo pela elite arquitetônica.

Recém-eleito sucessor de Prestes Maia na prefeitura de São Paulo, o brigadeiro José Vicente de Faria Lima (1965-9) iniciaria o sufocamento virtual dos rios Pinheiros e Tietê com as marginais (provocando impactos ambientais que são sentidos até hoje em cada temporal na cidade), o alargamento da rua Iguatemi (que depois se tornaria a avenida Faria Lima) e da avenida Rebouças e a interligação das avenidas 23 de Maio e Rubem Berta. Foi Faria Lima quem começou as obras do metrô, mas deve-se a ele o encerramento da rede de bondes.

Nomeado pelos militares, Paulo Maluf (1969-71) continuou as obras das marginais e construiu o elevado popularmente conhecido como Minhocão, com 3,7 quilômetros, que mutila boa parte do centro, passando rente às janelas de outrora valorizados edifícios residenciais. Maluf mandou fazer ainda a Radial Leste, a ligação leste-oeste, com passagem sob a "praça" Roosevelt ("reformada" por ele, quando também se tornou um elevado de concreto, desenhado por arquitetos) e o entroncamento entre Paulista, Consolação e Rebouças (uma

*Minhocão em construção, 1970. Em destaque (à esq.), o edifício Washington, de Bernardo Rzezak.*

área permanentemente antipedestre). Todas essas obras envolveram a desapropriação de centenas de milhares de metros quadrados, para o que não faltava verba, embora fosse escasso o dinheiro destinado ao transporte público.

A cada pista nova, uma parte da história de bairros paulistanos virava entulho. Mesmo o Ibirapuera, o parque emblemático do IV Centenário, acabaria cercado por pistas expressas, deixando claro que o carro deveria ser o melhor meio para chegar até lá — aos pedestres sobrou uma passarela, daquelas que oferecem o percurso mais distante de um ponto a outro. O parque também seria retalhado — pedaços dele seriam cedidos a clubes, aos militares e à construção da Assembleia Legislativa.

Em 1972, o modelo de 1957 foi aprofundado, com o Plano Diretor de Desenvolvimento Integrado (PDDI), que criou oito tipos de zona de uso — em apenas duas delas, zonas quatro (Z4) e cinco (Z5), foi permitida a densidade "alta", de três a quatro vezes a área do lote. Para 88% da cidade, o limite máximo de construção passou a ser de duas vezes o tamanho do lote.

Outras regras criaram recuos obrigatórios na frente e nas laterais dos novos prédios. Os prédios geminados com entrada abrindo-se diretamente para a calçada, comuns no centro de São Paulo (e no Rio, em Buenos Aires e em Nova York), foram substituídos por edifícios bem re-

*A partir dos anos 1960, a cidade foi rasgada por vias expressas, que cobrem distâncias cada vez maiores, mas que destroem a mobilidade local.*

cuados, erguidos no meio do terreno. Para quem está na rua, sobra uma grade, um jardim ou um estacionamento para admirar. Mesmo aqueles que puderam encaixar no térreo uma farmácia ou uma loja de roupas foram obrigados a criar vagas de estacionamento em um número mínimo decidido pela prefeitura, fazendo com que a loja ficasse recuada, com os carros parados na frente. Quem se importa com a calçada? O percurso a pé seria condenado à monotonia por esses novos empreendimentos.

A lei foi mudando e ganhando novas regras a cada década (nas de 1960 e 1970, a cada cinco anos, as regras eram modificadas). A estabilidade jurídica para investimentos de longo prazo no Brasil nunca teve a solidez do concreto. Nos novos bairros, onde se podia fugir do metro quadrado encarecido do centro e da região da Paulista, a lógica de paliteiro se repetia: prédios magricelos como palitos no meio do terreno, cercados de recuos por todos os lados, mantendo a calçada à distância.

Artigos em jornais e revistas, muitos escritos por arquitetos, diziam que "São Paulo precisava parar de crescer" — quinze anos depois, essa frase viraria até slogan do então prefeito José Carlos de Figueiredo Ferraz (1971-3). Engenheiro calculista, parceiro de Lina Bo Bardi na obra do Masp, Figueiredo Ferraz seria responsável pelo primeiro Plano Diretor da cidade, aprovado em 1972, que se opunha ainda mais ao adensamento. Acreditava-se que uma canetada poderia congelar o centro da capital — ou evitar a secular migração do campo para as metrópoles atrás de emprego, diversão e qualidade de vida.

As torres espalhadas e que ocupam apenas um naco de cada terreno provocariam a errônea sensação de que São Paulo é "densa demais". Na capital paulista vivem 7400 habitantes por quilômetro quadrado, ao passo que em Barcelona vivem 16 mil, e em Paris, 20 mil — estas duas cidades, com escassos arranha-céus e cujos prédios baixos são encaixados como peças de Lego, não desperdiçam espaço com recuos. Em ambas, não se pensa em limitar o número de habitantes nas áreas centrais, mas justamente o contrário, e a metragem média dos apartamentos é bem mais compacta.

Em São Paulo, sacadas, garagens e áreas abertas (como piscinas) não eram contabilizadas no máximo de metros quadrados do coeficiente de aproveitamento. Por esse motivo, enquanto se reduzia o número de unidades permitidas por construção, os apartamentos começaram a ganhar varandas enormes, que logo eram envidraçadas, regularizando o puxadinho da classe alta. E a farra de várias vagas de garagem por apartamento seria premiada com a nova legislação.

Revisões do Plano Diretor, feitas quando o país voltou a ser uma democracia e os cofres da prefeitura estavam vazios ou quase, acabaram determinando que a superfície construída não excedesse a área do terreno — essa era a regra vigente em 2023. O proprietário pode construir apenas cem metros quadrados em um lote de igual tamanho. Se quiser exceder essas dimensões, o incorporador deve pagar um ágio, a chamada "outorga onerosa", à prefeitura. Com essa nova redução do espaço propício à edificação na cidade e do aproveitamento real dos terrenos, a mancha urbana novamente estendeu seus tentáculos como polvo. Mesmo no século XXI, arquitetos falam, no vocabulário marxista, de "mais-valia imobiliária" para justificar, na prática, mais um imposto que, como todos os outros, será repassado ao consumidor final que quer moradia. Se construir três vezes o tamanho do terreno em metros quadrados — um aproveitamento baixíssimo —, o ágio dessas duas vezes adicionais incidirá no preço do apartamento. Nem o fato de que a arrecadação de impostos no Brasil atinge 34% do PIB parece convencer esses urbanistas do problema de novas taxas, ainda que, na prática, eles saibam o que isso significa, ao fazer compras até de itens básicos quando viajam para lugares com impostos mais controlados.

Como os arquitetos e as faculdades de arquitetura se mantêm distantes do debate econômico, diversos detalhes do negócio são ignorados. Muitos arquitetos e professores da área defendem impostos progressivos contra terrenos vazios "especulativos", parecendo crer que todo momento é bom para construir e vender. Ou que a qualquer hora existe crédito com juros bons na praça para financiar um empreendimento, ou que sempre há demanda para se comprar apartamentos e escritórios — algo que a crise iniciada no final de 2013 desmentiu, deixando milhares de imóveis vazios.

E assim São Paulo ficou sem arranha-céus, sem prédios geminados de tamanho médio, sem boa densidade nas áreas centrais. Mas com o metro quadrado caro para as classes de renda mais modesta.

*Paliteiro de torres espelhadas da arquitetura corporativa do século XXI, na avenida Engenheiro Luís Carlos Berrini.*

* * *

Enquanto Brasília e a USP tornavam-se realidade, em Nova York a urbanista, jornalista e ativista Jane Jacobs liderou uma pequena revolução contra a criação de vias expressas e de elevados que cortariam o West Village, o bairro onde morava. Com o apoio de seus vizinhos ativistas, conseguiu engavetar o projeto de um elevado em Manhattan, em 1968 (um ano antes da construção do Minhocão em São Paulo; paga-se caro quando se ignora o que está acontecendo em cantos mais avançados do globo).

Além de denunciar a paixão dos arquitetos modernos pelos subúrbios e pelo carro e protestar contra essa primazia que vinha destruindo bairros inteiros nos Estados Unidos, Jacobs também atacou, durante as décadas de 1950 e 1960, os conjuntos habitacionais com prédios no meio do lote, cercados por jardins ou estacionamentos, que tiravam a vida (e as vitrines, os bares, as pessoas) das calçadas nova-iorquinas — qualquer semelhança daquilo que ela criticava com as superquadras de Brasília não é mera coincidência.

Em *Morte e vida de grandes cidades*, seu livro mais conhecido, publicado em 1961 (e no Brasil apenas em 2000), Jacobs louva o "balé da boa calçada urbana", onde o vendedor, o chaveiro, os funcionários da lavanderia são "olhos atentos à rua", garantindo segurança e permanência. Ela dizia que vitrines e janelas tendem a atrair gente para a rua, e a presença de pessoas chama mais pessoas, usuários e espectadores. Até as crianças estariam mais seguras com adultos por perto na calçada do que sozinhas em algum playground afastado. A mistura desses elementos — lojas, cafés, escolas e moradores — manteria ruas vivas em diferentes horários, ao contrário de bairros exclusivamente residenciais ou comerciais, que ficam ociosos na maior parte do tempo.

Jan Gehl — que também criticaria a cidade nada gregária dos modernistas, defendendo a densidade em um livro lançado no Brasil —,[20] ao visitar São Paulo, declarou que densidade não significa "arranha-céus". "Paris e Barcelona são mais densas que Nova York, com prédios de oito andares, coladinhos. Vocês colocam recuos para tudo aqui, criando espaços inúteis."[21] Um bom exercício para o leitor deste livro é analisar como é o encontro da sua moradia com a calçada. Tem vitrine? Gente sentada? Alguma fronteira porosa? Nos prédios vizinhos, dá para ir a pé a uma padaria, um café, uma farmácia, uma loja, uma academia? Ou todos os prédios são exclusivamente residenciais, incentivando a dependência do automóvel para compromissos corriqueiros? Como um estetoscópio urbano, você poderá checar os sinais vitais da sua vizinhança.

*Terminal Bandeira, com os edifícios Joelma, Planalto e Viadutos e a Câmara Municipal ao fundo.*

Até pelo impacto no meio ambiente, a relação entre densidade e poluição urbana tem merecido diversos estudos. Atlanta, terra da Coca-Cola e da CNN, tem 4280 quilômetros quadrados de extensão, e quase toda a sua população vive em casas, não em apartamentos, e usa o automóvel para percorrer longas distâncias, emitindo quase onze vezes mais dióxido de carbono que Barcelona — 7,5 toneladas de dióxido de carbono por atlantense contra 0,7 tonelada por barcelonês.[22] Os orgulhosos moradores das casinhas com jardim e uma árvore no quintal são bastante mais poluidores que os que moram nos pequenos prédios charmosos, colados uns nos outros, na capital catalã, com 162 quilômetros quadrados.

Os impactos naturais do desadensamento da população são evidentes. Se os 22 milhões de paulistanos e vizinhos da região metropolitana (em 2022), acometidos por um súbito enriquecimento e sem limites de terrenos, decidissem viver em casas como nas valorizadas "cidades-jardins" do Pacaembu e do Alto de Pinheiros, é provável que a capital precisasse asfaltar da serra do Mar às plantações de café no interior do estado para comportar todo mundo em imóveis bucólicos. As distâncias dificultariam qualquer tentativa de criar uma rede economicamente viável de transporte público. Teríamos uma versão mais caótica de Los Angeles, a segunda maior cidade dos Estados Unidos, com a pior poluição e o pior trânsito entre as metrópoles do país, apesar de todo o dinheiro para viadutos e freeways.

Ironicamente, em 1953, o relatório anual da empresa de João Artacho Jurado, a construtora Monções, que só pensava em lucro e estava distante dos debates eruditos, apresentava uma nota dissonante (e interessada) pró-adensamento. Aos acionistas, dizia: "O princípio da distribuição dos habitantes em casas isoladas é ideal para cidades pequenas e médias, nas quais a pressão demográfica não é pronunciada. Mas ele se revela contraproducente nos casos de São Paulo e Rio".[23] Naquele ano, São Paulo tinha pouco mais de 2 milhões de habitantes, e o projeto de lei do vereador Luís Inácio de Anhaia Mello nem tinha sido escrito. A cidade continuou crescendo, sob o impacto dessas políticas que faziam escassear e encarecer as áreas mais centrais e de melhor infraestrutura: em 1960 tinha 3,6 milhões de habi-

*Inaugurado em 1940, o autódromo de Interlagos era cercado por casarões no formato típico de subúrbio americano. A proibição de construções a partir da Lei de Proteção dos Mananciais abriu espaço para o surgimento de diversas ocupações irregulares.*

tantes; em 1970, 5,9 milhões; em 1980, 8,4 milhões; em 1991, 9,6 milhões; e ultrapassou os 12,4 milhões de moradores em 2022, segundo estimativa do IBGE.

São Paulo sofreu provações dignas das dez pragas do Egito: a inflação; o distanciamento entre incorporadores e arquitetos do primeiro time; as construções genéricas estimuladas pelo BNH; as leis e políticas rodoviaristas; o autoritarismo da ditadura; o desadensamento decretado; o fim dos conjuntos multiúso (resultando em bairros segregados, com exclusividade residencial ou comercial) e do ciclo de talento importado (com a imigração ao Brasil encolhendo); e a visão de uma cidade pouco adensada dos modernistas — todas sucessivamente, entre as décadas de 1950 e 1970. Mas ainda faltava a décima tragédia para desencaminhar o patrimônio arquitetônico e urbanístico dos anos 1950. Entre o final da década de 1960 e o início da de 1970, muitos prédios construídos nos chamados anos dourados exibiram múltiplas rugas precoces, comprometendo a fama dos grandes complexos modernos e piorando os temores gerados por suas construções acidentadas.

Alguns rapidamente ganharam ares de cortiço. Os corredores do Conjunto Nacional se tornaram uma favela comercial quando o prédio tinha apenas dez anos. Depois que José Tjurs, seu incorporador e maior proprietário, adoeceu, herdeiros e diretores da administração começaram a fatiar as áreas comuns, sublocando-as para quiosques e barracas, que abrigavam desde doleiros até receptadores de joias roubadas e agentes de garotas de programa. O Cine Rio começou a exibir filmes pornográficos.

Na madrugada de 4 de setembro de 1978, segunda-feira, o Conjunto Nacional sofreu um incêndio que destruiu seis andares do segundo bloco de escritórios e a maior parte das sobrelojas. Não houve nenhuma vítima fatal, pois o prédio estava praticamente vazio àquele horário. Entretanto, a lembrança recente dos incêndios dos edifícios Andraus (1972, com dezesseis mortos) e Joelma (1974, com 187 mortos) acelerou a debandada dos condôminos.

E assim o complexo multiúso desenhado por David Libeskind começou a ser tachado de "o Martinelli da Paulista".[24] O luxuoso primeiro arranha-céu do centro, dez anos após sua inauguração (ocorrida em 1929), havia se transformado em um cortiço, depois que o proprietário, Giuseppe Martinelli, muito endividado, vendeu o prédio para uma empresa italiana. Durante a Segunda Guerra Mundial, quando o Brasil declarou guerra ao Eixo, o Martinelli foi expropriado e virou bem público. Assassinatos aconteceram nas décadas seguintes no "edifício América", como havia sido rebatizado. Tráfico de drogas e prostituição viraram negócios comuns em seus corredores. O arranha-céu só foi restaurado após um incêndio, quando foi desapropriado pela prefeitura na gestão de Olavo Setúbal (1975-9). O nome original foi restabelecido, e repartições públicas municipais se mudaram para lá.

No Conjunto Nacional, contou Libeskind, "todas as modificações, aleatórias e sem qualquer critério, invadindo as áreas comuns e a circulação, haviam deturpado o sentido original do projeto e estavam transformando o prédio num gigantesco cortiço". Na opinião do arquiteto, "foi sorte ter acontecido o incêndio, pois não houve vítimas e serviu de alerta. Depois do incêndio, pelo menos resolveram recuperar o edifício".[25]

Assim como o Martinelli e o Conjunto Nacional, o Copan já tinha envelhecido bruscamente apenas dez anos depois de estar com ocupação total. A mesma má fama, os mesmos negócios ilícitos, a mesma alcunha de pardieiro. A Galeria do Rock também já tinha perdido boa parte dos lojistas, e seus andares superiores estavam quase vazios no início dos anos 1970. Na década seguinte, foi a vez de a galeria Metrópole perder o fôlego. Edifícios de quitinetes, posicionados em avenidas que sofreram com a combinação de tráfego intenso e a construção de viadutos, como nas avenidas São João e Nove de Julho, também se deterioraram — e foram chamados de treme-tremes por décadas.

Somados o mercantilismo agressivo do mercado imobiliário, o pretenso purismo ideológico dos arquitetos de ponta e a legislação urbana nociva, não surpreende que os bairros que cresceram a partir dos anos 1960 fossem tão diferentes do legado urbanístico do centro, de Higienópolis e da Paulista.

O final dessa era combinava o melancólico estado dos edifícios modernistas com a volta ao pastiche conservador ditado pelo marketing das incorporadoras. A automóvel-dependência colocou pistas largas de aridez circundando o que havia de mais importante em uma cidade, o espaço público entre um prédio privado e outro, esmagando as calçadas. Para alguns, São Paulo tinha se tornado, para sempre, uma metrópole inviável.

Era o que parecia. Entretanto, alguns fatos no início do século XXI começaram a apontar para a recuperação desse patrimônio e, quem sabe, para uma retomada das lições dos anos 1950. Até mesmo alguns desses prédios encortiçados fariam um retorno triunfal. Quando a arquitetura é boa, um imóvel pode ter novos usos e vidas.

## 12. Em busca do prestígio perdido

*O modo de vida baseado no carro nos limites urbanos continuará, mas será acompanhado por empreendimentos mais densos perto do centro da cidade. Podemos construir torres mais altas que deem bastante espaço para as pessoas no coração do centro da cidade, mas devemos fazê-lo de forma a garantir a sustentabilidade ambiental, boas linhas de visão e bastante vida nas ruas. Podemos garantir que todos, e não apenas uns poucos privilegiados, possam desfrutar dos prazeres de Manhattan ou Paris ou Hong Kong. Mas, para conseguir tudo isso, precisamos incentivar as cidades, e não a expansão para os subúrbios. Temos de abraçar as mudanças que conduzem as grandes cidades para a frente, em vez de nos apegar a um frustrante statu quo.*[1]

EDWARD GLAESER*

*Não tenho o menor poder como arquiteto. Não posso nem sequer ir ao canteiro de obras do que desenhei e dizer a eles o que deveriam fazer. O único poder que tenho é de pregar, defender, sensibilizar.*[2]

NORMAN FOSTER

Desde que o primeiro *São Paulo nas alturas* foi lançado, em 2017, há uma pergunta que escuto repetidamente: "Alguma vez voltaremos a ter essa arquitetura, esse mercado imobiliário dos anos 1950?". No canal do YouTube que lancei em 2021 com o mesmo nome do livro, parte dos comentários ecoa tal angústia.

\* Economista americano, professor da Universidade Harvard.

Quem tem possibilidades de viajar sabe que a arquitetura tem produzido muita qualidade mundo afora nas últimas três décadas. As cidades-esponja chinesas, projetadas para responder às emergências climáticas, são acompanhadas de prédios excêntricos e sistemas de metrô e de trens de alta velocidade, sinal de que a China sabe bem do poder de cartão de visita que a arquitetura mais ousada possui.

Do Oriente Médio ao Sudeste Asiático, do Canadá ao Chile, boa arquitetura tem colocado diversas cidades no mapa. Em Nova York, figuras nada óbvias como Álvaro Siza, Tadao Ando, Shigeru Ban e Isay Weinfeld projetam residenciais de luxo. Em Bogotá e Medellín, obras e infraestrutura em favelas demonstram que o investimento em arquitetura não é monopólio de país rico. O mercado imobiliário de Buenos Aires à Cidade do México deixa o brasileiro em prantos em termos de contemporaneidade, qualidade dos materiais, cuidado com a implantação. Seul recupera bairros inteiros com urbanismo esperto.

Para incrementar a necessidade de se ouvir a arquitetura e o urbanismo, a emergência climática colocou na berlinda dois setores altamente emissores de dióxido de carbono: a construção civil e a indústria automobilística. Como nem carros elétricos vão prescindir de energia, asfalto, viadutos, túneis e estacionamentos, e os prédios, erguidos com novos materiais e menos desperdício, também podem ajudar a criar cidades compactas, urbanistas deveriam, no mínimo, ser bem mais requisitados. E aí estamos muito mal na foto, seja ela em 4K ou com Photoshop.

As faculdades ainda tratam urbanismo como uma disciplina menor. Muitos arquitetos de primeiro time jamais projetaram uma praça ou um térreo bem-feito, e têm mais experiência com casas unifamiliares grandes e suburbanas, exatamente o que mais prejudica uma cidade compacta, com muitos habitantes no menor espaço possível. Parte da elite pensante do país acaba defendendo suas versões de Alphavilles ou bairros segregados, carro-dependentes, sem comércio à mão e com pouquíssima gente morando. Imagine se a urbanização da China, da África e da Índia copiar essas versões de Orlando (em vez de Nova York), com bilhões se espalhando até onde o horizonte aguenta. Muitos humanos não parecem se preocupar com o asfaltamento dos territórios ainda virgens do planeta.

Em São Paulo, mesmo longe da euforia dos anos 1940 e 1950 ou da depressão dos 1970 aos 2000, a arquitetura e o urbanismo permanecem coadjuvantes. Irrelevantes. Depois de Jaime Lerner, é muito difícil apontar um grande legado de um arquiteto ou um urbanista em governos federais, estaduais ou municipais, da esquerda à direita.

Sérgio Magalhães e Washington Fajardo, no Rio de Janeiro, bem que tentaram. Aliás, em duas décadas, o Ministério das Cidades jamais foi comandado por um arquiteto. Virou mais uma boquinha para o apetite partidário de coalizões disfuncionais em Brasília.

Também a maioria das organizações de arquitetos e urbanistas é capturada por interesses e ativismos partidários, deixando a profissão e a cidade em terceiro e quarto planos. As Bienais de Arquitetura e os

*Edifício Santos Augusta, projeto do arquiteto Isay Weinfeld, de 2017. O prédio composto de quatro blocos desalinhados é um dos raros da arquitetura corporativa de São Paulo a ter um térreo ativo.*

poucos eventos fora do eixo São Paulo-Rio se contentam em falar apenas para a própria categoria, sem o menor esforço ou talento para se comunicar com a sociedade em geral. Ressentem-se do desinteresse pela arquitetura, mas muitos ficam deveras incomodados se não arquitetos se atrevem a dar qualquer opinião. Uma reserva de mercado que não tem como dar frutos. A própria arquitetura parece exilada nesses convescotes. Pouco projeto, pouco desenho e muito manifesto e tese, normalmente com análises sociológicas ou antropológicas amadoras.

*Edifício Plaza Iguatemi, na avenida Brigadeiro Faria Lima. O inflado neoclássico tem até moedas em relevo na fachada, que comprovam que dinheiro sozinho não faz boa arquitetura.*

Gente que não acredita no poder da arquitetura ou que nunca aprendeu a projetar acaba sendo porta-voz da classe.

Até os setores educados da sociedade paulistana (e brasileira) não conseguem avaliar a arquitetura além do "gostei" ou "não gostei". Ser a favor de prédio ou de "casinhas". Gente que investiu caro e mora em neomediterrâneos, neoclássicos e outros pastiches (reservando todo o investimento à decoração) chama de monstrengos os edifícios mais novos, sem ruborizar.

É impossível falar da São Paulo da última década sem falar do legado do último Plano Diretor. Seus autores o trataram, desde o início, como o documento mais revolucionário da história do urbanismo local, antes mesmo de sua implementação. Um clássico na política brasileira, aliás: as intenções sempre se sobrepondo aos resultados ou a uma avaliação externa e crítica. A promessa de mais adensamento populacional em áreas bem servidas de transporte público de massa era mais que urgente. Forçar o mercado imobiliário a vender unidades menores, sem vaga de garagem, e a instalar comércio no térreo — as chamadas fachadas ativas — também era uma mudança ousada em relação aos planos anteriores. Mesmo a intelectualidade paulistana nunca achou estranho que por dez, quinze anos estações de metrô em áreas nobres e próximas aos polos de empregos, como Sumaré, Vila Madalena, Pinheiros, Fradique Coutinho, Oscar Freire, Butantã, fossem cercadas por casas unifamiliares, muitas vezes com uso apenas em horário comercial. Da rua Melo Alves à rua dos Pinheiros, não causava protesto que quarteirões e quarteirões entre os polos da Paulista e da Faria Lima fossem quase que exclusivamente ocupados por lojas de roupas, estacionamentos ou botecos. Que a Rebouças ou a avenida Brasil quase não tivessem moradia.

O que os ricos paulistanos chamam de "casinhas" — de duzentos metros quadrados, a uma quadra do metrô — é um tipo de construção praticamente inexistente em qualquer área central metropolitana do mundo. De Manhattan a Buenos Aires, da zona sul do Rio a Paris ou Madri, não existem casas soltas em terrenos disputados sem servir como residência para dezenas ou trabalho para centenas. Parte dessa intelectualidade bastante desinformada sobre o urbanismo atual parece querer o modelo de Los Angeles: uma cidade espraiada, de casas e casas, poucos prédios e carro para tudo. Aviso: Los Angeles tem o pior ar, o pior trânsito e a mais dramática falta de água nos Estados Unidos.

De fato, várias iniciativas do Plano Diretor, inclusive pela redação tortuosa e dirigista, nunca deram muito resultado. A exigência de fachadas ativas por todas as entradas de um empreendimento, mesmo que algumas delas fiquem em vielas ou ruas sem o menor fluxo de pedestres, é prova de que gente do ramo não foi ouvida. A fruição — a permissão de passagens e galerias pelo meio da quadra, por dentro do empreendimento — foi pouquíssimo adotada. Para muitos técnicos da prefeitura, a lei não estava clara. Se a fruição é "coberta", como nas velhas galerias de Maria Bardelli e Ermanno Siffredi, a área é computável, e poucos empreendedores trocarão áreas vendáveis ou locáveis por uma passagem. Ou seja, para o poder público paulistano, passagem tem de ser descoberta, sob chuva ou sol. Nem toda ideia correta é eficiente. Você pode ter razão e ainda assim produzir seus monstrinhos.

Confirmando a má comunicação entre arquitetos e mercado imobiliário, sem falar na inexistente educação urbanística de supostos intelectuais, o Plano Diretor começou a levar safanões de todos os lados do espectro político ao menos desde 2018, quando o mercado imobiliário começou a se reerguer, depois de cinco anos da recessão engendrada no governo de Dilma Rousseff (2011-6).

Sim, o adensamento populacional e construtivo em áreas bastante esvaziadas (mas nobres) da cidade causa as externalidades negativas que qualquer construção provoca. Pó, barulho, caminhões circulando nos horários mais impróprios, caçambas, trânsito — os mesmos dissabores produzidos no passado pelos prédios dos moradores que hoje reclamam dos que chegam. Será que negam que seus prédios também envolveram britadeira ou escavação?

Outros apenas não querem perder sua vista desimpedida ou temem a desvalorização do seu metro quadrado com a chegada de estúdios, mas disfarçam essas preocupações mesquinhas e capitalistas com argumentos preservacionistas e até ambientais. Nos Estados Unidos, os Not in My Backyard (NIMBY, ou "não no meu quintal") são bastante mais criticados pela defesa do statu quo e pelo encarecimento premeditado do metro quadrado, que se mantém congelado por seus privilégios. No Brasil, esse discurso ainda parece inofensivo.

E, cedo demais, o Plano Diretor ficou órfão de defensores. Toda política revolucionária causa efeitos amargos e contraria grupos de interesse. Saber comunicá-la e defendê-la, com clareza de princípios, é o mínimo que se espera de um líder político. A Cidade Limpa ou a Paulista Aberta só sobreviveram graças à coragem de se contrariar grupos de interesse e aguentar a briga e as críticas. Seja por arrogância ou falta de costume, o plano não foi bem explicado nem sequer por seus autores. Cada grupo de moradores privilegiados que de fato achavam que seu bairro — central, recebendo investimentos milionários — tinha o direito de manter casas com pouca população era rapidamente apoiado pela mídia e por alguns arquitetos que, antes, defendiam o plano. Esse populismo fez o debate urbano em São Paulo atrasar algumas décadas, o que pode ter influenciado várias outras cidades brasileiras que sempre olham para a capital paulista atrás de novidades.

Já o mercado imobiliário, com raríssimas exceções — que continuam as mesmas já citadas na primeira edição deste livro —, segue no "copia e cola" há décadas. Ainda não se viu nenhuma correção de rota para a nova cidade e o novo paulistano do século XXI. Não é necessário um cavalo de pau como o da Netflix (que de vendedora de DVDs pelo correio se tornou um dos maiores estúdios e distribuidores de filmes e séries do mundo), mas algum tipo de atualização seria bem-vindo. A cada viagem que os executivos do mercado fazem para buscar "referências" em cidades como Dubai e Miami, ambas entre as maiores poluidoras per capita do mundo, menos aprendemos com cidades compactas e com empreendimentos que valorizem mais a calçada que o estacionamento. Assim, não surpreende que até as áreas mais nobres e disputadas de São Paulo sejam presenteadas com uma torre como a do Batatão, que protagonizou um dos vídeos mais vistos do meu canal. Sem comércio, sem ligação com a calçada, isolada até da vizinha estação Faria Lima, ele parece uma torre extraviada de algum subúrbio de Dallas, no Texas.

Há certos números incontornáveis para aquele 1% de paulistanos com algum interesse na desigualdade espacial na cidade. Apenas 25% da população paulistana vive na zona oeste e no centro expandi-

*Torre espelhada de 126 metros de altura no largo da Batata. Exemplo da arquitetura corporativa mais canhestra de São Paulo: não tem nenhuma ocupação no térreo além do embarque e desembarque de veículos e é fechada para o largo da Batata e para a estação vizinha.*

do, onde estão 70% dos empregos. Os residentes da zona leste — região mais populosa que o Uruguai, com 4,5 milhões de moradores — podem gastar de uma a quatro horas diárias em deslocamentos entre casa e trabalho. Estão na zona sul os verdadeiros pulmões verdes da cidade, cujas áreas de mananciais têm sido devastadas, inclusive pelo crime organizado, e onde a favelização cercou as duas grandes represas que fornecem água para a capital.

Mas esses 25% sempre acharam que sua região fosse "lotada", algo desmentido por qualquer censo de densidade. Como dados deveriam embasar as opiniões, é bom lembrar que o esvaziado centro de São Paulo, como o distrito da República, tem uma densidade populacional três vezes maior que a de Pinheiros. O ainda mais vazio distrito da Sé é 2,5 vezes mais adensado, por quilômetro quadrado, que Moema ou Itaim Bibi. Somados, os edifícios Copan e Louvre, retratados neste livro, têm o mesmo número de habitantes que o bairro do Pacaembu inteiro. Ou seja, os 10 mil metros quadrados contíguos entre as avenidas Ipiranga e São Luís abrigam as mesmas 4 mil pessoas que ocupam 1 milhão de metros quadrados no tombado Pacaembu. Não é preciso ser engenheiro ou economista para imaginar qual dos grupos de 4 mil paulistanos ocupa mais território, consome mais água e luz, tem mais carros na garagem e menos opções para sair a pé. E adivinhe onde é mais barato e eficiente fazer a coleta de lixo: nos dois prédios vizinhos ou na centena de quarteirões do bairro colado ao estádio?

Mas o urbanismo se tornou um derradeiro recanto no qual privilegiados de sempre podem defender exclusão, segregação ou "que a cidade cresça para lá" (nem é preciso determinar onde), e ainda soa como ativista ambiental ou social. Jornalistas de muito impacto na cidade, que moram em prédios de dezenove e 25 andares, têm a pachorra de atacar prédios e defender casinhas. A vista delas precisa ser intocável.

Há um grande cinturão vazio ou esvaziado ao redor do centro de São Paulo, e que o inclui. Nem burocratas, nem políticos ou prefeitos, da esquerda à direita, conseguiram repovoar de forma decidida vastas áreas de bairros como Barra Funda, Água Branca, Campos Elíseos, Luz, Brás, Bom Retiro, Pari e Canindé ou os milhares de metros quadrados de armazéns e galpões na Mooca.

Nos idos dos anos 1970, quando a cidade ganhou seu primeiro Plano Diretor, o então prefeito-engenheiro Figueiredo Ferraz, o calculista do Masp, afirmou que a cidade "precisava parar de crescer". Seu mandato conseguiu fazer isso na zona oeste e no centro expandido. Surgiram, graças à legislação, os prédios com recuos pelos quatro lados, ocupando uma parcela menor do lote. O aproveitamento das áreas nobres foi reduzido. Logo viriam tombamentos de bairros inteiros: Jardim América, Jardim Europa, Bixiga, Pacaembu, Alto de Pinheiros... A tônica e os investimentos se concentraram em descentralizar a cidade e crescer longe, muito longe, na zona leste. Os vastos Cohab 1 e Cohab 2 foram erguidos no final da década de 1970, a 25 quilômetros da avenida Paulista. No início dos anos 1980, foi construído, mais longe ainda, o maior conjunto habitacional do país: Cidade Tiradentes, para 240 mil moradores (mais que Pinheiros, Jardim Paulista e Itaim Bibi somados). Sem surpresas, empregos, universidades, hospitais, teatros e museus não seguiram a política urbana. No país que há cinquenta anos gasta cerca de 7 bilhões de dólares por ano com a Zona Franca de Manaus (que nunca virou Shenzhen), a promessa de que algum investimento governamental gere milhões de empregos já deveria ser posta em dúvida.

A produção imobiliária — em termos de quantidade — dos últimos quinze anos foi muito maior que a dos efervescentes anos 1950. Mas que cidade se construiu? Que melhoria urbana e que prazer arquitetônico foram produzidos para o pedestre com a verticalização da Vila Leopoldina e adjacências do parque Villa-Lobos? Surgiu por lá outro Conjunto Nacional ou uma nova galeria Metrópole? O crescimento do PIB sozinho não patrocina milagres arquitetônicos.

Suponha o leitor que as avenidas Brigadeiro Faria Lima e Engenheiro Luís Carlos Berrini, bem como a marginal Pinheiros, tivessem prédios de uso misto — comercial, residencial e de entretenimento —, com ótima arquitetura e interação com a calçada. É provável que aquelas áreas não ficassem semidesertas à noite e nos finais de semana, como costuma ser, com toda a infraestrutura ociosa. Suponha que opções acessíveis de moradia para quem trabalha nessas regiões tivessem sido erguidas entre as centenas de prédios exclusivamente corporativos — sobretudo porque as áreas residenciais vizinhas são de baixa densidade, logo, para poucos. Não haveria ali toda uma vivacidade própria das metrópoles, como é natural da avenida Paulista, em vez daquela aparência sinistra e desolada que os locais ostentam fora do horário comercial?

Se a arquitetura expressa humor e caráter, a maior parte do boom imobiliário paulistano produziu construções tímidas e ensimesmadas. Quando se substitui a animação de bares no Baixo Augusta por caixotes banais de muro alto, nos quais os primeiros andares são ocupados por garagens, sem nenhum comércio no térreo, não é preciso ter olhar de urbanista para perceber que algo muito precioso se perdeu. "As construtoras fazem prédios sempre iguais porque é o que todos sabem fazer. Mas não partiram de um modelo bom: pegaram o mais básico e replicaram sem parar", afirmou Otávio Zarvos, dono de uma das raras construtoras que, na São Paulo do início do século XXI, investem em arquitetura.[3] Como muitos privilegiados não querem nenhum novo obstáculo às suas vistas ou ao seu sossego, qualquer novo prédio provoca algum tipo de oposição. Se o que for construído não tiver qualidade e visar apenas ao imediato, o próprio mercado acaba sendo prejudicado como um todo, tanto mais por não contar com a simpatia da comunidade.

Os prédios atuais parecem andrajos perto das caprichadas construções anteriores, que vestem nossas ruas. A importância que esses trajes de concreto e vidro têm para a construção da imagem da cidade e para o bem-estar e a autoestima de seus habitantes foi negligenciada. São Paulo desaprendeu a fazer edifícios como o Lausanne, o Arlinda, o Diana, o São Vicente de Paula e o Prudência — mesmo porque esses prédios foram cobertos por um véu de esquecimento faz muito tempo. Aos moradores de hoje, parece bastar a decoração dos interiores, que poucos podem ver.

Síndicos e zeladores de vários edifícios icônicos abordados neste livro não têm a menor ideia de quem os projetou. Nem mesmo naqueles locais desenhados por Oscar Niemeyer há qualquer placa indicativa.

*Edifício Harmonia, projeto do escritório Triptyque para a incorporadora Idea!Zarvos: verticalização ao redor da estação Vila Madalena do metrô foi aprovada pelo Plano Diretor de 2014, mas ainda causa polêmica entre os privilegiados com metrô na porta.*

Com exceção dos suspeitos habituais (Copan, Conjunto Nacional, algumas construções de João Artacho Jurado), nem moradores têm conhecimento da história dos prédios em que vivem, o que explica por que condomínios acabam mutilando projetos originais, com reformas que substituem o valioso pelo barato.

A amnésia paulistana desvalorizou boa parte desse patrimônio. Conheci arquitetos que nunca ouviram falar de João Kon, Alfredo Duntuch, Ermanno Siffredi, Maria Bardelli, Franz Heep, Luciano Korngold, Abelardo Riedy de Souza e Salvador Candia. Os vazios na foto de nossa arquitetura são tão reveladores quanto o destaque dado a outros nomes. Por isso mesmo, uma arqueologia afetiva da São Paulo dos anos 1950 é muito necessária. Podemos reunir facilmente uns duzentos edifícios de grande qualidade feitos ao longo da década percorrida neste livro, um total impressionante para aquela São Paulo de 2,5 milhões de habitantes.

Outras dezenas de páginas poderiam ser escritas para apresentar todos os bons prédios e todos os arquitetos de talento de São Paulo na década de 1950, mas preferi concentrar minha atenção nas melhores construções e naquelas pessoas que mais produziram no período.

É verdade que aquilo que então se construiu em São Paulo não foi suficiente para a demanda da metrópole, cujo crescimento explodia — o saber urbano-arquitetônico daqueles anos não ganhou escala suficiente para se difundir e alcançar a periferia. A Pauliceia já era desigual de forma profunda. Na pertinente comparação da professora Regina Meyer, pesquisadora pioneira no estudo do urbanismo paulistano dos anos 1950, "a afluência se verticalizava, enquanto o desamparo crescia horizontalmente".[4] A São Paulo de inquilinos, densa e de poucos carros, foi substituída por uma cidade de proprietários, com baixa densidade, loteamentos irregulares e o predomínio de obras viárias para atender ao trânsito do veículo particular.

Essa urbe inviável se "metastizou" nas últimas décadas, do centro às franjas, com invasões em áreas de mananciais, o que afeta pobres e ricos. Congestionamentos são parte da paisagem no Morumbi, onde dezenas de quadras com casarões e prédios residenciais não dispõem de um único comércio à mão. A cada dia, 3,4 milhões de pessoas, o equivalente à população do Uruguai, precisam sair da zona leste rumo aos empregos situados em áreas distantes. No centro, mesmo após décadas de promessas de retomada, dezenas de imóveis continuam desocupados ou semiutilizados, sobretudo na área coberta pelos calçadões, sempre ermos à noite e nos finais de semana.

É preciso também tomar cuidado para que aqueles anos não sejam idealizados ou mitificados. Certamente, no mesmo período, muitas obras sem valor arquitetônico foram erguidas e várias decisões urbanísticas irresponsáveis tomadas, sem falar nas crises políticas e econômicas que pouco a pouco frustraram a promessa de uma nova civilização que brotasse do concreto.

Poderia ter sido engendrada uma sociedade mais educada, mais apta a valorizar a arquitetura e o urbanismo do que o voluntarismo de um político ou um mecenas. Mas a educação não estava nas metas daquela década. Em dez anos de PIB em alta e recursos fartos para a industrialização estatal, o orçamento para a educação continuou minúsculo (1,4% do PIB com Vargas e 1,7% com JK, enquanto nos Estados Unidos era de 4% em 1933, em plena Grande Depressão). Fizemos indústria pesada e hidrelétricas estatais antes de escolas — o equivalente a começar a construir uma casa pelo telhado e esquecer a sustentação.

Naqueles mesmos anos, a taxa de fecundidade brasileira era de seis filhos por mulher, e essa populosa geração foi mantida à margem da escola. Em 1950, priorizou-se o gasto com o aluno na universidade — 75 vezes maior que o gasto per capita com o estudante de nível fundamental. Dez anos depois, em 1960, a verba para o ensino básico tinha encolhido, enquanto aumentara o orçamento per capita (117 vezes maior) para os então privilegiados e raros universitários.* Os go-

---

\* Em 1950, o custo por aluno do ensino primário era equivalente a 10% do PIB per capita; do secundário, 133%; no ensino superior, 750%. Já em 1960, o custo por aluno do primário caiu para o equivalente a 8% do PIB per capita, e o do secundário, para 78%, enquanto disparou o do estudante de nível superior: 939%. Os números foram compilados pela dissertação de Paulo Rogério Rodrigues Maduro Jr., *Taxas de matrícula e gastos em educação no Brasil* (Rio de Janeiro: FGV, 2007).

vernantes "pais dos pobres" eram elitistas. Saneamento básico e habitação ficaram atrás de prioridades como indústria naval, companhia petrolífera e grandes autarquias.

"Uma das peculiaridades que repontam no Brasil", assinalou um editorial da revista *Habitat*, fundada por Lina e Pietro Maria Bardi e dirigida por Flávio Motta, "é a grande desproporção do progresso, entre o processo de desenvolvimento material e o da educação mesma. Será difícil descobrir outro país do nosso nível onde o ensino público seja mais precário."[5] Com a vantagem do olhar de estrangeiro dos editores, o texto elenca os problemas: "O caso dos professores que não dão aulas, que vagamente frequentam as cátedras, é mais regra que exceção"; há professores que só vão para a escola "receber seus ordenados"; "temos feito em nossas empresas [acredita-se que se referissem aos Diários Associados, de Assis Chateaubriand] testes de bacharéis em direito, que nos buscam em procura de colocação: 90% não sabem sequer redigir".

O editorial é premonitório: "Dá para inquietar o Brasil que vem aí, aos trambolhões, fazendo tudo arremangado, incapaz de sofrer concorrência, quase ninguém querendo trabalhar, porque o rush é para os empregos públicos, o que quer dizer para o aumento dos térmitas orçamentívoros". O Instituto de Arte Contemporânea, a escola de design criada pelo casal Bardi que promoveu o primeiro desfile de moda brasileira, durou menos de três anos. Faltaram empresários que enxergassem valor agregado ali.

O populismo pensava em eternizar a sensação de bem-estar do presente sem pensar nas consequências futuras dos gastos. A festa fiscal tinha o curto prazo como meta. O desenvolvimentismo pouco fez para melhorar o ambiente de negócios — quem ousasse empreender continuaria a depender de despachantes, contadores e cartórios, enredando-se em uma tributação complicada e sem acesso aos juros subsidiados dos bancos estatais, a menos que tivesse "contatos". Raros arquitetos captaram a velha blague que costuma ser repetida por seus colegas nova-iorquinos: mais que a função, a forma segue o dinheiro. Sem financiamento, sem gestão econômica responsável, é difícil ver a arquitetura continuar florescendo. "Vi muita gente boa, que fazia tudo direitinho, quebrar; desenvolver negócios no Brasil é coisa de dirigir em montanha-russa", diz o engenheiro e construtor David Stuhlberger.[6]

De muitas maneiras, o Brasil das últimas cinco décadas também se fechou ao intercâmbio com o mundo. O saber trazido por arquitetos, engenheiros e por milhares de anônimos artesãos e chefes de obras imigrantes até os anos 1950 também saiu de cena. A proporção de estrangeiros per capita em relação ao número de habitantes de São Paulo encolheu onze vezes entre 1950 e 2015. No Brasil, 1,7% da população nasceu no exterior, enquanto esse número chega a 14,4% nos Estados Unidos. A imigração por muito tempo foi vista sob as lentes da segurança nacional da ditadura militar — o Estatuto do Estrangeiro esteve em vigor de 1980 a 2017, quando uma tímida reforma foi feita. Arquitetos que vieram para o Brasil fugindo das crises de Portugal e da Espanha a partir de 2009 passariam por provas de resistência para conseguir trabalhar legalmente (sem disporem de um mercado em busca de qualidade e prestígio, como o que absorveu Heep e Korngold). A revalidação de um diploma pode levar anos. A vida sem CPF é difícil.

O corporativismo também não ajuda. A contratação do escritório suíço Herzog & De Meuron para desenhar o polêmico Teatro da Dança, em 2008, no terreno da antiga rodoviária de São Paulo, motivou até um processo judicial, aberto por arquitetos brasileiros — sob alegação de que não havia sido feito um concurso público. A Justiça brasileira chegou a determinar que o escritório devolvesse o dinheiro recebido pelo projeto que foi efetivamente entregue (os colegas locais não se manifestaram contra o absurdo da situação; imagine se arquitetos brasileiros com projeto no exterior enfrentassem uma cobrança assim). Apesar disso, não houve protesto sobre a razão de existir do Teatro da Dança, o dado mais controverso do episódio. A condição de "estrangeiros" da dupla de arquitetos, os renomados autores da Tate Modern, de Londres, do Museu Pérez, em Miami, e do Estádio Olímpico de Pequim, foi o que tocou um nervo sensível.

Mais surpreendentemente ainda, alunos da FAU criticaram com veemência Jacques Herzog durante uma palestra na faculdade, interpelando-o sobre o fato de não ter havido um concurso aberto aos escritórios nacionais. O arquiteto Ruy Ohtake declarou à *Folha de S.Paulo* que "o poder público deveria olhar com esse mesmo cuidado e carinho para os arquitetos brasileiros, e não ter uma visão de colônia".[7] Tanto o IAB-SP quanto a Associação Brasileira de Escritórios de Arquitetura (Asbea) protestaram pela ausência de concurso ou licitação. Esqueceram-se, porém, das dezenas de obras públicas de arquitetos brasileiros que foram contratadas "por convite", sem concurso nem competição, apenas por "notório saber" — dos projetos de reforma do Ibirapuera e do antigo Detran à praça das Artes e aos estádios da Copa bancados com dinheiro público.

Não surpreende que a maior parte dos principais arquitetos do mundo não tenha uma única obra no Brasil. Afinal, faltam clientes privados mesmo para os melhores escritórios nacionais, e sem cliente não há arquitetura. "A arquitetura moderna excepcional brasileira nasceu de um projeto público, o Palácio Capanema, e ganhou projeção internacional com outros projetos públicos, como Pampulha, parque Ibirapuera e Brasília", diz o embaixador André Corrêa do Lago.

> Mas o Estado, governos estaduais e prefeituras não podem mais cumprir esse papel de criar projetos paradigmáticos de prestígio. Com as restrições ao uso de recursos públicos em projetos de qualidade, a responsabilidade pela boa arquitetura, agora, está nas mãos do setor privado. E vai portanto depender de o setor privado assumir esse papel na evolução da boa arquitetura no Brasil.[8]

No mercado imobiliário, até pouco tempo atrás, mesmo edifícios superluxuosos recorriam ao pastiche do neoclássico, coroados por mansardas — justo nesta terra onde não neva —, em um tipo de investimento com desvalorização garantida. A aparência Versalhes de baixo orçamento causa deboche para qualquer entendido no assunto. Ao contrário dos grandes prédios retratados neste livro, construídos há sessenta, setenta anos e que se valorizam cada vez mais com o tempo, o que se pode esperar de edifícios com materiais baratos e um estilo velho, que não representa o momento atual?

Se a economia, o mercado, a carência de mecenas e até o isolamento dos arquitetos nacionais criaram as condições, o poder público

*Edifício Villa Europa, que foi embargado por uma série de irregularidades em 1999. O pastiche neoclássico de sua arquitetura era o menor dos problemas.*

teve papel de protagonista nesse franco declínio. A cidade que construiu o Ibirapuera em menos de dois anos e que tinha elasticidade jurídico-burocrática para permitir as estripulias de Oscar Niemeyer, David Libeskind, Heep e Korngold perdeu a mão. Nos poucos casos em que gran-

*O luxo que não é luxo: neoclássico deturpado em formato de arranha-céu com fechamentos dos terraços em vidro.*

des empreendimentos precisavam "compensar" seu impacto urbano, a própria prefeitura pedia passarelas, mais pistas para carros, um viaduto. Até o começo da segunda década do século XXI, a prefeitura exigia vagas de garagem até na frente de modestos estabelecimentos térreos.

*Projeto icônico dos anos 1970, o Cetenco Plaza inovou ao criar uma praça pública entre suas torres. A praça foi fechada em 2019, quando já abrigava a sede do Tribunal Regional Federal da 3ª Região (TRF3), na avenida Paulista.*

Para não falar dos casos de obras liberadas por fiscais municipais que enriqueceram por aprovar qualquer coisa. Quem vai pensar em gentilezas urbanas enquanto é achacado?

A devoção ao Estado por parte da classe arquitetônica não é recíproca. O programa federal Minha Casa, Minha Vida repetiu o desinteresse em arquitetura e urbanismo já manifestado pelo BNH da ditadura militar. Milhares de conjuntos habitacionais foram erguidos entre 2009 e 2014 longe de infraestrutura e serviços, em áreas exclusivamente residenciais, com depreciação rápida do investimento dos pobres mutuários. Tal qual o que aconteceu, décadas atrás, com a Cidade de Deus, no Rio de Janeiro.

Tudo isso fez com que o Brasil ficasse de fora de duas décadas de retorno triunfal da arquitetura pelo mundo. A abertura do Museu Guggenheim em Bilbao, na Espanha, em 1997, projetado pelo americano Frank Gehry, desencadeou uma epidemia da arquitetura para as massas. Desde a geração de Le Corbusier e da Bauhaus, não havia tantos arquitetos pelo mundo cortejados por grandes empresários, incorporadores, prefeitos e governadores. Ao contrário dos anos 1920 e 1930, não apenas modernos de elite começaram a cobiçar a arquitetura de vanguarda. Seus criadores se tornaram nomes de domínio público, com um grande número de pessoas em busca do clique perfeito de suas obras.

Nos distritos da Consolação, da Bela Vista e da República, os sozinhos já representam mais de um terço dos domicílios. Muitos dos moradores dos estúdios farão da cidade a sua "área social" e acabarão por pressionar as autoridades por mais e melhores espaços públicos. Um sinal dessa mudança é o sucesso das iniciativas de uso exclusivo para o pedestre, nos domingos e feriados, do Minhocão e da Paulista como áreas de lazer ao ar livre, bem como a expansão das ciclovias.

Se São Paulo testemunha o retorno de algum prestígio ao debate arquitetônico e urbanístico, até o patrimônio do mercado imobiliário dos anos 1950, depois de diversos percalços, demonstra sua resiliência nestes anos 20 do século XXI. Quem visita, em 2023, o Copan às onze da noite, em qualquer dia de semana, é surpreendido pela agitação dos bares e restaurantes no térreo, pela visão dos moradores e visitantes sentados na guia da calçada e pelos turistas que tiram selfies. No Copan resiste uma ilha de movimento e "olhos na rua", como a urbanista Jane Jacobs descreveu a segurança espontânea de quem zela presencialmente por sua calçada. O prédio resistiu à própria degradação do centro, que ainda está longe de ser revertida.

Nos generosos corredores das galerias Metrópole e do Rock, jovens até hoje circulam dia e noite, livremente, sem estarem cercados por grades. No Conjunto Nacional, livrarias, cafés, academia e lojas continuam a formar uma das grandes praças de fato públicas da avenida Paulista. Os apartamentos nos edifícios de Artacho e Heep são cobiçados pelas novas gerações. A publicidade continua a utilizá-los como cenários — os prédios mais novos e caros da cidade não devem ser muito fotogênicos na hora de seduzir o consumidor. Quando a arquitetura é boa e a relação com a rua é saudável, as chances de recuperação são maiores.

Com o distanciamento de décadas do modernismo e seus dogmas, pode-se apreciar o que há de bom e de "menos bom" no seu legado. Descobrir as qualidades do patrimônio da década de 1950 deve servir para inspirar não a cópia, mas a busca de uma arquitetura atual, com preocupações, materiais e leis do presente. Uma arquitetura que ajude a enriquecer a paisagem urbana, em uma cidade onde ela é sofrível. O arquiteto Cesar Pelli, argentino radicado nos Estados Unidos, diz que um importante edifício não pertence nem ao arquiteto, nem àqueles que o construíram. Pertence aos milhares de pessoas que o veem, porque faz parte do cotidiano delas.[9]

Se calcularmos quanto tempo passamos dentro de edifícios ou olhando para eles, notaremos a importância, que às vezes passa despercebida, da arquitetura em nossa vida. Um nova-iorquino, um portenho e um morador de Tóquio são estimulados diariamente pela cidade em que vivem. Fomos nós que construímos nossa própria desvantagem visual. Não se deve subestimar a importância do que está à nossa volta.

A arquitetura e o urbanismo não deveriam ser itens supérfluos na lista de compras dos governos, grandes empresas e construtores.

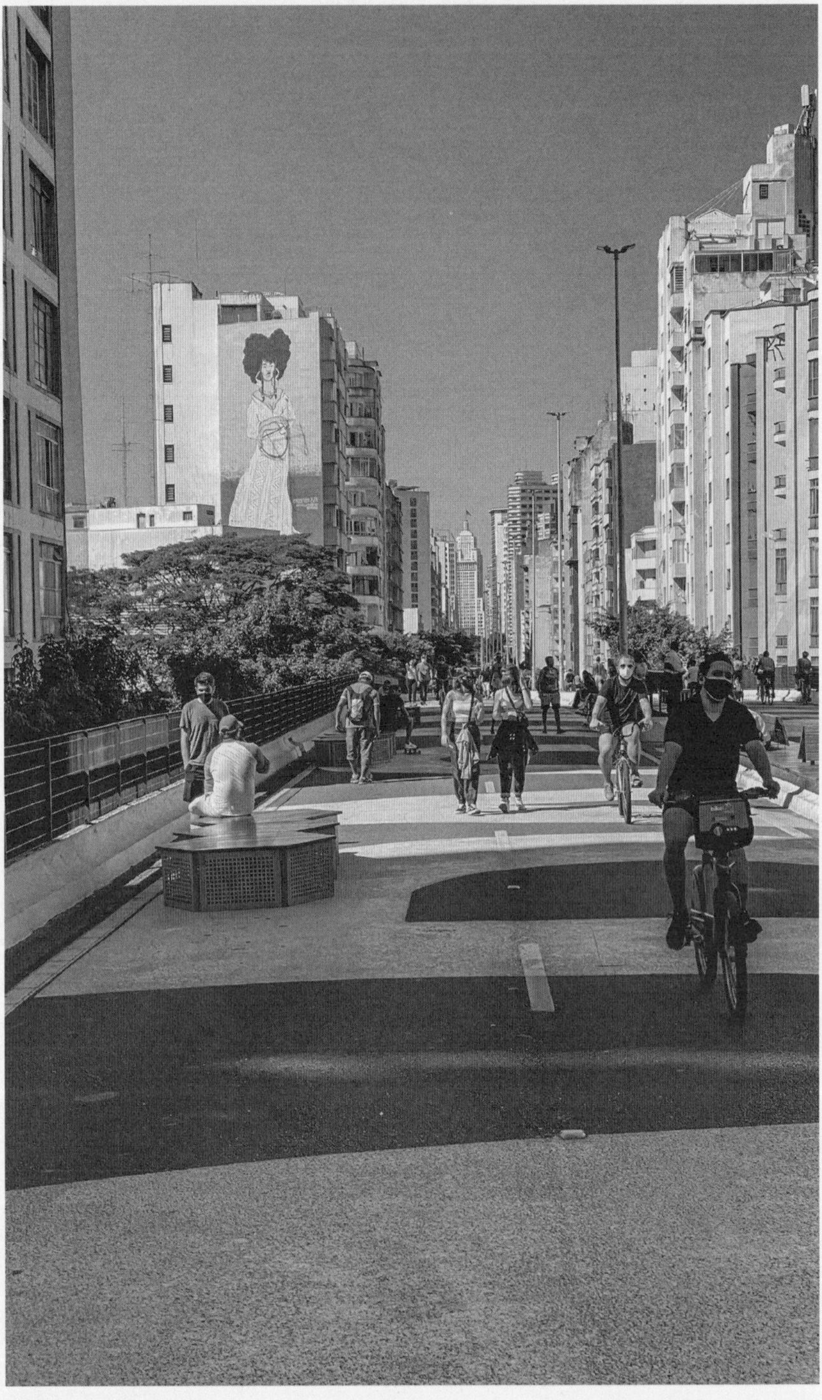

*Aos finais de semana o Minhocão, inaugurado em 1971 para ligar o centro da capital paulista à zona oeste, se transforma em parque. O viaduto, que há tempos é alvo de discussão pública entre demolição ou a criação de um parque, ganha novos ares com os grafites e usos para lazer.*

A tensão entre adensamento e espraiamento pode implicar que as pessoas gastem duas horas a mais no trânsito no caminho que vai da casa ao trabalho, ou em calçadas mal projetadas, malcuidadas e que dificultam a vida de quem adoraria caminhar. Implica também a criação de muralhas ou recuos nos edifícios, que os separam da vida nas ruas, e de prédios tenebrosos, cuja visão diária nos torna cada vez mais melancólicos. Essa tensão se reflete ainda em calçadas sem nenhuma vigilância espontânea produzida pelo movimento de pedestres.

A solução dos maiores sufocos das grandes cidades brasileiras, como a segurança e a mobilidade, depende também de boas decisões urbanísticas e arquitetônicas. Não é pouca coisa a se fazer. Mas São Paulo tem quase 20 mil arquitetos, cinquenta vezes mais do que naquele luminoso 1954 do quarto centenário. Já provamos que somos capazes com muito menos. Temos de colocar essa sabedoria na rua.

*Fachadas ativas no edifício Geon, no Tatuapé, de 2019. Projeto do arquiteto J.J. Abrão para a incorporadora Porte traz avanços em relação a corporativos da Faria Lima.*

# Agradecimentos

Histórias relevantes do passado recente da maior cidade do país costumam evaporar como aqueles momentos compartilhados nas redes sociais. Pouco guardamos e catalogamos para a posteridade, e os arquivos paulistanos estão longe de disporem de material digitalizado de fácil acesso ou consulta. Portanto, agradeço às dezenas de estudiosos pioneiros que me guiaram pela Pauliceia dos anos 1950 e depois, bem como aos familiares dos personagens deste livro, que preservaram o acervo de seus pais e avós.

Ao arquiteto e professor Carlos Lemos, que suportou com paciência horas e horas de perguntas, em várias rodadas de conversas em que falou sobre todos os seus projetos arquitetônicos e contou ótimos casos dos colegas da sua geração.

A Regina Meyer, professora e pesquisadora da FAU-USP, arquiteta e urbanista que generosamente leu vários capítulos deste livro, fez sugestões e muitas perguntas. Embora eu não fosse seu orientando, senti-me um deles.

A Maria Cristina Frias e a Otavio Frias Filho (in memoriam), pelo interesse que, desde o primeiro momento, tiveram por esta pesquisa, pelo seu imprescindível incentivo e pelo acesso que me deram aos arquivos e às histórias de seu pai, Octávio Frias de Oliveira, um dos protagonistas deste livro.

Aos arquitetos, engenheiros e incorporadores que compartilharam memórias, pesquisas e amor por nosso patrimônio: Isay Weinfeld, Ricardo Pereira Leite, Fernando Serapião, Alberto Xavier, José Armênio de Brito Cruz, Carlos Leite, Zeuler Lima, Marcelo Morettin, Vinicius Andrade, Fernando Mello Franco, Fernanda Barbara, Fabio Valentim, Fernando Viegas, Milton Braga, Joana Mello, Maria Helena Flynn, Valter Caldana, Aline Coelho, Marcelo Barbosa, Moracy Amaral e Almeida, Eduardo Gurian, Eduardo Ferroni, Pablo Hereñu, Marcio Siwi, Rossella Rossetto, Daniela Viana Leal, Silvio Oksman, Nadia Somekh, Jaime Cunha Jr., Anat Falbel, Rodrigo Queiroz, Ciro Pirondi, Tatiana

Sakurai e Maria Cecilia Loschiavo, Lúcio Gomes Machado, Elisabete França, Lauro Cavalcanti, Ana Mello, Eduardo Andrade de Carvalho, Dimitri Iurassek e Friedrich Blanke.

Aos protagonistas e seus descendentes, que vasculharam seus baús para me ajudar: Sílvia e Diva Artacho Jurado, Teca Eça, Jon Maitrejean (in memoriam), Elisabeth Beckman, Mario Franco (in memoriam), Julio Kassoy, Marcelo e Claudio Libeskind, Melanie Galman (in memoriam), Peppe e Sonia Siffredi, Mario e Renato Bardelli, Roberto Botkowski, Carlos e Mauris Warchavchik, Vera, João e Vera Helena Korngold, André Gorenstein, Sergio Helcer, Sergio e Beno Suchodolski, Paulina e Miriam Lerner, David, Lucia e Luis Stuhlberger, Charles Krell, Roberto Dimberio, Dalio e Estella Sahm, Silvana, Thomas e Juliana Neufeld, Henry Lowenthal, Marcelo Rzezak, Carlos Ruivo, Athos Comolatti, Roberto Capuano, Ricardo Yazbek, Cristina Gregorini, Ronny Hein, Gustavo Halbreich e Victor Collor.

Aos amigos-mentores que fizeram sugestões valiosas, em agradáveis e enriquecedoras conversas sobre o Brasil dos anos 1950 e 1960. Obrigado a Marcos Lisboa, Samuel Pessôa, Philip Yang, Boris Fausto (in memoriam), Tomas Alvim, Roberto Pompeu de Toledo, Horacio Lafer Piva, Marisa e Pedro Moreira Salles, Roberto Duailibi, Matias Spektor e Oliver Stuenkel.

Ao arquiteto e pesquisador Francesco Perrotta-Bosch, pela sua colaboração no início desta pesquisa e pela seriedade com que leu vários capítulos, contribuindo para que eu os aprimorasse.

Aos amigos pesquisadores do Banco de Dados da *Folha de S.Paulo*, Cristiano Pombo, Flora Vaz Pereira, Edgar Lopes e Alberto Franchini; Eliana de Azevedo Marques e Gisele Brito, da Biblioteca da FAU-USP; Irinete Mendonça e Emanuel Guedes, da Biblioteca Mário de Andrade; Mirthes Baffi, do Departamento do Patrimônio Histórico da Secretaria Municipal de Cultura; Tomas Toledo e Ivani Costa, da Biblioteca do Masp; Silvana Martinucci e Rosana Thieghi, da Junta Comercial do Estado de São Paulo; e Julio Flavio Correia Marinho, da Biblioteca da FGV-SP/9 de Julho.

Durante quase dezoito meses mergulhei no trabalho deste livro. Agradeço aos queridos e persistentes amigos que, além de perdoarem meu sumiço, leram capítulos e fizeram críticas, ou simplesmente estiveram presentes: Alexandre Vidal Porto, Fernando Tchalian, Sylvia Colombo, Zazi Aranha, Adriana Telles Ribeiro, Henrique Cury, Luciana Daud, Jorge Elmor, Gisela Gasparian, Thiago Arruda, Helena Gasparian, Bia e Pedro Corrêa do Lago, Julio Wiziack, Heloísa Helvécia, Úrsula Passos, Alexandra Moraes, Roberto de Oliveira, Rosabelli Keyssar, Thea Torlaschi, Daigo Oliva, Manoela Benetti, Daniel Nunes, André Scarpa, Felipe Griffoni, Octabio Pontedura e Hubert Alqueres.

Aos meus colegas da *Folha de S.Paulo*, que permitiram que meu trabalho na Redação não fosse penoso demais a ponto de prejudicar o que eu fazia para este livro.

A Beatrice e André Corrêa do Lago, meus irmãos mais velhos, com quem compartilho a paixão incontrolável pela arquitetura, por tudo o que com eles aprendi, e continuo aprendendo, sobre prédios, cidades e o mundo.

Ao meu irmão e aos meus pais, in memoriam, que respeitaram meu desinteresse por todos os hobbies da família e que me deixaram ler sem parar desde a infância, quase sem distrações.

Aos meus amigos, aquele pequeno grupo de irmãs e irmãos afetivos, de quem sempre quero estar perto. Mesmo quando não estou escrevendo nem admirando a beleza da arquitetura, eles fazem da minha vida algo muito mais feliz.

# Notas

## Introdução [pp.13-31]

1. João Manuel Cardoso de Mello e Fernando A. Novais, "Capitalismo tardio e sociabilidade moderna", em Lilia Moritz Schwarcz (org.), *História da vida privada no Brasil: Contrastes da intimidade contemporânea*. São Paulo: Companhia das Letras, 1998, p. 560. v. 4.
2. Henrique E. Mindlin, *Arquitetura Moderna no Brasil*. São Paulo: Aeroplano, 1999, p. 23.
3. *Habitat*, n. 9, pp. 65-85, dez. 1952.
4. Mário de Andrade, "Brazil Builds". *Folha da Manhã*, São Paulo, p. 7, 23 mar. 1944.
5. *Diário Nacional*, p. 6, 5 abr. 1930.
6. *Folha da Manhã*, p. 7, 23 mar. 1944.
7. Entrevista concedida ao autor em 27 out. 2015.
8. Entrevista concedida ao autor em 25 jan. 2015. Sua tese, defendida em 1992 na FAU-USP, é intitulada *Metrópole e urbanismo: São Paulo nos anos 50*.
9. *Habitat*, n. 10, pp. 27-40, 1953.
10. *O Jornal*, Rio de Janeiro, p. 2, 19 abr. 1930.
11. *Habitat*, n. 9, p. 87, dez. 1952.

## 1. A modernidade vende [pp. 34-60]

1. Rossella Rossetto, *Produção imobiliária e tipologias residenciais modernas*, São Paulo 1945-1964. São Paulo: FAU-USP, 2002. Tese (Doutorado em Estruturas Ambientais Urbanas).
2. Depoimento de Roberto Duailibi em entrevista concedida ao autor em 29 fev. 2016.
3. *L'Architecture d'aujourd'hui*, n. 42-3, ago. 1952.
4. *Acrópole*, n. 174, out. 1952 (após a inauguração).
5. Fim do processo de capitalização e início da construção da refinaria. *Diário Oficial da União* (DOU), 21 jul. 1951, p. 39, seção 1.
6. De 1900 a 1940, a inflação média foi de 3,5%; a partir de 1950, começou a superar os 10% ao ano. Cf. Annibal V. Villela e Wilson Suzigan, *Política de governo e crescimento da economia brasileira, 1889-1945* (Rio de Janeiro: Ipea; Inpes, 1973), pp. 220-1.
7. Engel Paschoal, *A trajetória de Octavio Frias de Oliveira*. São Paulo: Publifolha, 2007, p. 71.
8. Jeffrey D. Needell, *The Party of Order: The Conservatives, the State and Slavery in the Brazilian Monarchy*. Stanford (CA): Stanford University Press, 2006, pp. 224 e 344.

9   Afonso d'Escragnolle Taunay, *História do café no Brasil*. Rio de Janeiro: Departamento Nacional do Café, 1943, p. 413. v. 10.
10  Paschoal, op. cit., p. 68.
11  Ibid., p. 70.
12  Roberto Pompeu de Toledo, *A capital da vertigem*. Rio de Janeiro: Objetiva, 2015, p. 455.
13  Maria Izilda Santos de Matos, "Maria Prestes Maia, a 'primeira operária' de São Paulo: Trajetória, política e cultura". *Cordis: Revista Eletrônica de História Social da Cidade*, São Paulo: puc-sp, n. 12, pp. 107-139, jan./jun. 2014.
14  Entrevista concedida ao autor em 29 jan. 2015.
15  *Habitat*, n. 11, pp. 3-5, jun. 1953.
16  Geraldo Ferraz, *Depois de tudo: Memórias*. Rio de Janeiro: Paz & Terra, 1983, p. 148.
17  Ibid., p. 157.
18  Ibid., p. 168.
19  "Max Bill, o inteligente iconoclasta". *Manchete*, n. 60, pp. 38-9, 13 jun. 1953.
20  Lúcio Costa, "Oportunidade perdida". *Manchete*, n. 63, p. 49, 4 jul. 1953.
21  Eduardo Corona, "O testamento tripartido de Max Bill". *AD: Arquitetura e Decoração*, n. 4, mar./abr. 1954.
22  "Report on Brazil". *Architectural Review*, v. 116, n. 694, pp. 234-40, out. 1954.
23  *O Estado de S. Paulo*, São Paulo, 16 out. 1952, p. 6.

## 2. Bauhaus nas quitinetes [pp. 61-83]

1   Josef Albers, *Search versus Research*. Hartford (ct): Trinity College Press, 1969, pp. 17-8, a partir de palestras proferidas em 1965.
2   Joana Mello, "Habitar a metrópole: Os apartamentos quitinetes de Adolf Franz Heep". *Anais do Museu Paulista*, v. 21, n. 1, jan./jun. 2013.
3   Id., em Fernando Novais e João Manuel Cardoso Mello, "Capitalismo tardio e sociabilidade moderna", op. cit.
4   Roxo Loureiro, op. cit., p. 170.
5   *O Estado de S. Paulo*, p. C4, 9 set. 2010.
6   Entrevista concedida ao autor em 2 maio 2016.
7   Entrevista concedida ao autor em 28 out. 2015.
8   Entrevista concedida ao autor em 27 out. 2015.
9   Marcelo Consiglio Barbosa, *Adolf Franz Heep, um arquiteto moderno*. São Paulo: fau-Mackenzie, 2012. Tese (Doutorado em Estruturas Ambientais Urbanas). As cartas pertencem ao acervo da Fundação Le Corbusier.
10  *O Estado de S. Paulo*, p. 17, 24 jun. 1952.
11  Roxo Loureiro, op. cit., p. 264.
12  Ibid., p. 264.
13  Entrevista concedida ao autor em 7 out. 2015.

## 3. Inovação imobiliária [pp. 84-109]

1   Declaração de 1959 citada por Roberto Segre em *Guia da arquitetura moderna no Rio de Janeiro* (Rio de Janeiro: Centro de Arquitetura e Urbanismo do Rio de Janeiro; Casa da Palavra, 2000), p. 5.
2   Entrevista do artista a Ivan Cardoso em 1979, citada por Paula Braga em *Sobre a arte brasileira: Da pré-história aos anos 1960*, volume organizado por Fabiana Werneck Barcinski (São Paulo: Martins Fontes; Sesc-SP, 2014), p. 314.
3   Entrevista concedida ao autor em 8 jul. 2016.
4   Maria Helena de Moraes Barros Flynn, *Concursos de arquitetura no Brasil, 1850-1900*. São Paulo: FAU-USP, 2001. Tese (Doutorado em Estruturas Ambientais Urbanas).
5   Cf. Fabiano Sobreira, professor do Centro Universitário de Brasília e editor do portal <www.concursosdeprojeto.org>.
6   Id. Disponível em: <https://concursosdeprojeto.org/2015/03/11/concursos dearquiteturanobrasil-2005-2014/>.
7   Phyllis Lambert, *Building Seagram*. New Haven (CT): Yale University Press, 2013.

## 4. A democratização da Paulista [pp. 110-29]

1   *Acrópole*, nov. 1952.
2   Jane Jacobs, *Morte e vida de grandes cidades*. 3. ed. São Paulo: WMF-Martins Fontes, 2011, pp. 35-6.
3   Benedito Lima de Toledo, *Album iconográfico da Avenida Paulista*. São Paulo: Ex Libris, 1987.
4   Entrevista concedida ao autor em 14 mar. 2011.
5   Entrevista concedida ao autor em 9 mar. 2016.
6   Maria Ruth Amaral de Sampaio (Org.), *A promoção privada de habitação econômica e a arquitetura moderna, 1930-1964*. São Carlos: RiMa, 2002, p. 204.
7   *Habitat*, n. 12, pp. 10-1, set. 1953.
8   Entrevista do autor realizada para o *Jornal da Tarde*, em 20 dez. 1976, citada por Regina Adorno Constantino, *A obra de Abelardo de Souza* (São Paulo: FAU-USP, 2004. Dissertação [Mestrado em Estruturas Ambientais Urbanas]), p. 186.
9   Entrevista concedida ao autor em 2 mar. 2016.
10  Caio Calfat, *Hotelaria e desenvolvimento urbano em São Paulo: 150 anos de história*. São Paulo: Azulsol, 2014, p. 81.
11  Entrevista concedida à revista *Arquitetura e Construção* em abr. 2014.
12  Entrevista concedida ao autor em 7 out. 2015.
13  Angelo Iacocca, *Conjunto Nacional: A conquista da Paulista*. São Paulo: OESP, 2004, p. 40.
14  Segundo declaração de Mauris Warchavchik, que trabalhou com Tjurs nos anos 1950, em entrevista concedida ao autor em 16 set. 2015.

15  Segundo declaração de Mauris Warchavchik.
16  Iacocca, op. cit., p. 70.

## 5. Talento importado [pp. 130-59]

1   Moacyr Scliar e Marcio Souza, *Entre Moisés e Macunaíma: Os judeus que descobriram o Brasil*. Rio de Janeiro: Garamond, 2000, p. 45.
2   J. Strachocki, *Architektura*, 1957, p. 294, em Grzegorz Rytel, *Lucjan Korngold, Warszawa-Sao Paulo, 1897-1963*. Varsóvia: Salix Alba, 2014, p. 72.
3   Rytel, op. cit. (do anexo em inglês, ao final do livro).
4   *Acrópole*, n. 292, mar. 1963.
5   Rytel, op. cit.
6   Avraham Milgram, *Os judeus do Vaticano*. Rio de Janeiro: Imago, 1994.
7   Ibid., pp. 33-49, 135.
8   Barbara Zbroja, *Architektura Mieddzywojennego Krakowa, 1918-1939*. Cracóvia: Wysoki Zameki, 2013.
9   Claudio Yida, *Olga Krell, a grande dama da decoração*. São Paulo: Capella, 2014, pp. 18-20.
10  Milgram, op. cit., p. 69.
11  Anat Falbel, *Lucjan Korngold: A trajetória de um arquiteto imigrante*. São Paulo: FAU-USP, 2003. Tese (Doutorado em Estruturas Ambientais Urbanas).
12  Entrevistas concedidas ao autor em 11 e 12 jul. 2016, respectivamente.
13  Entrevista concedida ao autor em 12 jan. 2016.
14  *L'Architecture d'aujourd'hui*, pp. 73-82, dez. 1948.
15  *O Estado de S. Paulo*, p. 68, 18 nov. 1975.
16  Entrevista concedida a Adélia Borges em *Casa Vogue*, pp. 112-6, set. 2009.
17  Ibid.
18  *The Cornell Daily Sun*, n. 102, 17 mar. 1958.
19  Entrevista concedida ao autor em 10 set. 2015.
20  Entrevista concedida ao autor em 10 ago. 2015.
21  Entrevista concedida ao autor em 5 set. 2016.
22  Aline Coelho Sanches, *A obra e a trajetória do arquiteto Giancarlo Palanti: Itália e Brasil*. São Carlos: USP, 2004. Dissertação (Mestrado em Tecnologia do Ambiente Construído).

## 6. As galerias pedem passagem [pp. 160-77]

1   Dito em palestra na Convenção Secovi, em São Paulo, em 1º set. 2015.
2   Relatado em entrevistas com a viúva de Siffredi, Sonia, e seu filho, Peppe, concedidas em 12 e 17 nov. 2015.
3   Entrevista concedida ao autor em 14 jan. 2016.
4   *Folha da Manhã*, 14 nov. 1954 e 12 dez. 1954.
5   Entrevista concedida ao autor em 29 set. 2016.
6   *Folha da Manhã*, anúncio de lançamento, 22 jun. 1958.

7   Entrevista concedida ao autor em 15 dez. 2015.
8   Business Insider, 5 mar. 2017. Disponível em: <www.businessinsider.com/dying-shopping-malls-are-wreaking-havoc-on-suburban-america-2017-2>.
9   Bloomberg News, 7 abr. 2017. Disponível em: <www.bloomberg.com/news/articles/2017-04-07/stores-are-closing-at-a-record-pace-as-amazon-chews-up-retailers>.
10  "The Economics and Nostalgia of Dead Malls", *The New York Times*, 3 jan. 2015.
11  "Are Malls over", *The New Yorker*, 11 mar. 2014.
12  Disponível em: <exame.abril.com.br/negocios/noticias/shoppings-abertos-no-pais-fecham-quase-metade-das-lojas>.
13  *Folha de S.Paulo*, 18 ago. 2016, Mercado, p. 2.
14  *Folha de S.Paulo*, 26 dez. 2016, Mercado.
15  Entrevista ao autor em 4 dez. 2015.

## 7. Hollywood para a classe média [pp. 178-97]

1   Como relatado pela filha do arquiteto, Diva Artacho, em entrevista concedida ao autor em 3 fev. 2016.
2   A relação completa de peças e elencos apresentados pela TV Tupi, entre 1950 e 1964, consta da longa pesquisa do historiador José Inácio de Melo Souza, doutor pela ECA-USP, no Arquivo Histórico de São Paulo. Disponível em: <www.arquiamigos.org.br/info/info28/img/TVTupi-teleteatros.pdf>.
3   "Entusiasmo indescritível na entrega do Bretagne, empreendimento da Monções para embelezar S. Paulo", *O Estado de S. Paulo*, p. 7, 29 out. 1958.
4   *Correio Paulistano*, p. 3, 6 set. 1940.
5   Entrevista concedida ao autor em 15 jul. 2016.
6   *Wallpaper*, mar. 1999.
7   Ada Louise Huxtable, *Architecture, Anyone?* 2. ed. Oakland: University of California Press, 1988, p. 318.
8   Denna Jones, *Tudo sobre arquitetura*. Rio de Janeiro: Sextante, 2014, p. 361.
9   *Diário de S. Paulo*, 1953, em Ruy Debs Franco, *Arquitetura proibida*. São Paulo: Senac, 2008, p. 157.
10  *Acrópole*, n. 232, p. 7, fev. 1958.
11  *Folha da Manhã*, 7 out. 1953, p. 5.

## 8. Os reis dos condomínios saem de cena [pp. 200-12]

1   Carlos A. C. Lemos, *A história do edifício Copan*. São Paulo: Imprensa Oficial, 2014, p. 55.
2   Roxo Loureiro, op. cit., p. 254.
3   Cf. depoimento de Octávio Frias de Oliveira depositado no Banco de Dados da *Folha de S.Paulo*, CD-3, p. 9.
4   Ibid., p. 9.
5   Ibid, p. 11.
6   Paschoal, op. cit., p. 83.

7   Depoimento de Octávio Frias de Oliveira depositado no Banco de Dados da *Folha de S.Paulo*, CD-3, p. 13.
8   Ibid., p. 91.
9   Entrevista concedida ao autor em 22 out. 2015.
10  Depoimento de Octávio Frias de Oliveira depositado no Banco de Dados da *Folha de S.Paulo*, CD-3, p. 115.
11  Ibid., pp. 41-2.
12  Roxo Loureiro, op. cit., p. 276.
13  Lemos, op. cit., p. 28.
14  *Módulo*, n. 9, pp. 3-6, fev. 1958.
15  *Folha da Manhã*, 22 mar. 1958, capa.
16  Entrevista concedida ao autor em 17 out. 2015.
17  Entrevista concedida ao autor em 4 dez. 2011.

## 9. O fim do milagre arquitetônico [pp. 213-31]

1   Em entrevista concedida a *O Estado de S. Paulo*, 13 fev. 1988, pp. 41-6.
2   *Conjuntura Econômica*, v. XIV, p. 67, fev. 1960.
3   *Manchete*, n. 345, p. 25, 29 nov. 1958.
4   *Manchete*, n. 325, p 74, 12 jul. 1958.
5   Entrevista concedida ao autor em 11 jan. 2016.
6   "Gastos públicos em Brasília". *Conjuntura Econômica*, pp. 67-74, dez. 1962.
7   *O Estado de S. Paulo*, p. 27, 18 ago. 1959.
8   *O Estado de S. Paulo*, p. 20, 11 set. 1959.
9   Entrevista concedida ao autor em 7 jan. 2017.
10  *Acrópole*, n. 156, p. 41, fev. 1960.
11  Marcelo de Paiva Abreu (org.), *A ordem do progresso: Cem anos de política econômica republicana*. 2 ed. Rio de Janeiro: Campus Elsevier, 2014, pp. 161-2.
12  *Folha da Manhã*, p. 10, 4 nov. 1959.
13  Nadia Somekh, *A (des)verticalização de São Paulo*. São Paulo: FAU-USP, 1987. Dissertação (Mestrado em Arquitetura e Urbanismo).

## 10. Mercado e arquitetura se divorciam [pp. 232-57]

1   "A arquitetura é arte e ciência", conferência realizada no Masp em 1949.
2   *Acrópole*, n. 279, pp. 91-3, fev. 1962.
3   Ibid., p. 64.
4   Heliana Comin Vargas e Cristina Pereira de Araújo (orgs.), *Arquitetura e mercado imobiliário*. São Paulo: Manole, 2014, p. 154.
5   Entrevista concedida ao autor em 5 out. 2015.
6   *Acrópole*, n. 375, pp. 7-8, jul. 1970.
7   Eliana Rosa de Queiroz Barbosa, *O BNH e a verticalização em São Paulo: A Cia. Hindi*. São Paulo: FAU-Mackenzie, 2009, p. 87. Dissertação (Mestrado em Arquitetura e Urbanismo).

8   *The New Criterion*, n. 3, p. 1. Disponível em: <www.newcriterion.com/articles.cfm/The-tall-building-artistically-reconsidered-6539>.
9   Robert Venturi, Denise Scott Brown e Steven Izenour, *Learning from Las Vegas*. 2. ed. Cambridge: MIT Press, 1977.
10  Entrevista concedida ao autor em 25 jan. 2015.
11  Entrevista concedida ao autor em 6 out. 2015.
12  Texto para a publicação de seu edifício Aspen, projeto de 1986, citado na revista *Projeto Design*, jul. 2009.
13  João Batista Vilanova Artigas, *Caminhos da arquitetura*. São Paulo: Cosac Naify, 2004, p. 49.
14  Ibid., p. 61.
15  *Módulo*, n. 9, pp 3-6, fev. 1958.
16  Oscar Niemeyer, *As curvas do tempo: Memórias*. Rio de Janeiro: Revan, 1998, p. 78.
17  *Fundamentos*, n. 33, p. 10, set. 1953.
18  Entrevista de Fábio Penteado concedida à revista *Projeto Design*, n. 290, abr. 2004.
19  Entrevista concedida ao autor em 10 out. 2016.
20  Entrevista concedida ao autor em 1 fev. 1917.
21  Heliana Comin Vargas e Cristina Pereira de Araújo (orgs.), op. cit., p. 155.
22  Entrevista concedida ao autor em 9 maio 2016.
23  Sérgio Ferro e Rodrigo Lefèvre, "Proposta inicial para um debate: possibilidade de atuação", em *Encontros GFAU 63*, São Paulo, GFAU, 1963.
24  *Folha de S.Paulo*, 18 maio 1992. Ilustrada, pp. 4-6.
25  *Monolito*, n. 27 (ed. esp. dedicada a Vilanova Artigas e à FAU-USP), 2015.
26  Fernando Serapião, *A arquitetura de Croce, Aflalo e Gasperini*. São Paulo: Paralaxe, 2011, p. 130.
27  Mário Magalhães, *Marighella: O guerrilheiro que incendiou o mundo*. São Paulo: Companhia das Letras, 2012.
28  *Folha de S.Paulo*, 18 maio 1992. Ilustrada, pp. 4-6.
29  *Acrópole*, pp. 34-9, set. 1965; pp. 14-9, jun. 1968; p. 32, out. 1969.
30  Entrevista concedida ao autor em 10 set. 2016.
31  *O Estado de S. Paulo*, p. 9, 14 ago. 1968.
32  Lina Bo Bardi, "Lina Bo Bardi". São Paulo: Instituto Lina Bo e P. M. Bardi; Milan; Charta (1994), p. 117.
33  *Projeto Design*, n. 353, jul. 2009.
34  Entrevista concedida ao autor em 8 dez. 2016.
35  *Acrópole*, n. 375, p. 10, jul. 1970.

## 11. Quando São Paulo degringolou [pp. 258-83]

1   Itens 55, 56, 61 e 62 da "Carta de Atenas". Congress Internationaux d'Architecture moderne (CIAM), *La Charte d'Athenes or The Athens Charter*, 1933. Trad. de J. Tyrwhitt. Paris: The Library of the Graduate School of Design;

Harvard University, 1946. Tradução para o português disponível em: <portal.iphan.gov.br>.
2   Lúcio Costa, *Com a palavra, Lúcio Costa*. Org. de Maria Elisa Costa. Rio de Janeiro: Aeroplano, 2001, p. 58.
3   *O Estado de S. Paulo*, 26 jan. 1968, p. 29.
4   Em Rossella Rossetto, op. cit.
5   Entrevista ao jornalista Mike Wallace, em 1957, "The Mike Wallace Interviews", rede ABC.
6   Entrevista concedida ao autor em 6 ago. 2015.
7   *Acrópole*, n. 184, ago. 1953.
8   *Acrópole*, n. 186, out. 1953.
9   *Acrópole*, n. 299, set. 1963.
10  *Acrópole*, n. 375, p. 8, jul. 1970.
11  *The Economist*, 23 dez. 1999.
12  *Quatro Rodas*, jan. 1966, p. 128.
13  *Anuário da Indústria Automobilística Brasileira*, Anfavea, 1957-2015, p. 59.
14  *Acrópole*, n. 372, pp. 11-6, abr. 1970.
15  Ibid., p. 17.
16  *Folha de S.Paulo*, 14 dez. 2003, p. C11.
17  *O Estado de S. Paulo*, p. 69, 2 nov. 1958.
18  *Folha da Manhã*, p. 1, 8 mar. 1959.
19  *Folha da Manhã*, 2 ago. 1960, 2º Caderno.
20  Jan Gehl, *Cidades para pessoas*. São Paulo: Perspectiva, 2013.
21  Entrevista concedida ao autor. *Folha de S.Paulo*, p. B4, 29 nov. 2016.
22  Disponível em: <newclimateeconomy.report/2014/cities>. Ver figura 1.
23  Regina Meyer, *Metrópole e urbanismo: São Paulo nos anos 50* São Paulo: FAU-USP, 1992. Tese (Doutorado em Estruturas Ambientais Urbanas).
24  Angelo Iacocca, *Conjunto Nacional: A conquista da Paulista*. São Paulo: Fundação Peirópolis, 1998, p. 90.
25  Ibid., p. 92.

## 12. Em busca do prestígio perdido [pp. 284-310]

1   Edward Glaeser, *O triunfo das cidades*. São Paulo: Bei, 2016, p. 246.
2   Em entrevista ao jornal britânico *The Guardian*, 22 nov. 2015.
3   *Folha de S.Paulo*, 13 mar. 2016. Revista *São Paulo*, p. 24.
4   Entrevista concedida ao autor em 25 jan. 2015.
5   *Habitat*, n. 10, jan. 1953.
6   Entrevista concedida ao autor em 7 jan. 2016.
7   *Folha de S.Paulo*, 5 nov. 2008. Ilustrada, p. 2.
8   Entrevista concedida ao autor em 10 out. 2016.
9   Citado por André Corrêa do Lago em entrevista a *O Estado de S. Paulo*, 8 fev. 2009. Caderno Aliás, pp. 4-5.

# Referências bibliográficas

ACAYABA, Marlene Milan. *Residências em São Paulo 1947-1975*. Ed. fac-sim. São Paulo: Projeto; Biblioteca Eucatex de Cultura Brasileira, 1987. v. 1. [Reed.: Romano Guerra, 2011.]

ALEIXO, Cynthia Augusta Poleto. *Edifícios e galerias comerciais: Arquitetura e comércio na cidade de São Paulo, anos 50 e 60*. São Carlos: EESC-USP, 2005. Dissertação (Mestrado em Engenharia).

AZEVEDO, Simone; BARCELLOS, Marta. *História do mercado de capitais no Brasil*. Rio de Janeiro: Elsevier, 2010.

BACHA, Edmar. *Os mitos de uma década: Ensaios de economia brasileira*. Rio de Janeiro: Paz & Terra, 1976.

BARBARA, Fernanda. *O Conjunto Ana Rosa e o edifício Copan: Contexto e análise de dois projetos realizados em São Paulo na década de 50*. São Paulo: FAU-USP, 2004. Dissertação (Mestrado em Estruturas Ambientais Urbanas).

BARBOSA, Eliana Rosa de Queiroz. *O BNH e a verticalização em São Paulo: A Cia. Hindi*. São Paulo: FAU-Mackenzie, 2009. Dissertação (Mestrado em Arquitetura e Urbanismo).

BARBOSA, Marcelo Consiglio. *Adolf Franz Heep, um arquiteto moderno*. São Paulo: FAU-Mackenzie, 2012. Tese (Doutorado em Estruturas Ambientais Urbanas). [As cartas pertencem ao acervo da Fundação Le Corbusier.]

BEDOLINI, Alessandra Castelo Branco. *Banco Hipotecário Lar Brasileiro: Análise das realizações 1941-1965*. São Paulo: FAU-USP, 2014. Dissertação (Mestrado em História e Fundamentos da Arquitetura e do Urbanismo).

BONDUKI, Nabil. *Os pioneiros da habitação social*. São Paulo: Unesp; Sesc, 2014. v. 1.

BRASIL, Luciana Tombi. *David Libeskind: Ensaio sobre as residências unifamiliares*. São Paulo: Romano Guerra; Edusp, 2007. v. 2. Coleção Olhar Arquitetônico.

BRUAND, Yves. *Arquitetura contemporânea no Brasil*. 5. ed. São Paulo: Perspectiva, 2012.

CALFAT, Caio. *Hotelaria e desenvolvimento urbano em São Paulo: 150 anos de história*. São Paulo: Azulsol, 2014.

CARVALHO E SILVA, Joana Mello de. *O arquiteto e a produção da cidade: A experiência de Jacques Pilon em perspectiva (1930-1960)*. São Paulo: FAU-USP, 2010. Tese (Doutorado em História e Fundamentos da Arquitetura e do Urbanismo).

CAVALCANTI, Lauro. *Moderno e brasileiro: A história de uma nova linguagem na arquitetura (1930-1960)*. Rio de Janeiro: Zahar, 2006.

_____. *Quando o Brasil era moderno: Guia de arquitetura 1928-1960*. Rio de Janeiro: Aeroplano, 2001.

_____. (Org.). *Oscar Niemeyer: Clássicos e inéditos*. São Paulo: Itaú Cultural; Rio de Janeiro: Paço Imperial, 2014.

COELHO DE SOUZA, Luiz Felipe Machado. *Irmãos Roberto, arquitetos*. Rio de Janeiro: Rio Books; Faperj, 2014.

CONSTANTINO, Regina Adorno. *A obra de Abelardo de Souza*. São Paulo: FAU-USP, 2004. Dissertação (Mestrado em Estruturas Ambientais Urbanas).

CORRÊA DO LAGO, André. *Oscar Niemeyer: Uma arquitetura da sedução*. São Paulo: Bei, 2007.

CORRÊA DO LAGO, André; CAVALCANTI, Lauro Augusto de Paiva. *Ainda moderno?* São Paulo: Nova Fronteira, 2005.

CORRÊA DO LAGO, Pedro. *Iconografia paulistana do século XIX*. 2. ed. Rio de Janeiro: Capivara, 2004.

COUTO, Ronaldo Costa. *Brasília Kubitschek de Oliveira*. 5. ed. Rio de Janeiro: Record, 2010.

CUNHA JR., Jaime. *Edifício Metrópole: Um diálogo entre arquitetura moderna e cidade*. São Paulo: FAU-USP, 2007. Dissertação (Mestrado em Projeto, Espaço e Cultura).

EHRENHALT, Alan. *The Great Inversion and the Future of the American City*. Nova York: Knopf, 2012.

FALBEL, Anat. *Lucjan Korngold: A trajetória de um arquiteto imigrante*. São Paulo: FAU-USP, 2003. Tese (Doutorado em Estruturas Ambientais Urbanas).

FAUSTO, Boris (Org.). *Fazer a América: A imigração em massa para a América*. São Paulo: Edusp, 1999.

_____. *Getúlio Vargas: O poder e o sorriso*. São Paulo: Companhia das Letras, 2006. Coleção Perfis Brasileiros.

FERRAZ, Geraldo. *Depois de tudo*. São Paulo: Paz & Terra, 1983.

FERRONI, Eduardo; IWAMIZU, Cesar Shundi. *Salvador Candia*. São Paulo: Editora da Cidade, 2013.

FICHER, Sylvia. *Os arquitetos da Poli*. São Paulo: Edusp, 2005. Coleção USP 70 Anos.

FLYNN, Maria Helena de Moraes Barros. *Concursos de arquitetura no Brasil 1850--2000*. São Paulo: FAU-USP, 2001. Tese (Doutorado em Estruturas Ambientais Urbanas).

FRANCO, Ruy Eduardo Debs. *Artacho Jurado: Arquitetura proibida*. São Paulo: Senac, 2008.

GEHL, Jan. *Cidades para pessoas*. São Paulo: Perspectiva, 2014.

GLAESER, Edward. *O triunfo da Cidade*. São Paulo: Bei, 2016.

GOLDBERGER, Paul. *Why Architecture Matters*. New Haven (CT): Yale University Press, 2009.

GUERRA, Abilio; ANELLI, Renato; KON, Nelson. *Rino Levi, arquitetura e cidade*. São Paulo: Romano Guerra, 2001.

GUERRA, Abilio; SERAPIÃO, Fernando; ESPALLARGAS GIMENEZ, Luis (Orgs.). *João Kon, arquiteto*. São Paulo: Romano Guerra, 2016.

HOLSTON, James. *A cidade modernista: Uma crítica de Brasília e sua utopia*. São Paulo: Companhia das Letras, 1993.

HOMEM, Maria Cecília Naclério. *Higienópolis: Grandeza e decadência de um bairro paulistano*. São Paulo: Prefeitura Municipal de São Paulo, 1980.

HUXTABLE, Ada Louise. *Architecture, Anyone?* 2. ed. Oakland: University of California Press, 1988.
IACOCCA, Angelo. *Conjunto Nacional: A conquista da Paulista*. São Paulo: OESP, 2004.
JACOBS, Jane. *Morte e vida das grandes cidades*. São Paulo: Martins Fontes, 2011.
JEAN, Yvonne. "Arquitetura: Arte social". *Folha da Manhã*, São Paulo, 5 jun. 1955. Caderno Assuntos Especializados II, capa.
JONES, Denna. *Tudo sobre arquitetura*. Rio de Janeiro: Sextante, 2014.
KATZ, Bruce; BRADLEY, Jennifer. *The Metropolitan Revolution*. Washington: Brookings Institution Press, 2013.
LAMBERT, Phyllis. *Building Seagram*. New Haven (CT): Yale University Press, 2013.
LEAL, Daniela Viana. *Oscar Niemeyer e o mercado imobiliário de São Paulo na década de 1950*. Campinas: IFCH-Unicamp, 2003. Dissertação (Mestrado em História da Arte).
LEFÈVRE, José Eduardo de Assis. *De beco a avenida: A história da rua São Luiz*. São Paulo: Edusp, 2006.
LEMOS, Carlos Alberto Cerqueira. *Viagem pela carne*. São Paulo: Edusp, 2005.
_____. *A história do edifício Copan*. São Paulo: Imprensa Oficial, 2014. v. 1.
LEMOS, Carlos Alberto Cerqueira; CORONA, Eduardo; XAVIER, Alberto. *Arquitetura moderna paulistana*. São Paulo: Pini, 1983.
LEON, Ethel. *IAC: Primeira Escola de Design do Brasil*. São Paulo: Blucher, 2013.
LIMA, Zeuler R. *Lina Bo Bardi*. New Haven (CT): Yale University Press, 2013.
LIRA, José. *Warchavchik: Fraturas da vanguarda*. São Paulo: Cosac Naify, 2011.
LISBOA, Marcos de Barros; MENEZES FILHO, Naércio Aquino. *Microeconomia e sociedade no Brasil*. Rio de Janeiro: ContraCapa; FGV, 2001.
LOCHERY, Neil. *Brasil: Os frutos da guerra*. Rio de Janeiro: Intrínseca, 2014.
MARRON, Catie. *City Squares: Eighteen Writers on the Spirit and Significance of Squares around the World*. Nova York: HarperCollins, 2016.
MEYER, Regina Maria Prosperi. *Metrópole e urbanismo: São Paulo nos anos 50*. São Paulo: FAU-USP, 1992. Tese (Doutorado em Estruturas Ambientais Urbanas).
MEYER, Regina Maria Prosperi; DORA GROSTEIN, Marta; BIDERMAN, Ciro. *São Paulo Metrópole*. São Paulo: Edusp; Imprensa Oficial do Estado de São Paulo, 2004.
MILGRAM, Avraham. *Os judeus do Vaticano: A tentativa de salvação de católicos — não-arianos — da Alemanha ao Brasil através do Vaticano*. Rio de Janeiro: Imago, 1994.
MINDLIN, Henrique. *Arquitetura moderna no Brasil*. 2. ed. Rio de Janeiro: Aeroplano; Iphan; Ministério da Cultura, 2000.
MOORE, Rowan. *Why We Build*. Londres: Picador, 2012.
NIEMEYER, Oscar. *As curvas do tempo: Memórias*. Rio de Janeiro: Revan, 1998.
_____. *Crônicas*. Rio de Janeiro: Editora Revan, 2008.
_____. *Quase memórias: Viagens — Tempos de entusiasmo e revolta, 1961-1966*. Rio de Janeiro: Civilização Brasileira, 1968.
PAIVA ABREU, Marcelo de (Org.). *A ordem do progresso:Cem anos de política econômica republicana*. 2 ed. Rio de Janeiro: Campus Elsevier, 2014.

PASCHOAL, Engel. *A trajetória de Octavio Frias de Oliveira*. São Paulo: Publifolha, 2007.

PEREIRA LEITE, L. Ricardo. *Estudo das estratégias das empresas incorporadoras do Município de São Paulo no segmento residencial no período 1960-1980*. São Paulo: FAU-USP, 2006. Dissertação (Mestrado em Tecnologia da Arquitetura).

PESSÔA, Samuel; GIAMBIAGI, Fabio; VELOSO, Fernando; FERREIRA, Pedro C. (Orgs.). *Desenvolvimento econômico: Uma perspectiva brasileira*. Rio de Janeiro: Campus, 2012.

POMPEU DE TOLEDO, Roberto. *A capital da vertigem*. Rio de Janeiro: Objetiva, 2015.

_____. *A capital da solidão*. Rio de Janeiro: Objetiva, 2003.

PORTA, Paula (Org.). *A história da cidade de São Paulo*. São Paulo: Paz & Terra, 2004. v. 3: A cidade na primeira metade do século, 1900-1954.

POWELL, Kenneth. *The Great Builders*. Londres: Thames & Hudson, 2011.

RILEY, Terence. *The Changing of Avant-Garde*. Nova York: Museum of Modern Art, 2002.

ROGERS, Richard. *Cidades para um pequeno planeta*. Lisboa: Gustavo Gilli Brasil, 2014.

ROSSETTI, Eduardo. *Arquiteturas de Brasília*. Brasília: Instituto Terceiro Setor, 2012.

ROSSETTO, Rossella. *Produção imobiliária e tipologias residenciais modernas: São Paulo, 1945-1964*. São Paulo: FAU-USP, 2002. Tese (Doutorado em Estruturas Ambientais Urbanas).

ROXO LOUREIRO, Orozimbo. *Garimpando reminiscências*. São Paulo: Grafikor, 1976.

RYTEL, Grzegorz. *Lucjan Korngold, Warszawa-Sao Paulo, 1897-1963*. Varsóvia: Salix Alba, 2014.

SAMPAIO, Maria Ruth Amaral de (Org.). *A promoção privada de habitação econômica e a arquitetura moderna, 1930-1964*. São Carlos: RiMa, 2002.

SANCHES, Aline Coelho. *A obra e a trajetória do arquiteto Giancarlo Palanti: Itália e Brasil*. São Carlos: USP, 2004. Dissertação (Mestrado em Tecnologia do Ambiente Construído).

SEGAWA, Hugo M. *Arquiteturas no Brasil, 1900-1990*. São Paulo: Edusp, 1998.

_____. *Prelúdio da metrópole: Arquitetura e urbanismo em São Paulo na passagem do século XIX ao XX*. 2. ed. São Paulo: Ateliê, 2004.

SERAPIÃO, Fernando. *A arquitetura de Croce, Aflalo e Gasperini*. São Paulo: Paralaxe, 2011.

_____. *Centro Cultural São Paulo: Espaço e vida/ Space and Life*. São Paulo: Monolito, 2012.

SOMEKH, Nadia. *A (des)verticalização de São Paulo*. São Paulo: FAU-USP, 1987. Dissertação (Mestrado em Arquitetura e Urbanismo).

SUDJIC, Deyan. *B Is for Bauhaus: An A-Z of the Modern W*. Londres: Rizzoli, 2015.

TOLEDO, Benedito Lima de. *Álbum iconográfico da avenida Paulista*. São Paulo: Ex Libris, 1987.

_____. *Prestes Maia e as origens do urbanismo moderno em São Paulo*. São Paulo: Associação de Cimento Portland, 1996.

_____. *São Paulo: Três cidades em um século*. 3. ed. São Paulo: Cosac Naify, 2004.

TOTA, Antonio Pedro. *O amigo americano: Nelson Rockefeller e o Brasil*. São Paulo: Companhia das Letras, 2014.

VARGAS, Heliana Comin; ARAÚJO, Cristina Pereira de (Orgs.). *Arquitetura e mercado imobiliário*. São Paulo: Manole, 2014.
VIÉGAS, Fernando Felippe. *Conjunto Nacional: A construção do espigão central*. São Paulo: FAU-USP, 2004. Dissertação (Mestrado em Estruturas Ambientais Urbanas).
VILANOVA ARTIGAS, João Batista. *Caminhos da arquitetura*. São Paulo: Cosac Naify, 2004.
XAVIER, Alberto (Org.). *Depoimento de uma geração: Arquitetura moderna brasileira*. Ed. rev. e ampl. São Paulo: Cosac Naify, 2003. v. 4. Coleção Face Norte.
XAVIER, Alberto; KATINSKY, Julio (Orgs.). *Brasília: Antologia crítica*. São Paulo: Cosac Naify, 2012.
WATANABE Jr., Julio. "Origens do empresariamento da construção civil em São Paulo". In: GITHAY, Maria L. C.; PEREIRA, P. C. X. (Orgs.). *O complexo industrial da construção e a habitação econômica moderna*. São Carlos: RiMa; Fapesp, 2002.
WILDE, Oscar. "A decadência da mentira". In: _____. *A decadência da mentira e outros ensaios*. Rio de Janeiro: Imago, 1992, p. 40.
WILSON, Colin St John. *Architectural Reflections*. Oxford: Butterworth-Heinemann, 2014.
YIDA, Claudio. *Olga Krell, a grande dama da decoração*. São Paulo: Capella, 2014.

## Consultas aos acervos físicos e eletrônicos dos seguintes periódicos:

*Acrópole*
*Conjuntura Econômica*
*Cruzeiro*
*Diário de S. Paulo*
*Folha da Manhã*
*Folha de S.Paulo*
*Habitat*
*Manchete*
*Módulo*
*Monolito*
*O Estado de S. Paulo*
*Projeto*

# Créditos das imagens

Todos os esforços foram feitos para reconhecer os direitos autorais das imagens. A editora agradece qualquer informação relativa à autoria, titularidade e/ou outros dados, se comprometendo a incluí-los em edições futuras.

p. 16: Fotógrafo não identificado/ Acervo do Centro de Pesquisa do Museu de Arte de São Paulo Assis Chateaubriand

p. 21: Coleção Gregori Warchavchik/ Paulo Mauro Mayer de Aquino (org.), *Gregori Warchavchik: Acervo fotográfico* (São Paulo: edição família Warchavchik, 2005 e 2007, v. I e II).

caderno de imagens e pp. 22, 24, 26, 35-6, 40, 49-50, 54, 57, 65, 68-9, 75-6, 81, 85, 96, 100, 104, 108, 115, 132, 140, 143, 145, 148, 153, 158-9, 166-9, 171-2, 174-5, 181, 185, 187-8, 190-3, 202, 207, 211, 219-20, 223, 226, 242, 250-2, 254-5, 268-9, 272-3, 276, 278, 280, 286-9, 293, 297, 303-5, 308-10: Raul Juste Lores

pp. 52, 119, e 127: José Moscardi/ Acervo da Biblioteca FAU-USP

pp. 71, 135 e 152: DR

pp. 89-91: Acervo edifício Itália

p. 101: Peter Scheir/ Acervo do Instituto Moreira Salles

p. 125: Sjoerd de Boer/ Acervo da Biblioteca da FAU-USP

pp. 129 e 221: Acervo Marcelo e Claudio Libeskind

p. 137: Acervo Bobby Krell

p. 142: Manuel Sá

p. 151: Acervo Roberto Botkowski

p. 163: Acervo Sonia Siffredi

p. 180: Acervo Diva Artacho Jurado

p. 227: Acervo Silvana Neufeld

p. 271: Arquivo/ Estadão Conteúdo

# Índice remissivo

Números de páginas em *itálico* referem-se a imagens.

I Feira Nacional de Indústrias de São Paulo (1941), 182
IV Centenário da Fundação da Cidade de São Paulo (1954), 29, 51, 54-5, *57*, 67, 79, 119, 121, 272-3, 310
14 Bis, praça (São Paulo), 69, 246
23 de Maio, avenida (São Paulo), 270
24 de Maio, rua (São Paulo), 48, 141, 165, 170, 173

ABC Paulista, 130
Abrão, J.J., *310*
Abreu, Abelardo Gomes de, 138-9, 231
Acácias, edifício (São Paulo), 217-8
Accioly, Hildebrando Pinto, 133
Aços Villares (empresa), 92
*Acrópole* (revista), 30, 106, 196, 214, 227, 245, 248, 263-4, 266, 270
acústica de edifícios, 50-1, 99-100, 173, 182
adensamento, 27, 259-60, 262, 267, 274-5, 277, 279, 281, 290-1, 298, 310; *ver também* verticalização
Adis Abeba (Etiópia), 20
Aflalo, Roberto, 103, 251
Aflalo Gasperini (escritório de arquitetura), 176, 252
África, 262, 285
África do Sul, 135
Agrest, Diana, 10
Água Branca (bairro de São Paulo), 183, 294
Aguiar, Amador, 204, 206, 209, 244
Albany (NY), 17
Albatroz, edifício (São Paulo), 150
Albers, Josef, 61
Albini, Franco, 154
Alemanha, 19, 70, 98, 132, 134, 194; *ver também* Bauhaus (escola alemã de design e arquitetura)
"Alencastro" (pseudônimo de Lina e Pietro Bardi), 30

alfabetização, 28, 228
Aliança Libertadora Nacional, 246
Almeida, Eduardo de, 252
Alomy, edifício (São Paulo), 129
Altino Arantes, edifício (São Paulo), 38, 139
Alto de Pinheiros (bairro de São Paulo), 279, 295; *ver também* Pinheiros (bairro de São Paulo)
alto padrão, 25, 129
aluguéis, 25-6, 40-1, 61-2, 155, 183, *193*, 261
Alvorada, edifício (São Paulo), 150
Amanacy, edifício (São Paulo), 123
Amanayara, edifício (São Paulo), 123
Amapá, 248
Amaral Gurgel, rua (São Paulo), 184
Amaral, Tarsila do, 22, 25, 183
Amazônia, 225
Ambasz, Emilio, 10
América do Sul, 134, 190
América Latina, 16
Amsterdam (Holanda), 133
Amsterdam, Cine (São Paulo), 162
Anchieta, edifício (São Paulo), 112-3, 142
Ando, Tadao, 285
Andradas, rua dos (São Paulo), 47, 64
Andrade, Carlos Drummond de, 20
Andrade, Mário de, 18, 22-3
Andrade, Oswald de, 31
Andraus, edifício (São Paulo), 281
Angatuba, rua (São Paulo), 208
Angélica, avenida (São Paulo), 112, 150-1, 156, 186
Anhaia Mello, Luís Inácio de, 259-60, 279
Anhangabaú, vale do (São Paulo), 38, 79, 130, 139, 156, 175
Anita, edifício (São Paulo), 146
Antarctica (cervejaria), 111, 123, 182
antissemitismo, 132, 134, 157; *ver também* judeus

Antônio Augusto Corrêa Galvão, edifício (São Paulo), 252
Antônio Carlos, rua (São Paulo), 74, 146
Antonov & Zolnerkevic (estatal soviética), 244
Antuérpia (Bélgica), 133
Apracs, edifício (São Paulo), 218
Arabá, edifício (São Paulo), 129
Araçatuba (SP), 231
Aranha, Oswaldo, 133
Arantes, Altino, 38
Arapuan, edifício (São Paulo), 74
Araraúnas, edifício (São Paulo), 74
Araújo, Cristina Pereira de, 245
Araújo, rua (São Paulo), 82
*Architectural Review, The* (revista britânica), 18, 59
*Architecture d'aujourd'hui, L'* (revista francesa), 18, 39, 60, 139
arco bizantino, 237
Arco-Artusi (agência de publicidade), 44
Arena (Aliança Renovadora Nacional), 248-9
Argélia, 243
Argentina, 161; *ver também* Buenos Aires (Argentina)
Aricanduva (construtora), 244
Arlinda, edifício (São Paulo), 222, 296
Arnaldo Maia Lello (construtora), 86
Arouche, largo do (São Paulo), 47, 222
Arper, edifício (São Paulo), 129
*Arquitetos na TV* (programa), 31
arquitetura brasileira, 13-8, 27, 39, 59, 97, 99, 107, 146, 180, 237, 301-2
"Arquitetura e estética das cidades" (Levi), 99
arquitetura moderna, 7, 13, 18-9, 21, 29-31, 42, 56, 58-60, 67, 97, 99, 107, 116-7, 131, 134, 189, 194, 197, 227, 234-6, 240, 256-7, 263, 277, 302
Arquitetura Nova, Grupo, 246-7
arranha-céus, 10, 17-8, 43, 65, 67, 79, 86, 88, 95, 107, 130, 139, *140*, 141, 210, 216-7, 259, 262, 274-5, 277, 282, *304*
Artacho Jurado, Aurélio, 178
Artacho Jurado, Diva, 182, 196, 218
Artacho Jurado, João, 10, 30, 83, 86, 117-8, 151, 164, 178-89, 191-7, 205, 217-8, *219*, 236, 240, 279, 298, 307

art déco, 13, 23, 38, 53, 78, 86, 97, 134, 139, 235
Artigas, João Batista Vilanova, 67, 95, 103, 144, 152, 189, 231, 240, 243-9, 253, 263, 266
art nouveau, 13, 111, 119, 136
Art Palácio, Cine (São Paulo), 55
Asbea (Associação Brasileira de Escritórios de Arquitetura), 247, 302
Aspen, edifício (São Paulo), 253
Assicurazioni Generali (seguradora italiana), 131
Assumpção, Roberto, 60
Astor, Cine (São Paulo), 127
AT&T (companhia de telecomunicações), 237
Atelier, L' ("laboratório" paulista de Zalszupin), 147
Atibaia (SP), 225
Atlanta (Geórgia, EUA), 279
Atlanta, edifício (São Paulo), 64, 73
Augusta, parque (São Paulo), 221
Augusta, rua (São Paulo), 119, 123-4, 127, 160, 163, 173, 176, 221
Aurora, rua (São Paulo), 47, 135
Austrália, 98, 161
autoconstrução, 246-7
automóveis, 27, 85, 94, 103, 111, 175-6, 183, 261-2, 264-5, 273-4, 278-9, 283-5, 294, 298, 305; *ver também* indústria automobilística
Automóvel Clube (São Paulo), 138
Auxiliar (construtora), 77, 149, 222
Azul e Branco, edifício (São Paulo), 157, *158-9*

Bagdá (Iraque), 262
Bahia, 156, 248
Bahia, rua (São Paulo), 22
Baixada Santista, 136
Baixo Augusta, região do (São Paulo), 296; *ver também* Augusta, rua (São Paulo)
Balneário Camboriú (SC), 259
Ban, Shigeru, 285
Banco Central, 43, 203
Banco do Brasil, 201
Banco do Comércio e Indústria de São Paulo, 46
Banco do Estado de São Paulo (Banespa),

38, 139; *ver também* Altino Arantes, edifício (São Paulo)
Banco Hipotecário Lar Brasileiro, 41, 46, 64, 102-3, 106, 114, 189, 218-9
Banco Ítalo-Suíço, 216
Banco Moreira Salles, 46
Banco Nacional de Desenvolvimento Econômico (BNDE), 201
Banco Nacional de Habitação (BNH), 64, 230, 233-5, 239, 253, 281, 306
Banco Nacional Imobiliário (BNI), 30, 39-48, 51, 53, 64, *65*, 66, 78, 102, 113-4, *115*, 117, 139, 184, 201, 203-8, 219
Banco Paulista do Comércio, 46
Banco Safra, 224
bancos e sistema bancário brasileiro, 27, 43-4, 46, 176, 200, 203, 214, 300
Bank of America, 44
Bank of England, edifício sede do (Londres), 209
Barão de Campinas, alameda (São Paulo), 183
Barão de Itapetininga, rua (São Paulo), 27, 34, *35*, 37, 78, 124, 163, 170
Barão de Limeira, alameda (São Paulo), *26*, 152, *226*
Barão de Tatuí, rua (São Paulo), 155
Barbie (boneca), 193
Barbosa, Adoniran, 36
Barcelona (Espanha), 13-4, 176, 256, 261, 274, 277, 279
Bardelli, Maria, 87-8, 160-2, *163*, 164-6, *168*, 170, 172-3, *174*, 179, 186, 190, 224-5, 253, 256, 270, 291, 298
Bardelli, Mario (irmão mais novo de Maria), 161, 224
Bardi, Lina Bo, 15, *16*, 30-1, 37, 56, 87-8, 99, 116, 155-6, 179, 247, 249, 253, 274, 300
Bardi, Pietro Maria, 15, 29-31, 87-8, 116, 155, 179, 300
Baronesa de Arary, edifício (São Paulo), 118, *119*
Barra da Tijuca (bairro do Rio de Janeiro), 266
Barretos (SP), 74
Barros, Adhemar de, 244, 249
Barroso, Inezita, 76
Basílica da Sagrada Família (Barcelona), 13

Basílio da Gama, rua (São Paulo), 92, 94
Bastos, Francisco, monsenhor, 179-80
Batata, largo da (São Paulo), *293*
Bauhaus (escola alemã de design e arquitetura), 17-9, 25, 29, 58-9, 61, 70-1, 83, 106, 134, 141, 157, 193, 237, 306
Beck, Francisco, 133
Becker, Cacilda, 118
Bela Cintra, rua (São Paulo), 152
Bela Vista (bairro de São Paulo), 69, 133, 224, 306
Belas-Artes, Cine (antigo Trianon, São Paulo), 155
Belo Horizonte (MG), 17, 38, 48, 53, 113, 120-2, 187, 241, 266
Belvedere Trianon (São Paulo), 56, 111, 249
Ben Jor, Jorge, 94
Bento Freitas, rua (São Paulo), 47
Berlim (Alemanha), 131, 147
Berlitz (escolas de idiomas), 45
Bernstein, Leonard, 195
Berrini, avenida *ver* Engenheiro Luís Carlos Berrini, avenida (São Paulo)
Bettger, Frank, 46
Biblioteca Municipal Mário de Andrade (São Paulo), 86, 92
Bienais de Arquitetura, 287
Bienal de São Paulo, 29, 51, 56, 111, 240; *ver também* Pavilhão da Bienal (Parque Ibirapuera)
Bilbao (Espanha), 306
Bill, Max, 58-9
Bixiga (região de São Paulo), 295
Bloch, Adolpho, 161
Bogotá (Colômbia), 10, 259, 285
"bolo de noiva" (formato de edifícios), 66, 88, 139, 210, 237
Bolsa de Cereais (São Paulo), 141
Bolsa de Valores de São Paulo, 239
Bom Retiro (bairro de São Paulo), 110, 130, 149, 162, 164, 238, 294
Bombaim (atual Mumbai, Índia), 135
Bon Voyage (restaurante de São Paulo), 53
bondes, 111-3, 126, 261, 270
Boqueirão (bairro de Santos, SP), 189
Bossa Nova, 15, 228
Boston (Massachusetts, EUA), 17, 45

Botkowski, Majer ("Marcos"), 150, *151*, 231, 250
Botti, Alberto, 218, 247, 251-3
Boulevard Burchard (São Paulo), 136; *ver também* Higienópolis (bairro de São Paulo)
Boulevard do Centro, edifício (São Paulo), 172-3
Bradesco (banco), *202*, 204, 206, 208-9, 244
Bradesco, edifício sede do (São Paulo), *207*
Brancusi, Constantin, 29
Braque, Georges, 29
Brás (bairro de São Paulo), 110, 182, 294
Brasil, avenida (São Paulo), 147, 290
Brasília (DF), 17, 38, 48, 58, 82, 103, 126, 144, 149, 161, 197, 200, 213-6, 227, 229, 231, 234-6, 241, 243, 246, 249, *250-1*, 257-8, 264-5, 269, 277, 287, 302
Brasília (construtora), 183
Bratke, Oswaldo, 55, 88
Bráulio Gomes, rua (São Paulo), 163
Brazil Builds (mostra no MoMA, Nova York, 1943), 15-6, 18
Brecheret, Victor, 183
Bretagne, edifício (São Paulo), 14, 83, 179-80, *181*, 186, 189, 192-3, 195-6, 217
Breuer, Marcel, 17, 97, 157
Brigadeiro Faria Lima, avenida (São Paulo), 176, 270, *289*, 290, 292, 295
Brigadeiro Luís Antônio, avenida (São Paulo), 62, 112-4, 116
Brigadeiro Tobias, rua (São Paulo), 41
Britto, Sérgio, 178
Bronfman, família, 97
Brooklin (bairro de São Paulo), 149
Bruno, Nicete, 178
Brunswick (Alemanha), 194
brutalista, estilo, 231, 237, 244-6
Bruxelas (Bélgica), 134
Bueno, Maria Esther, 228
Buenos Aires (Argentina), 10, 94, 122, 126, 150, 273, 285, 290, 307
Buenos Aires, praça (São Paulo), 130, *142*, 144
Buffoni, Bramante, 162, 165, *168*, 170, *175*
Bulcão, Athos, *251*
Bülow, Adam von, 111
Bunshaft, Gordon, 127

Burchard, Germaine, condessa, 136-7
Burchard, Martinho, 136
Burle Marx, Roberto, 15, 17, 39, 55, 76, 118, 164, 208, 251, *252*
Butantã (bairro de São Paulo), 270, 290

café (economia cafeeira), 23, 25, 28, 44, 46, 111, 117, 279
Café Filho, João Fernandes Campos, 201-2
Caiado, Leonino, 249
Caio Prado, rua (São Paulo), 221
Caixa Econômica Federal, 120, 234
"caixotão" (formato de edifícios), 88, 177, 210
Calabi, Daniele, 155
Calabrone, Domenico, 224
Caldana, Valter, 238
Caldas, José Zanini, 82
Caldeira, família, 139
Caldeira, Nelson Mendes, *143*
Caldeira, Wilson Mendes, *143*
Caldeira Filho, Carlos, 43, 206
Califórnia (EUA), 237
Califórnia, edifício-galeria (São Paulo), 34-8, 40, 48, 51, 58-9, 65, 82, 94, 114-5, 162, 241
Câmara Municipal (São Paulo), 54, 57, 263, *278*
Campinas (SP), 45, 182-3
Campinas, alameda (São Paulo), 118
Campo Limpo (bairro de São Paulo), 224
Campos do Jordão (SP), *137*, 146, 222
Campos Elíseos, bairro dos (São Paulo), 110, 183, 294
Canadá, 285
*Candangos* (escultura de Giorgi), 144
Candia, Salvador, 92, *93*, 103, 105-7, 120, 165, 173, 222, 231, 256, 298
Canindé (bairro de São Paulo), 294
canjiquinha, pedra, 145-6
Cannes (França), 72, 180
Cantareira, serra da, 129
Capanema, Gustavo, 20
capitalismo, 13, 59, 240, 246, 291
Caracas (Venezuela), 58, 101, 259
carbono ($CO_2$), emissões de, 9, 279, 285
Cardoso, Fernando Henrique, 143, 230
Cardoso, Ruth, 143
Carinás, edifício (São Paulo), 151

Carrero, Tônia, 178
carros *ver* automóveis; indústria automobilística
"Carta de Atenas" (Le Corbusier), 258, 266
Carvalho Pinto, Carlos Alberto Alves de, 129, 230-1, 244, 263
Carvalho, Flávio de, 25
Carybé (Hector Julio Páride Bernabó), 15, *242*
Casa Branca (Washington, D.C.), 95
Casa Branca, edifício (São Paulo), 157
*Casa Claudia* (revista), 149
Casa da Cascata (EUA), 256
Casa de Avis, edifício (São Paulo), 236
Casa de Vidro (residência de Lina Bo Bardi, São Paulo), 30, 247
casa própria, sonho da, 184, 233
*Casabella* (revista), 156
Cascaldi, Carlos, 95
Cásper Líbero, avenida (São Paulo), 67, 136
cassinos, 165, 237
Castello Branco, Humberto, 234, 249
Castro, Fidel, 126
Catanduva (SP), 162
Catedral da Sé (São Paulo), 31, 51, 67
Catedral Metropolitana (Brasília), 215
Cavalcanti, Alberto, 88
CBI (Companhia Brasileira de Investimentos), 79, 139
CBI-Esplanada, edifício (São Paulo), 14, 38, 79, 139, *140*, 141, 147, 156
Ceasa (Centro Estadual de Abastecimento, atual Ceagesp), 231
Cecchi, Renato, 216
Cedro do Líbano (companhia), 220
Central Park (Nova York), 29, 62, 262
Centro Cívico de Santo André (SP), 231
Centro Comercial Barra da Tijuca (Rio de Janeiro), 249
Centro Comercial do Bom Retiro (São Paulo), 164
centro de São Paulo, 27, 34, 38, 41, 51, *52*, 65, 83, 103, 120, 162, 213, 260-1, 273, 275, 294, 299, 307, *309*
Centro Dom José, edifício (São Paulo), 172
Centro Metropolitano de Compras *ver* Metrópole, edifício-galeria (São Paulo)
Cetenco Plaza, edifício (São Paulo), *305*

Chá, viaduto do (São Paulo), 23
Chagas, Walmor, 118
Chap Chap, Romeu, 235
Charrier, edifício (São Pauo), *223*
Chase Manhattan (banco americano), 218
Chateaubriand, Francisco de Assis (Chatô), 25, 29, 88, 90, 178-9, 240, 253, 300
"Chega de saudade" (canção), 15
Chengdu (China), 10
Chesf (Companhia Hidroelétrica do São Francisco), 229
Chicago (Illinois, EUA), 63, 80, 157
*Chicago Tribune* (jornal), 95
Chile, 259, 285
China, 10, 28, 95, 240, 256, 285
Chongqing (China), 10
Chopin, edifício (São Paulo), 144
Chrysler Building (Nova York), 13, 97
Chypre-Gibraltar, edifício (São Paulo), 118, 155
Cia. Asteca de Combustíveis, 103
Cia. City (organização imobiliária-urbanística), 112
Cia. Suzano de Papel e Celulose, 137
Cícero Prado, edifício (São Paulo), 121, 196
Cidade de Deus (Rio de Janeiro), 306
Cidade do México, 17, 259, 285
Cidade do Panamá, 259
Cidade Limpa (política pública em São Paulo), 292
Cidade Monções (bairro de São Paulo), 183
Cidade Tiradentes (bairro de São Paulo), 295
Cidade Universitária de São Paulo, 54, 231, 264, 267, *269*; *ver também* Universidade de São Paulo (USP), 54
Cidade Universitária do Rio de Janeiro, 20
"cidades-jardins" inglesas, 112
Cincinato Braga, rua (São Paulo), 157
Cinderela, edifício (São Paulo), *190-1*, 191-2, 194
Cinemateca (São Paulo), 27, 91
Circolo Italiano (São Paulo), 84, 86-7, 96, 161, 216, 259; *ver também* Itália, edifício (São Paulo)

circular secreta no 1127 (Itamaraty, 7 de junho de 1937), 134
Citron, Benjamin, 162, 164, 176
Clark, Edward Cabot, 62
classe alta, 103, 107, 189, 275
classe(s) média(s), 14, 41, 43, 63, 77, 86, 105, 178, 183-4, 186, 189, 234, 238
Clermont, edifício (São Paulo), 253
Clube Atlético Paulistano (São Paulo), 95, *96*, 103, 120-1
Clube de Xadrez (São Paulo), 51
Clube do Canguru-Mirim (Banco Nacional Imobiliário), 44
Clube dos 500 (Guaratinguetá, SP), 39, *40*, 102, 208
*Clube dos Artistas* (programa de TV), 30
Clubinho (Clube dos Artistas e Amigos da Arte, São Paulo), 25, 27, 122, 156
CMTC (Companhia Municipal de Transportes Coletivos), 213
CNI (Companhia Nacional de Investimentos, depois Companhia Nacional de Indústria e Construção), 42, 47-8
CNN (Cable News Network), 279
cobogós, *49-50*, 117, 193, 194
Coca-Cola, 279
"coeficiente de aproveitamento", conceito de, 259
Cohab (Companhia Metropolitana de Habitação de São Paulo), 221, 234, 295
Cole, Nat King, 126
Colégio Caetano de Campos (São Paulo), 38
Colégio Des Oiseaux (São Paulo), 221
Colégio São Bento (São Paulo), 44, 46
Colégio São Luís (São Paulo), 44, 112
coleta de lixo, 9, 294
Coliseu-Capitólio-Palatino, edifícios (São Paulo), 47
Colômbia, 98, 285
Columbus, edifício (São Paulo), 62
colunas greco-romanas, 237
comércio de luxo, 124, 169, 176
Comodoro, Cine (São Paulo), 149, 216
Comolatti, Evaristo, 258
Companhia Cinematográfica Vera Cruz, 29
Companhia de Gás (São Paulo), 45
Companhia Santista de Administração e Comércio (imobiliária), 92

Companhia Telefônica Brasileira, 209
concursos de arquitetura no Brasil (anos 1950-60), 95
Conde de Prates, edifício (São Paulo), 155-6
Conde dos Arcos, edifício (São Paulo), 236
condomínios, 9, 41-2, 48, 78, 80, 83, *100*, 102, 105, 107, 142-3, 178, 184, 186, 189, *193*, 206, 218, 222, 233, 238, 240, 268, 298
Confeitaria Fasano (São Paulo), 124
Confeitaria Vienense (São Paulo), 37
conforto térmico, sistemas de, 239, 244
Congonhas, aeroporto de (São Paulo), 147, 183
Congregação Israelita Paulista (São Paulo), 95, 146
Congresso Eucarístico Internacional (São Paulo, 1942), 122-3
Congresso Nacional, 48, 250
Conjunto JK, edifício (Belo Horizonte), 48
Conjunto Nacional, edifício (São Paulo), 10, 14, 79, 92, 118, *119*, 123-4, *125*, 126-9, 147, 163, 170, 173, 186, 212, 220, 246, 260, 281-2, 295, 298, 307
conjuntos habitacionais, 70, 103, 222, 234, 248, 277, 295, 306
*Conjuntura Econômica* (revista), 215
Conselheiro Brotero, rua (São Paulo), 145
Conselheiro Crispiniano, rua (São Paulo), 141
Conselho Nacional de Cultura, 58
Consolação (bairro de São Paulo), 306
Consolação, rua da (São Paulo), 73-4, 112-3, 126, 155, 235, 271
construção civil, 130, 229, 234, 269, 285
contracultura (anos 1960-70), 238
Copa do Mundo (1950), 40
Copa do Mundo (1958), 15, 228-9
Copa do Mundo (2014), 95, 302
Copacabana (bairro do Rio de Janeiro), 170
Copacabana Palace (Rio de Janeiro), 79, 146
Copan (Companhia Pan-Americana de Hotéis e Turismo), 78
Copan, edifício (São Paulo), 10, 14, 30, 48, 78-80, *81*, 82-3, 86, 88, *89*, 94, 102, 105, 109, 114, 119, 127, 139, 160, 164-5, 179, 200-1, *202*, 204-5, *207*, 208-12, 237, 240, 242-3, 257, 260-1, 282, 294, 298, 306-7
Copérnico, Nicolau, 133

Coreia do Sul, 10, 285
Corina, edifício (São Paulo), 194
Corona, Eduardo, 59, 196, 263-4
Corrêa do Lago, André, 244, 302
*Correio Paulistano* (jornal), 182
cortiços, 19, 61-2, 77, 281-2
Cosipa (Companhia Siderúrgica Paulista), 229
Costa, Lúcio, 15, 17, 20, 59, 149, 213, 235, 249, 258, 264-6
Costa e Silva, Arthur da, 234, 249
Cracóvia (Polônia), 133-4, 144
crash da Bolsa de Nova York (1929), 25; *ver também* Grande Depressão (anos 1930)
Crea (Conselho Regional de Engenharia e Arquitetura), 73-4, 147, 160, 196
crescimento populacional de São Paulo, 29
Crespi, Adriano e Raul, condes, 123
Croce, Plínio, 103, 251
Crusp (Conjunto Residencial da USP), 264
Cruz Vermelha, 136
CSN (Companhia Siderúrgica Nacional), 228-9
Cuba, 243
Curitiba, edifício (São Paulo), 157
cursos de arquitetura no Brasil (anos 1940--50), 25
*Curvas do tempo, As* (Niemeyer), 242
curvilíneas, construções, 88

Dakota Apartments (Nova York), 62-3, 83
Dallas (Texas, EUA), 292
Daud, William, 220
"Decadência da mentira, A" (Wilde), 7
declive, *104*, 105
decoração, instinto humano de, 194
Delfim Netto, 230
Della Costa, Maria, 48, 178
densidade populacional em São Paulo, 294
Departamento Estadual do Serviço Público (São Paulo), 45
*Depoimentos de uma geração: Arquitetura moderna brasileira* (Xavier), 246
Depressão *ver* Grande Depressão (anos 1930)
desfile de moda no Masp (1952), 15, *16*
Dessau (Alemanha), 19; *ver também* Bauhaus (escola alemã de design e arquitetura)

Detran (Departamentos Estaduais de Trânsito), 302
Detroit (Michigan, EUA), 10, 263
Di Cavalcanti, Emiliano, 25, 34, 39, 48, 67, *69*, 73, 183, 208
Diâmetro (incorporadora), 253
Diana, edifício (São Paulo), 148, 296
*Diário de S. Paulo* (jornal), 30, 58, 179, 195
Diários Associados, 88, 240, 300
Dias, Cícero, 183
Dietrich, Marlene, 126
dinheiro público, 302
direita política, 247-8, 264, 286, 294
Direita, rua (São Paulo), 51
ditadura militar (1964-85), 209, 230, 233-4, 238, 240, 246-50, 270, 281, 301, 306
DNER (Departamento Nacional de Estradas de Rodagem), 229, 249, *250*
Dom José de Barros, rua (São Paulo), 37, 173
Dom José Gaspar, praça (São Paulo), 92, 94
Dom Luís de Orleans e Bragança, edifício (São Paulo), 236
Dom Pedro II, parque (São Paulo), *101*
*Domus* (revista), 156
Domus, edifício (São Paulo), 160, 162
Dona Veridiana, edifício (São Paulo), 217-8
Dr. José Pereira de Queiroz, rua (São Paulo), 144
Drancy, campo de concentração de (França), 72
Duailibi, Roberto, 37
Duarte, Anselmo, 180
Duarte, Hélio, 264
Dubai (Emirados Árabes), 210, 259, 292
Dubugras, Victor, 119
Duchamp, Marcel, 29
Duchen (fábrica de biscoitos), 39
Dumont Adams, edifício (São Paulo), *119*
Duntuch, Alfredo (Alfred Jozef), 95, 130-1, 133-6, *137*, 144-7, 149, 156, 186, 222-4, 235, 255, 298
Duntuch, Antonina, 134, 146, 223-4
dúplex, apartamentos, 23, 50, 105, 129
Duque de Caxias, avenida (São Paulo), 162, 183, 206, 216
Duque de Caxias, edifício (São Paulo), 183

Duque de Caxias, monumento a (São Paulo), 69
Dutra, Eurico Gaspar, 39, 138, 234
Dutra, via (Rodovia Presidente Dutra, SP), 38-9, 48, 102-3, 130, 147, 205, 208

ecologia, 14
economia brasileira, 28-9, 215, 227-8, 232, 235, 239, 291
*Economist, The* (revista), 264
edifícios públicos, 19, 214-5
edifícios residenciais, 14, 47, 55, 62, 72, 74, 77, 85, 92, 102-3, 105, 112, 116, 121, 123-4, 128-30, 134, 141, 144, 146, 148-9, 153, 155-7, 159-60, 191, 222, 224-5, 245, 251, 253, 259, 262, 270-1, 277-8, 285, 296, 298, 306
educação financeira, 43-4; *ver também* poupança
educação, gastos brasileiros com, 299-300
Eger, Hans, 124, *125*
Eiffel, edifício (São Paulo), 48, *49-50*, 86, 94, 117, 241
Eiffel, torre (Paris), 95
Eisenhower, Dwight ("Ike"), 126, 263
Eixo, países do (Segunda Guerra Mundial), 84, 157, 282
Eldorado (rede de hotéis), 225
Elevado Presidente João Goulart *ver* Minhocão (Elevado Presidente João Goulart, São Paulo)
Embratur (Agência Brasileira de Promoção Internacional do Turismo), 225, 250
Empire State Building (Nova York), 13, 38, 139, 258-9
Engenheiro Goulart (bairro de São Paulo), 41
Engenheiro Luís Carlos Berrini, avenida (São Paulo), *276*, 295
Enseada, edifício (Santos, SP), 189
Ericsson (empresa de telefonia), 53, 214
Escola de Belas-Artes (Berlim), 131
Escola Nacional de Belas-Artes (Rio de Janeiro), 102
Escola Paulista de arquitetura, 231, 244-7, *254*, 264
Escola Politécnica (USP), 152, 155, 264, 267
escolas estaduais (ginásios), 129, 231, 244
Esmeralda (construtora), 150
Espaço Itaú de Cinema (São Paulo), 160

Espanha, 72, 98, 301, 306
Esplanada, hotel (São Paulo), 139
espraiamento, 9, 257, 261, 263, *269*, 310
esquerda política, 180, 246-8, 264, 286, 294
Estação Júlio Prestes (São Paulo), 221
Estação Vila Madalena (São Paulo), *297*
Estádio do Morumbi (São Paulo), 95, 243-4, 249
Estádio do Pacaembu (São Paulo), 294
Estádio Olímpico de Pequim (China), 98, 301
Estádio Serra Dourada (Goiânia), 249
*Estado de S. Paulo, O* (jornal), 60, 73, 87, 99, 162, 179, 217, 243, 258, 267
Estado Novo (1937-45), 20, 47, 234
Estados Unidos, 15, 17-8, 28, 43, 80, 95, 97-8, 126, 139, 149, 157, 170, 176, 180, 195, 215, 225, 240, 243, 246, 251, 263, 265, 277, 279, 291, 299, 301, 307
Estância Parque Atibaia (SP), 225
Estatuto do Estrangeiro, 301
Estelita, Gauss, 53, 56
Esther, edifício (São Paulo), 23, *24*, 38, 63, 86
Etal, edifício (São Paulo), 157
Etiópia, 20
eucaliptos, 53, 56
Europa, 17, 19, 28, 60, 130, 133, 158, 170, 195, 224, 239, 262, 265
Excelsior, hotel (São Paulo), 99, 118, 123

Fabíola, edifício (São Paulo), *142*, 144
fachadas ativas, 290-1, *310*
Faculdade de Arquitetura da Universidade Técnica de Berlim, 147
Faculdade de Arquitetura de Harvard, 157
Faculdade de Arquitetura do Instituto de Tecnologia de Massachusetts (MIT), 165
Faculdade de Arquitetura do Mackenzie, 25, 48, 99, 106, 150, 156, 222, 224, 238
Faculdade de Arquitetura e Urbanismo (FAU-USP), 64, 77, 103, 114, 152, 209, 231, 244-5, 247, 259, 263, 267, 302
Faculdade de Belas-Artes (Universidade da Bahia), 156
Faculdade de Direito do Largo São Francisco (São Paulo), 155, 267
Faculdade de Filosofia, Ciências e Letras Sedes Sapientiae (São Paulo), 55
Fajardo, Washington, 287

Falbel, Anat, 136
Fallingwater ("Casa da Cascata", EUA), 256
Fapesp (Fundação de Amparo à Pesquisa do Estado de São Paulo), 230
Faria Lima, avenida *ver* Brigadeiro Faria Lima, avenida (São Paulo)
Faria Lima, José Vicente de, 249, 270
Farkas, Thomaz, 88
Fasano, família, 124
Fasano (restaurante de São Paulo), 124, 126
fascismo, 15, 20, 23, 132, 134; *ver também* nazismo
favelas, 19, *280*, 285, 294, 298
fecundidade brasileira, taxa de, 299
Federação das Mulheres do Brasil, 47
Feffer, Leon, 137
Ferraz, Geraldo, 30, 56, 58, 179
Ferraz, José Carlos de Figueiredo, 274, 295
Ferreira, Bibi, 178
Ferreira, Procópio, 178
Ferro, Sérgio, 246
Fichel, Simeon, 118
Fiesp (Federação das Indústrias de São Paulo), 182
Fina, Wilson Maia, 110
Flamengo (incorporadora carioca), 118
Flamengo, aterro/parque do (Rio de Janeiro), 249
flats, 123
Florença (Itália), 256
Florêncio de Abreu, rua (São Paulo), 154
Fluminense Football Clube, 45
Flynn, Maria Helena, 95
FMI (Fundo Monetário Internacional), 229
*Folha da Manhã* (jornal), 30, 162, 204, 229, 268
*Folha de S.Paulo* (jornal), 10, 43, 206-7, 246, 302
Fontainebleau, hotel (Miami), 97
Ford, Henry, 19
fordismo, 19, 264
Formaespaço (construtora), 252
Foster, Norman, 98, 284
Fradique Coutinho, rua (São Paulo), 290
França, 18, 20, 72, 131, 135, 146, 179, 222, 243, 246, 256
Franceses, rua dos (São Paulo), 224
Franco, Francisco, 72
Franco, Mario, 27, 77

Frankfurt (Alemanha), 70, 73
Frias de Oliveira, Octávio, 30, 34, 40-6, 48, 65, 77, 80, 82, 113-4, 116, 179, 201, 203-7, 242-3
Frias, Félix, 45
Frias Filho, Otávio, 206
Fromer, Marjan, 150
Fuller, Richard Buckminster, 124
Fundação da Casa Popular, 233
*Fundamentos* (revista), 243
Fundo de Construção da USP, 263
Furnas, Usina Hidrelétrica de, 229

Galeria Califórnia *ver* Califórnia, edifício-galeria (São Paulo)
Galeria do Reggae *ver* Presidente, edifício-galeria (São Paulo)
Galeria do Rock (São Paulo), 14, 160, *163*, 165, *166*, 167, *168-9*, 170, *172*, 174-7, 224, 282, 307
Galeria Metrópole *ver* Metrópole, edifício-galeria (São Paulo)
galerias na Europa e nos EUA, 170
Galman, Israel, 151-2, *153*, 194, 225, *226-7*, 256
Galman, Melanie, 225-6, *227*
Galvão, Patrícia (Pagu), 58
Gandelsonas, Mario, 10
Garça Real, edifício (São Paulo), 150
Garcez, Lucas Nogueira, 142
*garçonnières*, 37, 64
Gasperini, Gian Carlo, 92, *93*, 118, 165, 173, 251
Gaudí, Antoni, 13, 256
Gazeta, edifício sede da (São Paulo), 67, 99
Gehl, Jan, 265, 277
Gehry, Frank, 306
General Electric, 214
General Jardim, edifício (São Paulo), 184
General Jardim, rua (São Paulo), 122, 184
General Motors, 214
Gênova (Itália), 133, 167
Geon, edifício (São Paulo), *310*
Germaine Burchard, edifício (São Paulo), 136
Giannini, Amadeo, 44
Gil, Gilberto, 93-4
Gilberto, João, 37
Ginsberg, Jean, 72

Giorgi, Bruno, 144
Glaeser, Edward, 284
Gliksman, Eugenia, 131, 144
Glória (modelo), *16*
Goiânia (GO), 122, 249, 266
Golden Hill, edifício (São Paulo), 253
golpe militar (1964), 230, 233
Goodwin, Philip, 115
Gorenstein, André, 77, 149
Gorenstein, Leon, 77, 149, 222
Goulart, João, 215, 219, 230, 232-5, 247, 249
Goya y Lucientes, Francisco de, 116
Graciano, Clóvis, 114
Grande Depressão (anos 1930), 17, 23, 63, 78, 157, 299
*Grande Teatro das Segundas/Grande Teatro Monções* (programa de TV), 178
Grandes Galerias *ver* Galeria do Rock (São Paulo)
Gregorini, Guido, 156-7, 159, 225, 256
Gropius, Walter, 29, 59, 70, 95, 97, 157
Gross-Rosen, campo de concentração de (Silésia, Polônia), 147
Grove, The (shopping de Los Angeles), 177
Grupo Escolar Santa Cruz do Rio Pardo (SP), 129
Grupo Executivo da Indústria Automobilística, 262
Guaimbê, edifício (São Paulo), 253, *254*
Guanabara, estado da, 249-50
Guangzhou (China), 10
Guapira, edifício (São Paulo), *104*
Guaporé, edifício (São Paulo), 74
Guarany, edifício (São Paulo), *100-1*
Guaratinguetá (SP), 39, 208
Guarujá (SP), 136, 153, 222
Guarulhos (SP), 39, 231, 248, 266
Guayupiá, edifício (São Paulo), 123
Guedes, Joaquim, 263
Güell, parque (Barcelona), 13
*Guernica* (tela de Picasso), 29, 51, 56
Guerra Fria, 126, 240, 243, 246
Guggenheim, Museu (Bilbao, Espanha), 306
Guggenheim, Museu (Nova York), *54*, 56, 109, 256
Guignard, Alberto da Veiga, 121-2
Guimarães, Honestino, 249
Guinle, edifício (São Paulo), 62

Guinle, Eduardo, 79
Guinle, família, 139
Guinle, Octávio, 79
Guinle, Parque (Rio de Janeiro), 59

*Habitat* (revista), 15, 30-1, 56, 58, 88, 116, 179, 300
Haddock Lobo, rua (São Paulo), 113-4, 117, 146
Harmonia, edifício (São Paulo), *297*
Harrison, Wallace K., 18
Harvard, Universidade, 157
Haussmann, Georges-Eugène, barão, 108
Havana (Cuba), 243
Heep, Adolf Franz, 70-8, 84, 87-8, 95, 120, 138, 149, 156, 162, 164, 204, 222-3, 238, 240, 250, 256, 258, 298, 301, 304, 307
Heep, Elisabeth, 72
Heep, Marie, 72-3, 78
Helcer, Aizik, 77, 149-50, 186, 222
Helcer, Elias, 77, 149-50, 222
Helcer, família, 150
Helcer, Nachman, 150
Herz, Eva e Kurt, 127
Herzog & De Meuron (escritório suíço), 301
Herzog, Jacques, 302
hidrelétricas, usinas, 231, 299
Hidroservice (empresa de engenharia), 246
High Line (parque suspenso em Nova York), 10, 98
Higienópolis (bairro de São Paulo), 25, 92, 110, 129-30, 136, 144-5, 148, 150, 160, 162, 184-5, 187, 191-2, 194, 216, 224, 243, 282
Higienópolis, avenida (São Paulo), 47, 63, 77, 83, 112, 117, 144, 149, 156, 162, 186, 218, 225-6, 236
Higienópolis, edifício (São Paulo), 144
Hilton, Conrad, 164, 179
Hilton, hotel (São Paulo), 88, 160, 164, 173, 209-10, 224
Hilton, Paris, 164
Hindi, Anuar, 235-6
Hitchcock, Alfred, 192
Hitler, Adolf, 19, 72, 134, 147
*Homem que sabia demais, O* (filme), 192
Hong Kong, 98, 284
Horsa (Hotéis Reunidos S.A.), 120
Horsa I e II, edifícios (São Paulo), 123

Hospital Albert Einstein (São Paulo), 95, 99
Hospital da Gastroclínica (atual Complexo Hospitalar Edmundo Vasconcelos, São Paulo), 53
Hospital do Câncer (São Paulo), 99
Hospital Pró-Infância (atual Pérola Byington, São Paulo), 99
Hospital Santa Catarina (São Paulo), 112
hotéis, 41, 66, 73, 78-80, 88, 97, 99, 118-21, 123-4, 126, 136, *137*, 139, 146, 160, 164, 173, 204, 209, 212, 216, 221, 224-5, 240, 266
Houseley, Laura, 193
*How I Raised Myself from Failure to Success in Selling* (Bettger), 46
HSBC (banco), 98
Huxtable, Ada Louise, 194, 236

IAB (Instituto de Arquitetos do Brasil), 25, 36, 41, 55, 91, 99, 106, 122, 148, 156, 222, 241, 247-8, 256, 259, 262-3, 302
Iapi (Instituto de Aposentadorias e Pensões dos Industriários), 112, 142
Iate Clube (Santos, SP), 136
Ibaté, edifício (São Paulo), 74
Ibirapuera, parque (São Paulo), 15, 29, 51, 53, 55-6, 58, 66, 106, 113, 200, 241, 272-3, 302, 304
Icaraí, edifício (São Paulo), 74, *76*
Idea!Zarvos (incorporadora), *297*
Igreja católica, 133
igreja da Consolação (São Paulo), 218
igreja de Santa Ifigênia (São Paulo), 136
igreja São Francisco de Assis (Pampulha, Belo Horizonte), *187*
Iguatemi, rua (São Paulo), 270; *ver também* Brigadeiro Faria Lima, avenida (São Paulo)
Iguatemi, shopping (São Paulo), 176, 239
*Ilha da Fantasia, A* (série de TV), 180
imigrantes, 28, 36, 61-3, 111, 121-2, 127, 129-30, 133, 135-8, 146-7, 155, 157, 159, 238, 281, 301
Imobiliária e Incorporadora Otto Meinberg S.A., 217
Imperatriz Tereza Cristina, edifício (São Paulo), 236
imperialismo, 240
Império Austro-Húngaro, 135

implosão de edifícios, 141
Inajá, edifício (São Paulo), 148
incêndios em edifícios, 224, 281-2
incorporadores, 10, 27, 30, 41-3, 59, 62, 64, 69, 75, 83, 86-7, 92, 94, 98, 107, 121, 123, 148, 157, *163*, 164, 178, 180, 186, 196-7, 204-5, 212, 223, 231, 233-6, 238, 243, 248, 259, 267, 270, 275, 281, 306
Índia, 135, 285
Indianópolis (bairro de São Paulo), 270
indígenas, nomes, 74, 123
indústria automobilística, 9, 19, 261, 263, 265, 285; *ver também* automóveis
Indústrias Reunidas Fábricas Matarazzo (São Paulo), 23
inflação, 43, 70, 94, 162, 196-7, 201-2, 205, 213, 215, 218, 227, 229-30, 232-3, 235, 239, 269, 281
Inglaterra, 18, 59, 112, 237
insolação, 19, 66, 82, 105, 108, 151, *242*
Instituto Biológico (São Paulo), 53
Instituto Butantan (São Paulo), 23
Instituto de Arte Contemporânea (IAC), 37, 88, 300
Instituto de Tecnologia de Illinois (EUA), 157
Instituto Pasteur (São Paulo), 112
Instituto Paulista de Desenho Industrial, 36
Institutos de Aposentadorias e Pensões, 233
"inteligentes", prédios, 94
Intercap, edifício (São Paulo), 86, *143*, 144
Intercontinental (rede de hotéis), 78-80, 204, 209
Interlagos, autódromo de (São Paulo), 280
Internacional Golf Club (Guaratinguetá, SP), 208
Ipiranga, avenida (São Paulo), *24*, 27, 48, 67, 74, 79, 82, 87, 123, 164, 208, 210, 224, 294
Ipiranga, Cine (São Paulo), 55, 100
Iporanga, edifício (São Paulo), 74, *75*
Iraque, 134, 262
Israel, 131, 225
"israelitas católicos", 132-3, *135*
Istambul (Turquia), 134
ITA (Instituto Tecnológico da Aeronáutica), 39
Itacolomi, rua (São Paulo), 47, *148*, 149, 162
Itaim Bibi (bairro de São Paulo), 294-5
Itália, 20-1, 87, 131-2, 154-5, 160-1

Itália, edifício (São Paulo), 10, 14, *71*, 83-4, *85*, 88, *89-91*, 94, 98, *108*, 109, 161, 165, 205, 216-7, 222, 258-9; *ver também* Circolo Italiano (São Paulo)
Itamaraty *ver* Ministério das Relações Exteriores (Itamaraty); Palácio Itamaraty (Palácio dos Arcos, sede do Ministério das Relações Exteriores, Brasília)
Itambi, barão de, 44
Itanhaém (SP), 231, 244
Itaú (banco), 126, 160
Itu (SP), 45, 162
Itupeva (SP), 45

Jabaquara (bairro de São Paulo), 44, 245
Jacareí (SP), 231
Jacirendy, edifício (São Paulo), 123
Jacobs, Jane, 9, 110, 128, 277, 307
Jafet, Ricardo, 78-9
Jaguelônica (universidade polonesa), 133
Jakob, Jan, 149, 224
Japão, 215, 253
Jaraguá, edifício-hotel (São Pauo), 73, 79, 87, 118, 123, 129, 253, 255
Jardim América (bairro de São Paulo), 25, 112, 149, 295
Jardim Ana Rosa, edifício (São Paulo), 14, 103, *104*, 105-6, 189, 218
Jardim Europa (bairro de São Paulo), 25, 112, 295
Jardim Paulista (bairro de São Paulo), 112, 150, 295
Jardins do Morumby, loteamento (São Paulo), 30; *ver também* Morumbi (bairro de São Paulo)
Jaú (SP), 45, 248
Jequitimar, hotel (Guarujá), 136
jingles gravados em São Paulo, 37
João Paulo II, papa, 133
Jockey Club (São Paulo), 54, 92, 138
Joelma, edifício (São Paulo), *278*, 281
Jofre, Éder, 228
Johnson, Philip, 97, 237
Jordan, Henryk Spitzman, 139
José Bonifácio, rua (São Paulo), 51
judeus, 21, 72, 77, 118, 121-2, 127, 130-1, 133-6, 138, 146, 149-50, 152, 154-6, 162, 224, 238
Juliano, Miguel, 43

Junta Consultiva do Código de Obras (São Paulo), 116
Juriti, edifício (São Paulo), 150
Jurupar, edifício (São Paulo), 123

Kahn, Louis, 97
Kandinsky, Wassily, 70
Kant, Immanuel, 210
Kaufmann, Edgar, 256
Kimmelman, Michael, 210
*kitchenette*, 63; *ver também* quitinetes
kitsch, 97, 189-90, 195
Klabin, Mina, 21
Klee, Paul, 29, 70
Kon, João, 150-1, 248, 253, 298
Kon, Samuel, 150
Korngold, Luciano (Lucjan), *20*, 86, 130-4, *135*, 136-9, *140*, 141, *142*, 143-4, 146-7, 149, 155-6, 164, 222-4, 231, 256, 298, 301, 304
Kostakis, Alik, 180
Krell, Charles, 136
Krell, Olga, 134, 149
Kubitschek, Juscelino, 38, 122, 126, 179, 201, 208, 213-6, 227-9, 232-5, 241, 261, 269-70, 299
Kumpera, edifício (São Paulo), 145
Kurdziel, Jan, 134

La Pedrera, edifício (Barcelona), 256
Lacerda, Carlos, 249
Lafer, Horácio, 86, 120
Lago, André Corrêa do, 244, 302
Lamarca, Carlos, 247
Lambert, Phyllis, 97
Landau, Roman, 142
Lapa (bairro de São Paulo), 270
Lapidus, Morris, 97
Lar Brasileiro *ver* Banco Hipotecário Lar Brasileiro
Las Vegas (Nevada, EUA), 237
Lausanne, edifício (São Paulo), 77, 149, 186, 222, 296
Le Corbusier (pseudônimo de Charles-Edouard Jeanneret-Gris), 17-20, 71, 77, 82-3, 97, 127, 130, 141, 193, 231, 237, 240, 256, 262, 266-7, 306
Le Village, galeria (São Paulo), 160, 173
*Learning from Las Vegas* (Venturi), 237

Lefèvre, Rodrigo, 246, 249, *250*
Legião Brasileira de Assistência, 84
Léhélec, Odette Le Mintier de, viscondessa, 179
Lei 80 (Colômbia), 98
Lei da Usura (Brasil, 1933), 214, 217
Lei de Incentivo à Instalação Hoteleira (São Paulo, 1950), 119
Lei de Proteção dos Mananciais (São Paulo), *280*
Lei do Inquilinato (Brasil, 1942), 26, 40, 63, 183, 261
Lei n. 4591 de 1964 (sobre condomínio e incorporação imobiliária), 233
Lei n. 5261 de 1957 (sobre densidade demográfica em São Paulo), 259-61, 267
Lei Rouanet (Lei Federal de Incentivo à Cultura), 178
Lemos, Carlos Alberto Cerqueira, 37, 48, 56, 64, 80, 122, 200, 204, 206, 208-9, *211*, 231, 237, 242
Lennon, John, 62
Leon Kasinsky, edifício (São Paulo), 64
Lepkowski, família, 131
Lerner, Jacob, 162, 164, 173, 176, 286
Lerner, Paulina, 173
Lever House (Nova York), 127-8
Levi, Ivone, 76
Levi, Rino, 7, 17, 24-5, 55, 58, 62-3, 76, 88, 90, 95, 99, *100*, 101, 106, 109, 116, 120, 164, 184, 231-2, 247, 256
Libero Badaró, rua (São Paulo), 79
Líbero, Cásper, 111
Libeskind & Schaimberg Ltda. (construtora), 128
Libeskind, David, 92, 118, 120-2, *125*, 126, 128-9, 170, 179, 220-1, 231, 252-3, 282, 304
Libeskind, Glica, *129*
Liceu de Artes e Ofícios (São Paulo), 185-6
Light, edifício sede da (São Paulo), 139
Lily (noiva de Giancarlo Palanti), 154, 156
Lily, edifício (São Paulo), 155
Lima (Peru), 222
Lima, Joaquim Bento Alves de, 46
Lima, Joaquim Eugenio de, 110
Lima, Lauro da Costa, 189
Lima, Negrão de, 266
Lindenberg, Adolpho, 196, 235-6
Linneu Gomes, edifício (São Paulo), 88

Livraria Cultura (São Paulo), 127
Livraria Triângulo (São Paulo), 35
Lloyd Wright, Frank, 109, 262
Lloyd-Brasileiro, Companhia de Navegação, 229
Locarno, edifício (São Paulo), 77, 149, 222
Lohbauer, Phillipp, 79
Londres (Inglaterra), 17, 63, 209, 267, 301
Longo, Antônio, 179
Loos, Adolf, 95
Lopes, Manuel ("Manequinho"), 53
Lorena, edifício (São Paulo), 150
Los Angeles (Califórnia, EUA), 177, 259, 279, 291
Los Angeles, edifício (São Paulo), *151*
Lotufo, Zenon, 56, 189
Louveira, edifício (São Paulo), 67, 144, 243, 253
Louvre, edifício (São Paulo), 86, 188, 217-8, 294
Louvre, Museu do (Paris), 109
Lovecchio Filho, Orlando, 246
Lucerna, edifício (São Paulo), 149
Lugano, edifício (São Paulo), 77, 149, 222
Luís Coelho, rua (São Paulo), 146
Luz (bairro de São Paulo), 110, 294
Luz-Ar (construtora), *137*, 144, 147, 186, 224, 235

Machado, Rodolfo, 10
Maciel, Marco, 250
Mackenzie, Universidade Presbiteriana, 25, 48, 99, 106, 150, 156, 222, 224, 238
Madri (Espanha), 72, 290
Magalhães, Mário, 247
Magalhães, Sérgio, 287
Magalhães Junior, José, *252*
Magisom, estúdio (São Paulo), 37
Maitrejean, Jon, 114, 231, 237, 247
Maluf, Paulo, 220-1, 249, 270-1
MAM (Museu de Arte Moderna de São Paulo), 27, 29, 36, 55, 91
mananciais, áreas de, *280*, 294, 298
Manaus (AM), 152, 225, 295
Manaus, edifício (São Paulo), *226*
*Manchete* (revista), 58-9
Manhattan (Nova York), 13, 27, 62, 103, 211, 262, 277, 284, 290; *ver também* Nova York (NY)

Manon, edifício (São Paulo), 149
Mansour, Karim Eid, 220
Mappin (São Paulo), 27, 38, 139
Mara, edifício (São Paulo), 41-2, 48, 64, 66, *68*, 102, 106
Marabá, hotel (São Paulo), 118
Maranhão, rua (São Paulo), 148, 191
Marcelo, Milton e Maurício Roberto, irmãos, 17
marginais (rodovias de São Paulo), 270
Maria Paula, rua (São Paulo), 57, 188
Marian, hotel (São Paulo), 136
Marighella, Carlos, 246-8
Marinho, Adhemar, 23, 86
Marrocos, Cine (São Paulo), 78, 161, 190
Marselha (França), 82
Martin Jules (galeria de arte paulistana), 35
Martinelli, edifício (São Paulo), 79, 139, 211, 282
Martinelli, Giuseppe, 282
Martins Fontes, rua (São Paulo), 74
Martins, Gilberto, 37
Masp (Museu de Arte de São Paulo), 15, *16*, 27, 29, 37, 56, 88, 99, 111, 116, 124, 249, 274, 295
Mata Atlântica, 111
Matarazzo, Ciccillo, 29, 55, 78, 126
Matarazzo, edifício (São Paulo), 139
Matarazzo, família, 23
Matarazzo Neto, Francisco, 133
Maternidade Universitária, projeto da (USP, São Paulo), 99
Mathias, Alfredo, 118, 155, 162, 171, 176, 239
Mato Grosso, 216
Mauá, praça (Rio de Janeiro), 122
Maximus, projeto (São Paulo), 92; *ver também* Metrópole, edifício-galeria (São Paulo)
May, Ernst, 70
Mayer, Jurgen, 109
Medellín (Colômbia), 259, 285
Médici, Emílio Garrastazu, 249
mediterrâneas, cidades, 166
"mediterrâneo", estilo, 236-7
Méier, shopping do (Rio de Janeiro), 176
Meinberg, Iris, 216
Meinberg, Otto, 74, 87-8, 162, 216-7, 222, 240

Mello, Eduardo Kneese de, 30, 41, 55-6, 103, *104*, 105-6, 264
Mello, Ícaro de Castro, 55
Mello, João Manuel Cardoso de, 13
Melo Alves, rua (São Paulo), 290
Melo, Joana, 77
Memorial da América Latina (São Paulo), 241, *242*, 243
Mendelsohn, Erich, 157
Mendes, Otávio Augusto Teixeira, 56
mercado imobiliário, 14, 40, 42-3, 59, 62-3, 70, 74, 77, 83, 101-2, 107, 109, 116, 118, 129, 133, 162, 176, 197, 205, 207, 209, 214, 216, 223, 231, 235-9, 243, 245, 247, 255, 260, 267, 270, 282, 284-5, 290-2, 302, 306
Mercado Municipal (Pirituba, SP), 220
Mercado Municipal (São Paulo), 67
Mercedes-Benz, edifício sede da (São Bernardo do Campo), 146
Mercúrio, edifício (São Paulo), 67, 69
Mesquita, Alfredo, 243
Mesquita, família, 73
*Meteoro* (escultura de Giorgi), 144
metrô, 141, 245, 261, 265, 270, 285, 290, *297*
metro quadrado, valor do, 25, 70, 77, 170, 259-61, 270, 274-5, 291-2
Metropol Parasol (Sevilha, Espanha), 109
Metrópole, edifício-galeria (São Paulo), 14, 83, 92-4, 97, 106, 165, 173, 221, 282, 295, 307
México, 17, 259, 285
Meyer, Adolf, 70
Meyer, Regina, 30, 245, 298
Miami (Flórida, EUA), 97, 225, 237, 292, 301
microapartamentos, 63-5, 67, 70, 77; *ver também* quitinetes
Milá i Camps, Pedro, 256
Milan, Carlos, 263
Milão (Itália), 27, 87, 131, 154, 156, 160
Milgram, Avraham, 132
Milliet, Sérgio, 60
Mina Klabin, edifício (São Paulo), *26*
Minas Gerais, 146
Mindlin, Henrique, 13, 64, 74, 80, 95, 146, 152, 156, 204
Mindlin, irmãos, 152, 157
Minha Casa, Minha Vida (programa federal), 306

Minhocão (Elevado Presidente João Goulart, São Paulo), 122, 270, *271-2*, 277, 306, *308-9*
Ministério da Educação e Saúde, 17, 20, 23, 38, 59, 262-3; *ver também* Palácio Capanema (Rio de Janeiro)
Ministério da Fazenda, 120, 213
Ministério das Cidades, 287
Ministério das Relações Exteriores (Itamaraty), 132, 134, *135*; *ver também* Palácio Itamaraty (Palácio dos Arcos, sede do Ministério das Relações Exteriores, Brasília)
Minnelli, Vincente, 179
Mirante do Vale (antigo Palácio Zarzur Kogan, São Paulo), 259
Misericórdia, largo da (São Paulo), 228
MIT (Instituto de Tecnologia de Massachusetts), 165
MM Roberto (escritório carioca), 113
mobilidade urbana, 19, 263, *273*, 310
Mobley, Mary Ann, 180
Mockus, Antanas, 10
modernismo arquitetônico *ver* arquitetura moderna
Modigliani, Amedeo, *16*
*Módulo* (revista), 241
Moema (bairro de São Paulo), 294
Mogi das Cruzes (SP), 182
MoMA (Museu de Arte Moderna de Nova York), 15-8, 97, 115, 244
Monções (construtora), 30, 178-9, 195, 217-8, 279
Mondrian, Piet, 29
*Monolito* (revista), 247
Montenegro, Benedito, 203-4
Montenegro, Fernanda, 178
Montreal, edifício (São Paulo), 48, 51, 65-7, *68-9*, 99, 241
Mooca (bairro de São Paulo), 110, 294
moradia social, 222, 233
Morettin, Marcelo, 177
*Morte e vida de grandes cidades* (Jacobs), 277
Morumbi (bairro de São Paulo), 30, 95, 113, 224, 239, 243-4, 249, *268*, 298
Moscou (Rússia), 19, 243
Motta, Flávio, 300
móveis/mobiliário, 74, 86, 88, 90, 130, 147, 155, 185

Munch, Edvard, 29
Municipal Arts Society (Nova York), 98
Museu de Arte Contemporânea (Universidade de São Paulo), 57
Museu de Arte de São Paulo *ver* Masp
Museu de Arte Moderna de São Paulo *ver* MAM
Museu do Ipiranga (São Paulo), 142
Mussolini, Benito, 20, 23

Nacional Club (São Paulo), 208
nacional-desenvolvimentismo, 229, 246, 249
Nações Unidas, edifício (São Paulo), 114, *115*, 117-8, 206, 257
Natel, Laudo, 244-5
nazismo, 15, 20, 40, 72, 131, 133-4, 146-7, 194, 256; *ver também* fascismo
neoclássico, estilo, 23, 30, 37-8, 47, 86, 111, 117, *143*, 144, 209, 236-7, 245, *289*, 290, 302, *303-4*
neocolonial, estilo, 102, 155, 196, 235
neogótico, estilo, 67
neonormando, estilo, 86
Nestor Pestana, rua (São Paulo), 74
Netflix, 292
Neutra, Richard, 43
*New York Times, The* (jornal), 210
Nhandeyara, edifício (São Paulo), 123
Niemeyer, Oscar, 14-5, 17-8, 20, 29-30, 34, *35*, 37-9, *40*, 48, *49*, 51, 53, 55-6, *57*, 58-9, 65-7, *68*, 77, 80-2, 86, 94, 99, 102-3, 113, 116, 120, 122, 127, 162, 164, 181, *187*, 193, 200, 204, *207*, 208, 210, *211*, 215, 227, 240-1, *242*, 244-6, 248-51, 257, 266, 296, 304
NIMBY, movimento (sigla inglesa para *Not in My Backyard*, "não no meu quintal"), 9, 291
Niterói (RJ), 46
Niven, David, 126
Nobel Engenharia e Vendas, 87, 162, 173
Nobel-Noblesse, edifício (São Paulo), 160, 162, *168*, 186, 225
Nogueira, Paulo, 23
Normandie, edifício (São Paulo), 77
Notre Dame, edifício (São Paulo), 47
Nova Barão, edifício-galeria (São Paulo), 160, *168*, 170, 173, *174-5*
Nova York (NY), 14-6, 18, 25, 37, 54, 56, 60-1, 63, 70, 83, 94, 97-8, 101, 109, 115-6, 127-8,

176, 195, 203, 210-1, 237, 256, 258-9, 262, 273, 277, 285, 307; *ver também* Manhattan (Nova York)
Nova York, estado de, 17
Novacap (Companhia Urbanizadora da Nova Capital), 214-6, 241, 250
Novais, Fernando A., 13
Nove de Julho, avenida (São Paulo), 47, 77, 112, 282

Oásis, boate (São Paulo), 25
Ohtake, Ruy, 302
*oîkos* (casa em grego), 14
Oiticica, Hélio, 84
Olimpíada de Pequim (2008), 98
Olimpíada do Rio de Janeiro (2016), 95
Olímpio, José, 230
Oliveira, Luiz Torres de, 44
Oliveira, Numa de, 46
Oliveira, Zuleika Lara de, 205
Olivetti (empresa), 156
ônibus, 77, 112, 213, 258, 261, 265
Ono, Yoko, 62
ONU (Organização das Nações Unidas), 18, 38, 80, 116, 222, 243
Ópera de Sydney (Austrália), 98
operários da construção civil, 154, 215, 246
*Orfeu negro* (filme), 228
Orlando (Flórida, EUA), 285
Orquestra Filarmônica de Nova York, 195
Oscar Freire, rua (São Paulo), 157, 159, 290
Ostrowicz, Joel, 146
Othon Palace Hotel (São Paulo), 79
Ouro Preto, edifício (São Paulo), 74, 88, 150
Ouvidor, rua do (Rio de Janeiro), 228

P. Maggi (indústria de aviamentos), 154
Pacaembu (bairro de São Paulo), 22, 112, 136, 208, 279, 294-5
Pacaembu, edifício (São Paulo), 184
Paço Municipal (São Paulo), 53, 58
Padre João Manuel, rua (São Paulo), 119, 124
*Pagador de promessas, O* (filme), 180
paisagismo, 10, 17, 55, 164, 208, 251, *252*
Paissandu, largo do (São Paulo), 165
palacetes, 25, 111, 116, 119
Palácio Capanema (Rio de Janeiro), 17, 302
Palácio da Justiça (São Paulo), 155

Palácio das Indústrias (atual Pavilhão da Bienal do Ibirapuera), 51
Palácio do Catete (Rio de Janeiro), 201
Palácio dos Sovietes (Moscou), 19
Palácio Imperial, edifício (São Paulo), 225
Palácio Itamaraty (Palácio dos Arcos, sede do Ministério das Relações Exteriores, Brasília), 144, 200, 215, 249, *251*
Palanti, Dirce Maria, 156
Palanti, Giancarlo, 118, 154-6, 162
Palma de Majorca, edifício (São Paulo), 235
Palmas (Tocantins), 266
Pamplona, alameda (São Paulo), 118, 146
Pampulha, complexo da (Belo Horizonte), 17, 38, 122, *187*, 242-3, 263, 302
Pan Am (companhia aérea), 78-9, 204
Panamá, 259
Paquita, edifício (São Paulo), 14, 144, 146
Paraná, 121
Pari (bairro de São Paulo), 294
Paris (França), 60, 63, 70-2, 85, 95, 108, 116, 222, 261-2, 274, 277, 284, 290
Paris-Roma-Rio, edifícios (São Paulo), 47-8
Park Avenue (Nova York), 85, 98, 127
Parker, Barry, 112
Parque das Hortênsias, edifício (São Paulo), 151, 186, *187*, *193*
Partido Comunista Brasileiro, 59, 81, 231, 240, 243, 245, 248, 251
Partido Comunista Chinês, 256
Patriarca, praça do (São Paulo), 79
Pau-Brá (fábrica de móveis), 88, 90, 155
Pauliceia-São Carlos do Pinhal, edifício (São Paulo), 83, 118
Paulista Aberta (política pública para pedestres e ciclistas), 292
Paulista, avenida (São Paulo), 56, 79, 83, 106, 109-13, *115*, 116, 119, 123-5, 128, 130, 142, 146, 155, 176, 219, 224, 260, 271, 282, 290, 292, 295-6, 305, 307
Pavão, Ary Machado, 161
Pavilhão da Bienal (Parque Ibirapuera), 51, *54*, 56
Paz, edifício da (São Paulo), 37
Pearl Harbor, ataque japonês a (1941), 157
pé-direito, 51, 63, 116-7, 239
Pedregulho, edifício (Rio de Janeiro), 114
Pedrosa, Mário, 84

Pei, I. M., 97, 109
Peixoto Gomide, rua (São Paulo), 118, 150
Pelé (Edson Arantes do Nascimento), 15
Pelli, Cesar, 10, 307
Peñalosa, Enrique, 10, 160
Penteado, Fábio, 244, 248, 266
Penteado, Sílvio Álvares, 79-80
Pequim (China), 10, 98, 177, 301
Perdizes (bairro de São Paulo), 102, 107, 114, 136, 218, 235
Pereira, Armando de Arruda, 58, 66, 80
Pérez, Museu (Miami), 301
Pernambuco, 135
Person, Luiz Sérgio, 36
Peru, 222
Pétain, Philippe, 20
Petrobras, 42, 201, 229
Piacentini, Marcello, 20, 23
Piauí I e II, edifícios (São Paulo), 144, 185-6, 195
Piauí, rua (São Paulo), 144
PIB brasileiro (anos 1950-60), 28, 215, 299
Picasso, Pablo, 29, 51
"Pierrô apaixonado" (canção), 156
Pignatari, Francisco Matarazzo ("Baby"), 113
Pilon, Jacques, 64, 73, 85-6, 92, 118, 133, 208
pilotis, 17, 144-5, 157, 162, 189, 191, *192-3*
Pinheiros (bairro de São Paulo), 102, 110, 153, 279, 290, 294-5
Pinheiros, rio, 112, 129, 270
Pinheiros, rua dos (São Paulo), 290
Pio XII, papa, 132
pirâmide do Louvre (Paris), 109
Piratininga, Cine (São Paulo), 55
Pirelli, edifício (Milão, Itália), 87
Pirituba (SP), 220
piscinas, 123, 186, 210, 253, 274
Place de la Concorde (Paris), 264
Planalto, edifício (São Paulo), 188, *278*
Plano de Ação do Governo do Estado (Page, São Paulo), 230-1, 244
Plano de Avenidas (São Paulo), 66
Plano de Metas (Brasil, anos 1950), 213-6, 228, 230
Plano Diretor (São Paulo), 156, 259, 273-5, 290-2, 295
Plano Piloto (Brasília), 227, 258, 264-6

Plaszow, campo de concentração de (Polônia), 147
Plaza Iguatemi, edifício (São Paulo), *288-9*
Politécnico de Milão, 156, 160
Politécnico de Varsóvia, 131
"política da boa vizinhança", 16
Polônia, 131-2, 134, 141, 146-7, 194
Pompeia (bairro de São Paulo), 102, 183, 206
Ponta da Praia (bairro de Santos, SP), 189
Ponta Grossa (PR), 121
Ponte Costa e Silva (atual Ponte Honestino Guimarães, Brasília), 249
Ponti, Gio, 87, 156
Pontifícia Universidade Católica (PUC-SP), 55
população brasileira, 28
populismo, 292, 300
*Por uma arquitetura* (Le Corbusier), 19
Portal do Morumbi, conjunto residencial (São Paulo), 239
Porte (incorporadora), *310*
Portinari, Candido, 17, 34, 36, 59, 183, *242*
Porto Alegre, edifício (São Paulo), 157
Portugal, 301
pós-modernismo, 194, 237
posto de gasolina do Clube dos 500 (Guaratinguetá, SP), 39, *40*
Poty (Napoleon Potyguara Lazzarotto), *242*
poupança, 43-4, 233, 235
Povo, parque do (atual parque Lage, Rio de Janeiro), 249
Powers, Alan, 195
Praça dos Franceses, conjunto residencial (São Paulo), 224
Prado, Caio, 221
Prado, Fábio da Silva, 123
Prado, Jorge da Silva, 79, 136
Prado, Marjorie, 136
Prazeres, Heitor dos, 156
preço de custo, sistema de financiamento a, 42, 64, 80, 150, 184, 205, 214, 216, 222
Pregão Imobiliário de São Paulo, 46
Presidente, edifício-galeria (São Paulo), 160, 170, *171-2*
Prestes Maia, Francisco, 47, 56, 66, 79, 107, 109, 113, 270
Prestes Maia, Maria de Lourdes Cabral ("Maria Portuguesa"), 47

Prestes, Luís Carlos, 47, 248
Primavera, edifício (São Paulo), 150
Primeira Guerra Mundial, 17, 19, 60, 70
Princesa Isabel, praça (São Paulo), 69, 221
Príncipe de Ceuta, edifício (São Paulo), 236
Príncipe do Grão-Pará, edifício (São Paulo), 236
Professor Vilaboim, edifício (São Paulo), 144
professores de arquitetura (imigrantes), 156, 159
Prudência, edifício (São Paulo), 63, 296
Przemyśl (Polônia), 147

Quadros, Jânio, 37, 58, 120, 218, 229-30, 249-50
quadrúplex, apartamentos, 50
*Quatro Rodas* (revista), 264
quebra-sóis, 34, 51, *52*, 73, 82, 105, 239
Queiroz, Rodrigo, 263
Quênia, 135
Quércia, Orestes, 250
Quintino Bocaiuva, rua (São Paulo), 51
quitinetes, 41-2, 48, 61, 63-4, *65*, 67, *68*, 70, 73-4, *76*, 77-8, 81-2, 84, 102, 106, 113, 122, 188-9, 208-9, 216, 222, 238, 253, 260-1, 265, 270, 282

Radial Leste, avenida (São Paulo), 271
Ramblas (Barcelona), 176
Ramos de Azevedo, Francisco de Paula, 23, 111, 135, 155
Ramos, José Nabantino, 206
Raposo Tavares, rodovia (SP), 53
Real Instituto de Belas-Artes (Roma), 87, 99
Real Parque (bairro de São Paulo), 224
Reale, Miguel, 79
Rebouças, avenida (São Paulo), 147, 270-1, 290
Recife (SP), 135
Refinaria e Exploração de Petróleo União, 42
região metropolitana de São Paulo, 42, 279
Reidy, Affonso, 17
Reif, Victor, 147, *148*, 156, 224
República, distrito da (São Paulo), 294, 306

República, praça da (São Paulo), 23, 27, 38, 48, 63, 73, 84-7, 117, 144, 175, 206, 236
*Retrato do cardeal don Luis Maria de Borbon y Vallabriga* (tela de Goya), 116
Revolução Chinesa (1949), 240
Revolução Russa (1917), 19
RFF (Rede Ferroviária Federal), 229
Ribeirão Preto (SP), 45
Rio Branco (construtora), 153, 225
Rio Branco, avenida (São Paulo), 121, 196
Rio de Janeiro (RJ), 9, 13, 17, 20-1, 23, 28-9, 38-41, 45, 58-9, 64, 79, 102, 113, 120, 122, 135, 139, 144, 146-7, 152, 161, 176, 182, 201, 228, 241, 262-3, 266, 273, 279, 287-8, 290, 306
Rio de Janeiro, rua (São Paulo), 144
Rio, Cine (São Paulo), 127, 281
Riviera, bar (São Paulo), 113
Roberto, Marcelo, Milton e Maurício (irmãos), 17
Rocha, Cluny, 224
Rocha, João Henrique da, 176
Rocha, Paulo Mendes da, 85, 95, 210, 216, 230, 238, 244, 247-9, 252-3, *254*, 255, 263, 266-7
Rocha, Paulo Menezes Mendes da (pai), 230
Rockefeller Center (Nova York), 13, 78, 128, 200
Rockefeller, família, 18
Rockefeller, Nelson A., 16-7
Rockfeller Center (Nova York), 83
rodoviária de São Paulo, 206, 301
Rodrigues, Nelson, 228
Rogers, Roy, 180
Rolinópolis (bairro de São Paulo), 53
Roma (Itália), 19, 87, 99, 132
Romênia, 131, 134, 146
Roof, bar (São Paulo), 67, 99
Roosevelt, Franklin D., 16, 158
Roosevelt, praça (São Paulo), 74, 271
Rosa, Noel, 156
Rossi, Ítalo, 178
Rosso, Teodoro, 232
Rousseff, Dilma, 291
Roxo Loureiro, Orozimbo Octávio, 39-40, 42-6, 64, 66, 79-80, 102, 116, 139, 179, 201, 203-5, 207-8

ruas de terra em São Paulo, 147, 183
Rubem Berta, avenida (São Paulo), 270
Rubin, Marc, 218, 251-3
Rubinsky House (Tel Aviv, Israel), 131
Ruchti, Jacob, 88, 120
Rússia, 19; *ver também* União Soviética
Rytel, Grzegorz, 131
Rzezak, Bernardo, 194, 225, 256, *271*

Saad, João Jorge, 244
Saad, José, 220
Saarinen, Eliel, 96-7
Sabará, rua (São Paulo), 144, 162, 191
Sabino, Horácio, 119
Sahm, Arão, 156-7, 159, 225
Saint Honorè, edifício (São Paulo), 118, 218, *219*
Salles, João Moreira, 46, 86
Salles, Walther Moreira, 42, 86, 121
Salvador (BA), 156
Sampaio, Plínio de Arruda, 230
San Francisco (Califórnia, EUA), 17
San Remo (Itália), 167
San Sebastián (Espanha), 72
Sanguszko, Roman, 136
Sanlitun (shopping de Pequim), 177
Sanovicz, Abrahão, 252
Santa Casa de Misericórdia (São Paulo), 80
Santa Cecília (bairro de São Paulo), 141, 155, 184
Santa Cruz do Rio Pardo (SP), 129
Santa Cruz, rua (São Paulo), *21*
Santa Ifigênia, viaduto (São Paulo), 259
Santa Rita, edifício (São Paulo), 38, 86, 236
Santa Virgilia, edifício (São Paulo), 38, 86, 236
Santana (bairro de São Paulo), 44, 270
Santiago (Chile), 259
Santo André (SP), 42, 231
Santos (SP), 133, 136, 182, 189
Santos Augusta, edifício (São Paulo), *286-7*
Santos Dumont, aeroporto (Rio de Janeiro), 113
Santos, alameda (São Paulo), 119, 124, 157, *219*
São Bernardo do Campo (SP), 146, 218
São Carlos do Pinhal, rua (São Paulo), 114, 118, 146

São Domingos, paróquia (São Paulo), 95
São João, avenida (São Paulo), 53, 64, 74, 122-3, 149, 165, 194, 282
São José dos Campos (SP), 39, 53
São Luís, avenida (São Paulo), *24*, 73-4, 84-8, 92, 121, 163, 188, 210, 236, 294
São Luiz, edifício (São Paulo), 38, 48, 63, 85-6, 206
São Miguel, edifício (São Paulo), 122
"São Paulo contra a carestia" (manifestação de 1958), 213, 229
São Paulo Futebol Clube, 243, 248-9
São Paulo nas alturas (canal no YouTube), 11, 284
São Paulo, estado de, 45, 74, 143, 216, 224, 229, 231, 244
São Silvestre, Corrida de (São Paulo), 111
São Thomaz, edifício (São Paulo), *24*, 38, 86, 236
São Vicente de Paula, edifício (São Paulo), *132*, 141-2
São Vicente de Paulo, rua (São Paulo), 141-2, 296
São Vito, edifício (São Paulo), 67-9
Saraiva, Pedro Paulo de Mello, 263
Sarkis, Hashim, 165
Saúde (bairro de São Paulo), 270
Scarpa, família, 218
Schaimberg, Simão, 128, 220
Schütte-Lihotzky, Margarete, 70
Scliar, Moacyr, 130
Scuracchio, Nelson, 87, 161-2, 164, 171, 190
Sé, praça da (São Paulo), 141
Seagram (companhia canadense de bebidas alcoólicas), 96-8
Seagram Building (Nova York), 98, 106, 128, 237
Secretaria da Fazenda de São Paulo, 45
Segall, Lasar, 22, 88
Segre e Racz (construtora), 155
Segunda Guerra Mundial, 17, 28, 60, 75, 84, 116, 131, 134, 147, 157, 161, 183, 195, 213, 239, 263, 282
Seguradoras, edifício (São Paulo), 53
"semitas", proibição brasileira de vistos a, 134
Senador Queiroz, avenida (São Paulo), 141
*Sequência* (revista de cinema e teatro), 36
Serapião, Fernando, 247, 251

Sergipe, rua (São Paulo), 149
Serra Azul, edifício (São Paulo), 146
Sertãozinho (SP), 45
Sérvia, 134
Sete de Abril, edifício-galeria (São Paulo), 35, 160, 163-4
Sete de Abril, rua (São Paulo), 29, 88, 163, 170
Setúbal, Olavo, 282
Seul (Coreia do Sul), 10, 285
Severo Villares (empresa de engenharia), 135, 144
Sevilha (Espanha), 109
Shenzhen (China), 10, 295
shoppings, 116, 160, 165, 167, 173, 176-7, 251
Sienna-Amalfi-Ravenna, edifícios (São Paulo), 225
Siffredi, Ermanno, 87-8, 160-2, *163*, 164-6, *168*, 170, 172-3, *174*, 176, 179, 186, 190, 224, 253, 255, 270, 291, 298
Siffredi, Sonia Mello, 161, 224
Silésia (Polônia), 147
Silvetti, Jorge, 10
Simonsen, Roberto, 182
*Sinfonia de Paris* (musical), 179
Singer (máquinas de costura), 62
Siza, Álvaro, 285
Skidmore, Owings and Merrill (SOM, escritório de arquitetura), 127
Soares, Lota de Macedo, 249
Sociedade Amigos da Cidade (São Paulo), 179
Sociedade Comercial e Construtora, 92
Sociedade Harmonia de Tênis (São Paulo), 244
sociedades anônimas, construtoras em, 150
Sodré, Abreu, 248
Somekh, Nadia, 229
Sorocaba (SP), 48
Souza, Abelardo Riedy de, 30, 39, 102-4, 106-7, 114, *115*, 116-8, 204, 219, 298
Souza, Horácio Sully de, 134
Stálin, Ióssif, 19, 243
*starchitects* ("arquitetos-estrela"), 257
Stijl, De (movimento holandês), 95
Stone, Edward Durell, 115
Street, Jorge, 44
Studio d'Arte Palma (escritório de decoração e design), 88, 155
Stuhlberger, David, 149, 215, 301

subúrbios, 41, 62, 103, 176, 262-4, *268*, 277, *280*, 284, 292
Suécia, 228
Suíça, 45, 58-60, 134, 301
Sul América Capitalização S.A., 83, 102, 118
Sullivan, Louis, 18
Sumak, Yma, 126
Sumaré (bairro de São Paulo), 136, 290
Sumoc (Superintendência da Moeda e do Crédito), 203-4
Supercentro Paulistânia (São Paulo), 164
Suzana, edifício (São Paulo), 152, *153*
Sydney (Austrália), 98

Taba Guaianases, projeto (São Paulo), 253
Tabu, cabaré (São Paulo), 122
Takaoka, Yojiro, 235
Tamayo, Rufino, 29
Tate Modern (Londres), 301
Tatuapé (bairro de São Paulo), 270, *310*
Teatro Brasileiro de Comédia (TBC, São Paulo), 29
Teatro Cultura Artística (São Paulo), 55, 90, 100, 178
Teatro da Dança (São Paulo), 301
Teatro Nacional (Brasília), 215
Teatro Record (São Paulo), 126
Teatro Sérgio Cardoso (São Paulo), 216
Tebas, edifício (São Paulo), 47, 64
Tel Aviv (Israel), 131, 225
Tenement House Acts (Nova York, 1867--79), 61
Tenement Museum (Lower East Side, Nova York), 61
Terminal Bandeira (São Paulo), *278*
Terraço Itália (São Paulo), 85, 216, 258; *ver também* Itália, edifício (São Paulo)
terraço-jardim, 17, 23, 51, 116, 127-8, 181, 189, 209
Tesouro Nacional, 215, 229
Texas (EUA), 292
têxtil, indústria, 162
Theatro Municipal (São Paulo), 37-8, 78, 123, 139, 195
Thomaz Edison, edifício (São Paulo), 155
Tietê, rio, 111, 129, 270
Times Square (Nova York), 176
Tjurs, José, 73, 79, 99, 118, 120-3, 126, 128, 129, 179, 186, 281
Toledo, Roberto Pompeu de, 192

Tóquio (Japão), 10, 70, 261, 307
Toriba, hotel (Campos do Jordão), *137*
Toronto (Canadá), 17
Torre do Espigão, edifício (São Paulo), *252*
Torre, Susana, 10
torres espelhadas, *276*, *293*
Tradições Brasileiras, edifício (São Paulo), 218, 226
transporte público, 9, 27, 70, 260-1, 272, 279, 290
"treme-treme" (apelido de edifícios deteriorados), 67, 69, 282
Três Marias, edifício (São Paulo), 14, 114, 117-8
Três Poderes, praça dos (Brasília), 264
Triângulo, edifício (São Paulo), 48, 51, *52*, 241
Trianon, Cine (atual Belas-Artes, São Paulo), 155
Trianon, loteamento (São Paulo), 111; *ver também* Paulista, avenida (São Paulo)
Trianon, parque (São Paulo), 118
Tribunal de Justiça do Estado de São Paulo, 224
Tribunal Regional Federal da 3ª Região (TRF3, São Paulo), *305*
Tribune Tower (Chicago), 95
Trienal de Milão, 131, 156
tríplex, apartamentos, 50
Triptyque (escritório de arquitetura), *297*
Tucuruvi (bairro de São Paulo), 270
Tulipa, edifício (São Pauo), 194
Tupã (SP), 231
tupi, idioma, 74, 123
Turquia, 134
TV Excelsior, 31
TV Tupi, 30, 178, 235

Uchôa, Hélio, 56
Ufa-Palácio, Cine (São Paulo), 100
União Internacional dos Arquitetos, 243
União Soviética, 147, 180, 240, 243-4, 247
Unibanco, 42
Unilever (conglomerado), 127
Unité d'Habitation, edifício (Marselha, França), 82
Universidade Cornell (EUA), 149
Universidade da Bahia, 156
Universidade de Campinas (Unicamp), 231
Universidade de Portland (Oregon, EUA), 149

Universidade de São Paulo (USP), 25, 47, *57*, 64, 99, 103, 143, 150, 152, 155-6, 196, 209, 220, 224, 230-1, 244-8, 259, 263-4, *269*, 277; *ver também* Cidade Universitária de São Paulo
Universidade Federal de Minas Gerais, 122
Universidade Federal de Pernambuco (UFPE), 245
Universidade Técnica de Berlim, 147
Universidade Técnica de Brunswick (Alemanha), 194
Unwin, Raymond, 112
Upper West Side (Nova York), 62
urbanismo, 9-10, 19, 58, 112, 209, 211, 227, 262, 265-7, *269*, 275, 285-7, 290, 294, 298-9, 306-7
Uruguai, 294, 299
Usiminas (Usinas Siderúrgicas de Minas Gerais), 229
Usina de Açúcar Esther, 23; *ver também* Esther, edifício (São Paulo)

Vale do Rio Doce, Companhia, 229
van der Rohe, Ludwig Mies, 17, 43, 70, 97, 106, 126, 157, 179, 237
vanguardas europeias, 60, 70
Vanzolini, Paulo, 230
Vargas, Darcy, 84
Vargas, Getúlio, 17, 20, 22-3, 26, 38, 40, 63, 84, 112, 133, 138, 182, 201-2, 214, 234, 299
Vargas, Heliana Comin, 245
Vargem Alegre, barão de, 44
Varsóvia (Polônia), 19, *20*, 131, 134, *135*, 138, 144, 147
Vaticano, 132-3, *135*, 256
Vaughan, Sarah, 126
Veiga Filho, rua (São Paulo), 148
*Vejinha* (revista), 10
Veneza (Itália), 156, 253
Venezuela, 101
ventilação, 19, 61, 66, 108, 117, 141, 245, 261
Venturi, Robert, 237
Verde Mar, edifício (Santos, SP), 189
Vergueiro, rua (São Paulo), 102, 104-5
Versalhes, edifício (São Paulo), 47, 117, 302
verticalização, 25, 27, 47, 77, 83, 86, 102-3, 112-3, 128, 189, 229, 253, 260, 295, *297*; *ver também* adensamento
Viadutos, edifício (São Paulo), 188, *192-3*, 194, *278*
vias expressas, 19, 262, *273*, 277

Vichy (França), 20
Vidigal, Gastão, 206
Vietnã, 246
Vila Anhanguera (bairro de São Paulo), 41
Vila Buarque (bairro de São Paulo), 184
Vila Leopoldina (bairro de São Paulo), 295
Vila Madalena (bairro de São Paulo), 290, *297*
Vila Maria Zélia (vila operária em São Paulo), 45
Vila Mariana (bairro de São Paulo), 21, 41, 53, 102-3, 114, 245
Vila Normanda (São Paulo), 82, 86
Vila Nova Conceição (bairro de São Paulo), 149
Vila Zelina (bairro de São Paulo), 150
Villa Europa, edifício (São Paulo), *303*
Villa Savoye (França), 256
Villa-Lobos, Heitor, 195
Villa-Lobos, parque (São Paulo), 295
Villar, Leonardo, 178
Viracopos, aeroporto de (Campinas, SP), 230
Visconde de Ouro Preto, rua (São Paulo), 218
Vital Brazil Mineiro da Campanha, 23
Vital Brazil, Álvaro, 23, 86
Viveiro Manequinho Lopes (Parque Ibirapuera), 53
Volpi, Alfredo, 183
Volta Redonda (RJ), 215

*Wallpaper* (revista), 193
Warchavchik, Gregori, 17, 21-3, *26*, 31, 86-7, 95, *96*, 99, 103, 120-2, 196
Warchavchik, Mauris, 87, 196

Washington, D.C., 95, 229, 256
Washington, edifício (São Paulo), 194, *271*
Weinfeld, Isay, 150, 285, *287*
West Village (Nova York), 277
Wilde, Oscar, 7
Wilheim, Jorge, 92, 227, 252
Williams, Esther, 186
Willys (montadora), 126
Wilma, Eva, 178
Wilson Mendes Caldeira, edifício (São Paulo), 141
Wojtyła, Karol (papa João Paulo II), 133
Wolf, Liuba, *142*
Wright, Frank Lloyd, 43, 97-8, 256, 262

Xangai (China), 10, 259
Xavier, Alberto, 117, 246
xenofobia, 137-8

Yazigi (construtora), 252-3
Yazigi, Walid, 253
YouTube, 11, 284

Zalszupin, Jorge, 141, 146-7, 231
Zampari, Franco, 78
Zarvos, Otávio, 296
Zarzur & Kogan (construtora), 68, 77
Zarzur, Waldomiro, 69
Zbroja, Barbara, 134
Zolko, Gregório, 235
Zona Franca de Manaus, 295
zona leste de São Paulo, 150, 294-5, 299
zona oeste de São Paulo, 292, 295, *309*
zona sul de São Paulo, 53, 294
zona sul do Rio de Janeiro, 59, 290
Zuccolo, Roberto, 43
Zurique (Suíça), 133

## Sobre o autor

Raul Juste Lores é jornalista, escritor e pesquisador de arquitetura e urbanismo. Foi repórter especial da *Folha de S.Paulo*, editor do caderno Mercado e correspondente em Washington, Nova York, Pequim e Buenos Aires para o mesmo jornal. Em 2007, apresentou o *Jornal da Cultura*. Na revista *Veja*, foi editor de Internacional e, depois, redator-chefe da *Veja São Paulo*, a *Vejinha*. Foi contemplado, em 2012, com a bolsa da fundação Eisenhower Fellowships, nos Estados Unidos, para se dedicar aos estudos sobre urbanismo e inovação digital.

Em 2011, ganhou o prêmio Difusão, na categoria Arquitetura, da Associação Paulista de Críticos de Arte (APCA). É comentarista diário na rádio CBN. Seu livro *São Paulo nas alturas*, publicado pela primeira vez em 2017, foi finalista do prêmio Jabuti de 2018. Desde 2021, mantém um canal homônimo no YouTube.

ESTA OBRA FOI COMPOSTA POR OSMANE GARCIA FILHO EM CAPITOLINA
E IMPRESSA PELA LIS GRÁFICA EM OFSETE SOBRE PAPEL PÓLEN NATURAL
DA SUZANO S.A. PARA A EDITORA SCHWARCZ EM JANEIRO DE 2024

A marca FSC® é a garantia de que a madeira utilizada na fabricação do papel deste livro provém de florestas que foram gerenciadas de maneira ambientalmente correta, socialmente justa e economicamente viável, além de outras fontes de origem controlada.